LA

COTE D'IVOIRE

ORGANISATION
ADMINISTRATIVE — FINANCIÈRE — JUDICIAIRE
RÉGIME MINIER
DOMANIAL — FORESTIER — FONCIER

PAR

Edmond MICHELLET
Magistrat à Bingerville.

Jean CLÉMENT
Avocat à Bingerville.

Avec carte et documents officiels

PARIS
AUGUSTIN CHALLAMEL, EDITEUR
Rue Jacob, 17
Librairie maritime et coloniale

1906

LA COTE D'IVOIRE

ORGANISATION

ADMINISTRATIVE, FINANCIÈRE, JUDICIAIRE

RÉGIME MINIER

DOMANIAL, FORESTIER, FONCIER

LA
COTE D'IVOIRE

ORGANISATION
ADMINISTRATIVE — FINANCIÈRE — JUDICIAIRE
RÉGIME MINIER
DOMANIAL — FORESTIER — FONCIER

PAR

Edmond MICHELLET
Magistrat à Bingerville.

Jean CLÉMENT
Avocat à Bingerville.

Avec carte et documents officiels

PARIS
AUGUSTIN CHALLAMEL, EDITEUR
Rue Jacob, 17
Librairie maritime et coloniale

1906

A MONSIEUR CLOZEL

GOUVERNEUR DE LA COTE D'IVOIRE

Hommage respectueux.

AVANT-PROPOS

Les auteurs de cet ouvrage se sont proposés de présenter une vue d'ensemble de la législation actuellement en vigueur à la Côte d'Ivoire.

Avec les documents officiels à l'appui, ils se sont efforcés d'exposer, sans idées préconçues et avec bonne foi, dans une courte étude, l'organisation administrative, financière, judiciaire de la colonie ainsi que ses régimes minier, domanial, forestier et foncier.

En publiant ce modeste volume, ils ont cru combler une lacune et faire œuvre utile.

Puissent-ils avoir atteint leur but.

Bingerville, le 1er mars 1905.

E. M. J. C.

CHAPITRE Ier

ORGANISATION ADMINISTRATIVE DE LA COTE D'IVOIRE

La Côte d'Ivoire n'est pas, à proprement parler, une colonie de conquête ; elle est plutôt le résultat d'une œuvre de pénétration continue, lente et sûre à travers des contrées restées longtemps inconnues.

Des traités conclus en 1842 avec des chefs indigènes avaient assuré à la France l'occupation de deux points importants de la côte ouest-africaine : Bassam et Assinie ; notre zone d'influence commençait à s'étendre sur les régions avoisinantes lorsque ces territoires furent évacués en 1870 pour des motifs d'ordre exclusivement budgétaire. Cependant, quelques années après, la France revendiquait ses anciens droits sur ces possessions abandonnées et, par la diplomatie et l'énergie de ses administrateurs plus que par la force de ses armes, elle se constituait rapidement entre la Gold-Coast et la République de Libéria un vaste domaine offrant aujourd'hui un développement de côtes de

550 kilomètres, une superficie de 300.975 kilomètres carrés et une population de près de trois millions d'habitants.

Nous nous proposons d'exposer ici l'organisation administrative actuelle de la Côte d'Ivoire, telle qu'elle résulte des décrets des 1er octobre 1902 et 18 octobre 1904; mais, avant d'aborder l'étude de ces textes, il paraît nécessaire de rappeler brièvement les divers régimes antérieurs qui ont été successivement appliqués à cette colonie.

La colonie de la Côte d'Ivoire (Côte d'Or jusqu'en 1894) était si restreinte à son origine qu'on l'avait primitivement désignée, et à juste titre, sous le nom plus modeste d'établissements.

Ces établissements n'avaient pas pu être appelés dès leur formation à une vie administrative propre; ils avaient été rattachés au Gabon puis au Sénégal. Ils dépendaient directement de ce dernier gouvernement quand ils furent placés par le décret du 16 juin 1886 dans la sphère d'action du lieutenant-gouverneur du Sénégal chargé de l'administration des Rivières du Sud. Cette organisation nouvelle n'apportait en apparence aucun changement notable à l'ancien état des choses; aux termes mêmes de ce décret, la Côte d'Or restait en effet toujours soumise à l'autorité du gouverneur du Sénégal et aucun pouvoir propre n'était reconnu au lieutenant-gouverneur des Rivières du Sud, simple intermédiaire entre les services locaux et Saint-Louis, mais l'acte ministériel de 1886 ne saurait cependant passer inaperçu vu qu'il traduisait le mouvement d'opinion qui se dessinait à cette époque en faveur de l'autonomie ; on se montrait alors hostile au système des groupements, et favorable à la création de petites colonies indépendantes.

Ce texte répondait donc, quoique timidement, à l'orientation de notre politique administrative, et s'il ne dégageait pas encore clairement la personnalité de la Côte d'Ivoire, il l'assurait en franchissant une première étape dans la voie de la décentralisation.

Le décret du 1er août 1889 en parcourait une seconde plus décisive et plus hardie en spécialisant les établissements de la Côte d'Or au double point de vue administratif et financier ; ces territoires étaient détachés du Sénégal sauf en matière politique, placés sous le contrôle nominal du lieutenant gouverneur des Rivières du Sud et confiés à un résident. Ce résident pouvait correspondre directement avec le sous-secrétaire d'Etat ; il était en outre chargé de préparer le budget local.

Le 17 décembre 1891, les Rivières du Sud, la Côte d'Or et le Bénin étaient réunis en une seule colonie ou Guinée ayant à sa tête un gouverneur indépendant. Le secrétaire général des rivières du Sud, le résident de la Côte d'Or et le lieutenant-gouverneur du Bénin, représentant l'autorité métropolitaine dans leurs possessions respectives, étaient placés sous les ordres directs du gouverneur de la Guinée, mais il demeurait entendu que chacun de ces groupes conserverait son administration propre et son budget local spécial.

L'expérience prouvait bientôt que l'existence de ce gouverneur unique dirigeant trois colonies dont les intérêts économiques étaient différents constituait un obstacle à leur développement normal ; aussi le décret du 10 mars 1893 décidait-il que le gouvernement de la Guinée serait disloqué et que chacune des parties le composant serait érigée en possession distincte et autonome.

Le décret du 10 mars 1893, date de la naissance de la Côte d'Ivoire et première page de son histoire, couronnait l'œuvre entreprise par les décrets de 1889 et 1891 ; il ne se bornait pas à donner à cette colonie une personnalité plus complète que celle qui lui avait été reconnue par les textes précédents : il l'affranchissait dans le sens le plus absolu du mot. Nos établissements étaient proclamés indépendants et administrés par un gouverneur seul responsable vis-à-vis du ministre compétent et possédant toutes les attributions prévues par l'ordonnance organique de 1840.

Cependant, à la suite d'opérations effectuées au sud de Kong par la colonne Monteil et de plusieurs conflits survenus entre gouverneurs de possessions voisines, M. Chautemps, ministre des colonies en 1895, avait jugé nécessaire de donner plus d'unité dans les territoires ouest-africains à la direction politique et à l'organisation militaire ; à cet effet, il instituait le 16 juin 1895 un gouvernement général de l'Afrique occidentale comprenant le Sénégal, la Guinée, la Côte d'Ivoire et le Soudan.

Le décret du 16 juin 1895 ne modifiait pas sensiblement la situation de la Côte d'Ivoire, car cette colonie conservait toujours sa pleine autonomie administrative et financière sous l'autorité de son gouverneur : quant au gouvernement général de l'Afrique occidentale, il ne représentait d'autre part qu'une façade inutile et encombrante.

L'union entre les divers domaines ouest-africains ne se trouvait en effet réalisée qu'en la personne du gouverneur général, et, même à ce point de vue, elle restait incomplète. Le gouverneur général, comme nous l'avons déjà dit, n'avait, en dehors du Sénégal, que la direction politique et militaire des territoires et que la centralisation des correspondances relatives à ces matières : il demeurait étranger à la gestion intérieure des colonies, à leurs intérêts, à leurs progrès commerciaux et agricoles ; ses pouvoirs se trouvaient aussi particulièrement affaiblis faute de disposer de ressources budgétaires suffisantes pour lui assurer une existence indépendante.

D'ailleurs, un an après, le 25 septembre 1896, la Côte d'Ivoire était détachée du gouvernement général, sauf au chef de la colonie à adresser encore à Saint-Louis un duplicata de ses rapports politiques et militaires.

Les régimes de 1895 et 1896 étaient boiteux ; leur vice de constitution reposait sur ce fait qu'ils ne s'étaient pas assez nettement prononcés soit pour le principe de la centralisation, soit pour celui de l'autonomie : aussi succombaient-ils le 1er octobre 1902.

Le législateur devait alors ou revenir au système de 1893 ou maintenir le gouvernement général en donnant à son titulaire des moyens d'action directe au service d'une autorité plus étendue. L'autonomie semblait devoir convenir tout particulièrement à la Côte d'Ivoire, colonie jeune, réclamant de l'initiative et des décisions rapides et déjà en possession des éléments essentiels d'une existence propre; c'était cependant un régime de centralisation qu'appliquait le décret fondamental du 1er octobre 1902.

Un gouvernement général de l'Afrique occidentale, muni de pouvoirs forts, répondait tout d'abord aux tendances d'une politique qui venait de créer des gouvernements analogues à Madagascar et en Indo-Chine; il donnait en outre à des colonies séparées une direction supérieure qui, à l'écart de conceptions particularistes, semblait pouvoir aisément achever leur unification ; de plus, il prévenait le retour de ces nombreuses difficultés qui s'étaient élevées à plusieurs reprises entre gouverneurs voisins : enfin et surtout, il s'imposait en présence de considérations d'ordre financier et commercial.

Des travaux d'utilité publique avaient été reconnus nécessaires à l'amélioration de notre empire africain, mais ces entreprises exigeaient des capitaux considérables. Or les recettes budgétaires des régions intéressées n'étaient pas suffisantes pour faire face à ces dépenses extraordinaires, et comme, d'un autre côté, les garanties à offrir aux prêteurs ne représentaient qu'une valeur illusoire, ces colonies ne pouvaient pas songer un seul instant à recourir à l'emprunt : leur vitalité se trouvait donc intimement liée à la création d'un outillage économique et leur situation précaire s'opposait à sa réalisation.

En constituant le gouvernement général et en lui conférant une personnalité budgétaire richement dotée par le groupement des forces financières de ces divers pays, le décret du 1er octobre 1902 fortifié par celui du 18 octobre 1904 a permis l'exécution de ces travaux d'intérêt général, et par cela même, il a assuré l'avenir de l'Afrique occidentale.

Mais quels sont tout d'abord les territoires compris aujourd'hui dans le gouvernement général de l'Afrique occidentale?

Nous avons vu plus haut que le gouvernement général avait été institué par décret du 16 juin 1895; s'il a toujours été maintenu depuis sa création, son étendue et son organisation ont été l'objet de modifications successivement apportées en 1896, 1899, 1902 et 1904.

Sous le régime du 16 juin 1895, le gouvernement général comprenait le Sénégal avec ses pays d'administration directe et de protectorat, la Guinée, la Côte d'Ivoire et le Soudan.

Tandis que le décret du 25 septembre 1896 détachait momentanément la Côte d'Ivoire du gouvernement général, celui du 17 octobre 1899 disloquait le Soudan et le rattachait administrativement au Sénégal, à la Côte d'Ivoire, à la Guinée et au Dahomey. La Côte d'Ivoire acquérait dans ce partage les cercles ou résidence d'Odienné, de Kong et de Bouna; quant aux régions distraites du Soudan et incorporées au Sénégal, elles étaient appelées à former, d'une part, les pays du Haut Sénégal et Moyen Niger et, d'autre part, deux territoires militaires placés sous la direction d'officiers supérieurs relevant du gouverneur général; un troisième territoire militaire, s'appliquant aux contrées comprises entre le Niger et le Tchad et ayant Zinder pour chef-lieu, était constitué dans des conditions analogues aux deux premiers par décret du 20 décembre 1900. Le Sénégal renfermait donc trois zones distinctes: *a*) les pays d'administration directe; *b*) les pays de protectorat; *c*) les pays du Haut Sénégal et Moyen Niger et trois territoires militaires, lorsque le décret du 1er octobre 1902 vint réorganiser sur de nouvelles bases le gouvernement général de l'Afrique occidentale; ce gouvernement comprit alors la Côte d'Ivoire, le Dahomey, le Sénégal (auquel cessaient d'être rattachés les pays de protectorat, les territoires du Haut-Sénégal et Moyen Niger et les territoires militaires annexés), la Guinée et une nouvelle unité administrative et financière: la Sénégambie-Niger.

Le démembrement du Soudan en 1899 et la

répartition de ses éléments entre les régions côtières avaient été une mesure malheureuse prise à une époque où l'axe politique et militaire de notre domaine africain se déplaçait ostensiblement vers le centre de ce continent ; aussi, lors de la réforme de 1902, M. le gouverneur général Roume, qui avait compris que le décret du 17 octobre 1899 était en opposition avec l'évolution du Soudan et avec celle de notre politique en Afrique occidentale, s'était efforcé de le corriger en partie en tentant un essai de reconstitution de cette ancienne colonie ; dans ce but, le décret de 1902 avait enlevé au Sénégal son importance territoriale et l'avait réduit à sa plus simple expression en ne lui laissant que ses pays d'administration directe ; quant aux pays de protectorat, aux territoires du Haut Sénégal et Moyen Niger et aux territoires militaires, ils avaient été réunis pour former un groupe distinct dit Sénégambie-Niger.

La création de cette nouvelle personnalité, malgré son caractère disparate, représentait un progrès réel, quoique insuffisant, car la vallée du Niger n'était pas encore sous le régime de 1902, ce qu'elle aurait dû toujours être ; une colonie spéciale, ayant son gouvernement propre ; et c'est à cette impérieuse nécessité qu'a répondu le décret du 18 octobre 1904 en ressuscitant le Soudan sénégalais sous le nom de Haut Sénégal et Niger.

Ce dernier décret vient de démembrer la Sénégambie-Niger. Les pays du Haut Sénégal et Moyen

Niger constituent aujourd'hui et à eux seuls une possession distincte ou Haut-Sénégal et Niger avec Bammako pour capitale; cette circonscription a englobé la plus grande partie des anciens territoires militaires susceptibles dès maintenant d'être pris en mains par l'administration civile: le reste de ces territoires a été réuni en un territoire militaire unique formant annexe à la colonie.

Quant aux pays de protectorat, ils ont été replacés sous l'autorité du lieutenant-gouverneur du Sénégal tout en conservant leur administration spéciale et leur budget.

Enfin le décret du 18 octobre 1904, tenant compte des différences essentielles existant entre les habitants du Sénégal proprement dit et ceux des territoires maures de la rive droite du Sénégal situés en avant de Kayes, a organisé en outre un territoire civil dit de la Mauritanie.

Le gouvernement général de l'Afrique occidentale se compose donc actuellement du territoire civil de la Mauritanie et des colonies du Sénégal avec ses pays de protectorat, de la Guinée, de la Côte d'Ivoire, du Dahomey, et du Haut-Sénégal et Niger avec un territoire militaire.

Sous l'empire du décret du 16 juin 1895, chacune des colonies constituant le gouvernement général avait à sa tête un gouverneur; mais le gouverneur du Sénégal était aussi gouverneur général de l'Afrique occidentale; le chef de la plus ancienne et de la plus importante de nos possessions ouest-africaines avait été naturellement choisi pour remplir cette charge qui ne présentait alors rien d'incompatible avec l'exercice de ses devoirs particuliers.

Afin de faire plus nettement ressortir le caractère élevé dont le gouverneur général se trouve investi et afin de lui permettre de tenir plus librement son rôle essentiel d'arbitre supérieur, le décret du 1er octobre 1902 avait séparé ces deux fonctions et placé un lieutenant-gouverneur à la tête du Sénégal ; cependant le gouverneur général devait encore pourvoir lui-même à l'administration de la Sénégambie-Niger. Depuis le décret du 18 octobre 1904, et en raison de la paix absolue qui n'a cessé d'y régner, ces territoires, au lieu de rester attachés directement au gouvernement général, sont rentrés dans la forme commune aux colonies autonomes et ont été dès lors confiés à un lieutenant-gouverneur. Les intérêts commerciaux et économiques de ces régions vont être en effet développés par suite de l'achèvement du chemin de fer de Kayes au Niger et de l'amélioration de la navigation sur le Sénégal et le Niger, et, dans ces conditions on a pensé que ce n'était plus de Dakar, à 1500 kilomètres de distance, mais sur place, qu'il pouvait être pourvu à la gestion immédiate de tels intérêts.

Seule, la Mauritanie dont l'organisation sommaire se poursuit méthodiquement, demeure sous l'action directe du gouverneur général, tout en étant dirigée par un commissaire spécial : quant au territoire militaire formant annexe au Haut-Sénégal et Niger, il est commandé par un officier supérieur subordonné au lieutenant-gouverneur : de telle sorte que le gouverneur général répartit, peut-on dire, à présent, les gouvernements entre les lieutenants-gouverneurs sans en prendre un pour lui-même, afin de conserver sur tous la suprématie.

Si les décrets des 1er octobre 1902 et 18 octobre 1904 ont eu pour objet de réaliser l'unité de direction administrative et financière de nos possessions africaines, ils se sont également efforcés d'éviter les inconvénients qu'aurait pu entraîner une centralisation par trop excessive; ils ont voulu maintenir l'autonomie des colonies dans toute la mesure compatible avec le but primordial à atteindre, et leur permettre, tout en coopérant à l'œuvre commune, de se développer suivant les conditions qui leur sont propres.

Dans l'ensemble de leurs dispositions, ils ont donc réservé l'indépendance des unités constituant le gouvernement général, mais par une subordination plus étroite des lieutenants-gouverneurs, la création de services généraux et l'institution d'un budget général, ils ont étendu et fortifié les pouvoirs que le décret du 16 juin 1895 avait conférés au gouverneur général.

De ce principe découlent les attributions respectives du gouverneur général et des lieutenants-gouverneurs, ainsi que les relations qui en résultent. Ces attributions doivent être envisagées au double point de vue administratif et financier; nous étudierons dans le prochain chapitre la législation budgétaire de la Côte d'Ivoire: nous ne considérerons ici que la question administrative.

Les pouvoirs du gouverneur de l'Afrique occidentale sont de deux sortes : les uns sont généraux, en ce sens qu'ils constituent les attributs essentiels de la haute fonction qu'il remplit ; les autres sont spéciaux en ce sens que le gouverneur général ne les exerce qu'en raison des textes qui les lui ont expressément concédés.

Le gouverneur général, et à ce titre, tient entre les colonies de l'Afrique occidentale le rôle d'un arbitre supérieur dont l'intervention ne peut jamais être, en matière administrative ou politique, ni écartée, ni contestée ; quant à ses attributions spéciales, que nous analyserons plus loin, elles ont été prévues par les articles 2 et 3 des décrets des 1er octobre 1902 et 18 octobre 1904.

Pour mieux sauvegarder sa liberté d'action en dehors et au-dessus des administrations locales, le gouverneur général a, depuis 1902, abandonné Saint-Louis, siège du gouvernement du Sénégal et transféré sa résidence à Dakar. Là, il est assisté dans l'exercice de ses fonctions d'un secrétaire du gouvernement général, des chefs des services généraux appelés à coordonner la marche des admininistrations particulières et d'un conseil de gouvernement.

Ce conseil est composé comme suit :

Le gouverneur général, président ;

Le général, commandant supérieur des troupes ;

Le contre-amiral commandant la division navale de l'Atlantique ;

Le secrétaire général du gouvernement général ;

Les lieutenants-gouverneurs du Sénégal, du Haut-Sénégal et Niger, de la Guinée, de la Côte d'Ivoire et du Dahomey ;

Le procureur général de l'Afrique occidentale ;

Le commissaire du gouvernement général pour la Mauritanie ;

Les chefs des services généraux de l'Afrique occidentale ;

Le président du conseil général du Sénégal ;

Un conseiller privé du Sénégal, désigné par le gouverneur général sur la proposition du lieutenant-gouverneur du Sénégal ;

Un des habitants notables, membre du conseil d'administration de chacune des colonies du Haut-Sénégal et Niger, de la Guinée, de la Côte d'Ivoire et du Dahomey, annuellement désigné par le gouverneur général sur la proposition des lieutenants-gouverneurs de ces colonies ;

Le chef de cabinet du gouverneur général, secrétaire, avec voix délibérative.

Le conseil de gouvernement se réunit pour permettre au gouverneur général de s'entourer de tous les conseils utiles, mais ses délibérations n'ont aucune force légale; toutefois, il est obligatoirement consulté dans les cas prévus par l'article 5 du décret du 18 octobre 1904, et, tout particulièrement en matière fiscale; dans les autres cas, son avis n'est que facultatif. Le décret du 18 octobre 1904 a créé une commission permanente du conseil de gouvernement qui peut, en cas d'urgence, remplacer le conseil, sauf en ce qui concerne l'établissement du budget général et des budgets locaux. Cette commission remplit vis-à-vis des services dépendant du gouvernement général les attributions dévolues aux conseils d'administration et elle est constituée en conseil du contentieux par l'adjonction de deux conseillers à la Cour d'appel nommés au commencement de chaque année et pour sa durée par le gouverneur général.

Au-dessous du gouvernement général et dans une même relation de dépendance vis-à-vis de lui, sont placés les gouvernements locaux du Sénégal, de la Guinée, de la Côte d'Ivoire, du Dahomey et du Haut-Sénégal et Niger; mais tandis que le Sénégal est régi par des institutions savantes et compliquées avec la concession de libertés municipales et l'institution d'un conseil privé, la Côte d'Ivoire, comme le Dahomey, la Guinée et le Haut-Sénégal et Niger ne possède encore qu'une organisation intérieure très rudimentaire.

Le lieutenant-gouverneur assisté d'un secrétaire général et d'un conseil d'administration dirige toutes les affaires de la colonie.

En proclamant l'autonomie de la Côte d'Ivoire, le décret du 10 mars 1893 avait déclaré l'ordonnance du 7 septembre 1840 applicable dans cette nouvelle possession et, de ce fait, il avait conféré au gouverneur tous les pouvoirs prévus par la dite ordonnance. Quoique le régime libéral de 1893 soit depuis longtemps supprimé et remplacé par un régime de centralisation, l'organique de 1840 n'en est pas moins resté toujours en vigueur; mais s'il constitue encore l'acte fondamental qui fixe à la Côte d'Ivoire les attributions de l'autorité locale, il a été cependant abrogé dans certaines de ses dispositions et tout particulièrement par les décrets de 1902 et 1904.

Nous savons que le système administratif de l'Afrique occidentale repose actuellement sur la coexistence de l'autonomie des territoires et d'un organe de haute direction ; en tant que gouverneur d'une colonie indépendante, le lieutenant-gouverneur de la Côte d'Ivoire a entre les mains l'ensemble des attributions déterminées par l'ordonnance de 1840, mais, d'un autre côté, afin d'assurer au gouverneur général une action effective sur les possessions placées sous sa dépendance, ce haut fonctionnaire n'a pas été seulement investi d'un droit de contrôle sur les actes du lieutenant-gouverneur agissant en vertu de l'organique précité : les décrets de 1902 et 1904 lui ont en outre conféré, et au détriment du lieutenant-gouverneur, certaines prérogatives spéciales et limitées. Il en résulte dès lors que le lieutenant-gouverneur dispose aujourd'hui de tous les pouvoirs prévus par l'ordonnance de 1840, sauf de ceux dont l'application serait contraire à l'exercice des droits que le gouverneur général s'est expressément réservés.

Les décrets de 1902 et 1904 ont donc maintenu l'autonomie de la Côte d'Ivoire, mais ils ont à un double point de vue gravement atteint et affaibli l'autorité locale en prélevant, d'une part, au profit du gouverneur général l'exercice des attributions les plus importantes et en reconnaissant d'autre part à ce gouverneur général un droit de contrôle réel et étroit sur l'entière administration du lieutenant-gouverneur.

Les attributions spéciales du gouverneur général sont énumérées dans les articles 2 et 3 du décret de 1904, ainsi conçu :

Art. 2. — Le gouverneur général est le dépositaire des pouvoirs de la République dans les colonies de l'Afrique Occidentale.

Il a seul le droit de correspondre avec le gouvernement.

Art. 3. — Il organise les services à l'exception de ceux qui sont régis par les actes de l'autorité métropolitaine ; il règle leurs attributions.

Il nomme à toutes les fonctions civiles, à l'exception des emplois de lieutenants-gouverneurs, de secrétaires généraux, de magistrats, de directeurs du contrôle et des services généraux, d'administrateurs et de ceux dont la nomination est réservée à l'autorité métropolitaine par des actes organiques. Pour ces divers emplois, les nominations se font sur sa présentation.

S'il n'appartient en principe qu'au gouverneur général de correspondre avec le département, en fait certaines restrictions ont été apportées à l'exercice de ce monopole par les instructions du 11 novembre 1902. Toutes les fois qu'il ne s'agit que de documents relatifs à l'administration courante, le lieutenant-gouverneur est autorisé à les adresser directement au ministre, sauf à signer par délégation du gouverneur général ; en accomplissant la même formalité, il peut aussi correspondre avec les colonies ne faisant pas partie de l'Afrique occidentale. La correspondance avec les gouverneurs des colonies étrangères est entièrement du domaine du gouverneur général, mais les lieutenants gouverneurs de l'Afrique occidentale communiquent librement entre eux pour toutes les affaires d'ordre courant.

En outre, quoique le gouverneur général ait seul le droit de nommer aux fonctions civiles dont les titulaires ne sont pas désignés par le département, il peut cependant, vu l'article 4 du décret du 18 octobre 1904, déléguer ce droit sous sa responsabilité aux lieutenants gouverneurs et il a d'ailleurs usé de cette faculté en leur donnant la nomination de tous les agents dont la solde coloniale est inférieure à 2.400 fr.

Le droit de nomination entraîne nécessairement

celui de révocation : quant au pouvoir disciplinaire proprement dit, il est exercé intégralement par le lieutenant-gouverneur sur le personnel à sa nomination, et, sur le reste du personnel, ce haut fonctionnaire peut prendre, aux termes des instructions du 11 novembre 1902, « toutes les mesures urgentes que comporte la situation jusques et y compris la suspension de fonctions, sauf à en référer au gouverneur-général pour les mesures définitives à prendre ou à proposer au ministre ». De la lecture de ce texte, il ressort clairement que le lieutenant-gouverneur a conservé par devers lui tous les pouvoirs extraordinaires établis par l'article 57 de l'ordonnance de 1840, modifié par le décret du 7 mars 1879.

L'organisation des services non régis par la métropole et le règlement de leurs attributions reviennent au contraire en propre et sans réserve au gouverneur général ; le lieutenant-gouverneur ne peut dès lors apporter aucune modification aux services existants sans qu'elle ait été préalablement soumise au gouverneur général ; d'ailleurs, non seulement le lieutenant-gouverneur ne peut pas changer les bases de l'administration des territoires qui lui sont confiés, qu'il s'agisse de services publics, d'organisation intérieure, politique, indigène, fiscale ou économique, mais encore il ne peut pourvoir à leur administration courante qu'à charge d'en rendre compte au gouverneur général. Celui-ci assure son contrôle par l'intermédiaire des chefs des services généraux appelés à l'assister dans l'exercice de ses attributions de haute direction, et au moyen des états qui lui sont obligatoirement adressés par l'autorité locale. — Le lieutenant-gouverneur doit en effet renseigner mensuellement le gouverneur général sur la situation politique, administrative, financière et économique de sa colonie en y joignant les rapports intéressants fournis par les chefs de service et administrateurs ; il doit, en outre, lui soumettre son rapport annuel sur la situation générale.

L'administration de la Côte d'Ivoire comprend, en dehors du lieutenant-gouverneur dont les ordres sont transmis par son chef de cabinet, un secrétaire général dirigeant les bureaux du secrétariat, des chefs de services proposant et contre-signant les arrêtés soumis au lieutenant-gouverneur et un conseil d'administration, interprète des vœux des habitants. A l'intérieur de la colonie et à la tête des cercles sont placés des administrateurs et, au-dessous d'eux, des agents des affaires indigènes.

Le cabinet du lieutenant-gouverneur est dirigé par un administrateur. Il comprend deux sections :

Le secrétariat particulier ;

La direction des affaires politiques et indigènes. Les arrêtés locaux des 10 juin et 5 juillet 1903 ont fixé son organisation et ses attributions.

Le secrétaire général occupe le premier rang après le chef de la colonie et il le remplace en cas d'absence ou d'empêchement ; il est, de droit, membre du conseil d'administration, du conseil, du contentieux, du conseil sanitaire, mais il ne possède par lui-même aucun pouvoir propre ; il ne peut donc exercer que les fonctions qui lui sont déléguées par arrêté du lieutenant-gouverneur.

Aux termes de l'arrêté du 14 juillet 1904, le secrétaire général exerce une surveillance directe sur les bureaux du secrétariat général et un contrôle permanent sur les services des douanes, des travaux publics et services annexés, des postes et télégraphes, de l'enregistrement et du domaine, de l'imprimerie et des cultures. Quant aux services de la justice et de la santé, ils relèvent directement du lieutenant-gouverneur (arrêtés des 8 décembre 1903 et 7 janvier 1904).

Le secrétaire général a, en outre, qualité pour vérifier les écritures et les caisses des comptables locaux des deniers publics et contrôler l'état d'entretien des prisons. Il remplit au chef-lieu de la colonie les fonctions d'officier de l'état-civil. Il assure l'exécution du budget local conformément aux instructions du chef de la colonie dont l'autorisation préalable est nécessaire pour tout engagement de dépenses, sauf s'il s'agit d'achats ou de cessions de matériel à effectuer sur place d'une valeur ne dépassant pas cent francs ; il a la délégation de la signature du gouverneur pour certaines pièces énumérées aux articles 2 et 3 de l'arrêté susvisé ; il présente au conseil d'administration de la colonie les rapports intéressant les services placés sous

2.

son contrôle et contre-signe pour exécution les décisions qui les concernent.

Le conseil d'administration ne rappelle en rien les conseils élus puisqu'il est composé en majorité de fonctionnaires et que les non-fonctionnaires en faisant partie sont choisis par le gouverneur général ; il est plutôt analogue aux anciens conseils coloniaux dont les membres étaient nommés par le roi ou l'empereur.

Les premiers conseils d'administration de la Côte d'Ivoire ont été institués par décret du 26 janvier 1895 : cependant le décret du 17 décembre 1891 les avait déjà prévus en autorisant le gouverneur à réunir en comité consultatif les fonctionnaires de la colonie et les habitants notables ; ils ont été successivement modifiés par les décrets des 11 octobre 1899, 4 mars 1903 et 18 octobre 1904.

Aux termes de l'acte ministériel du 26 janvier 1895, le conseil d'administration devait comprendre trois fonctionnaires (le gouverneur, le secrétaire général, un administrateur) et deux notables désignés par le gouverneur. Une semblable composition pouvait convenir à une époque où l'activité économique de la Côte d'Ivoire était encore très faible ; mais, quelques années après, vu l'importance progressive des transactions, elle ne répondait plus aux besoins de la situation. Aussi, le décret du 11 octobre 1899, réorganisant les conseils d'administration, fit-il une plus large place à la représentation des intérêts privés au sein des conseils locaux en portant de deux à trois le nombre des membres choisis parmi les notables. Le conseil comprit alors, en dehors du gouverneur, trois fonctionnaires et trois notables. Ces fonctionnaires devaient être désignés dans l'ordre de préférence suivant :

Le secrétaire général;
Le chef du service des douanes;
Un chef de bureau, magistrat ou administrateur.

Cependant le décret du 11 octobre 1899 était abrogé le 4 mars 1903, et remplacé par un nouveau texte actuellement en vigueur.

Les décrets des 6 août 1901 et 15 avril 1902 relatifs au service de la justice avaient institué des chefs du service judiciaire dans les possessions ouest-africaines; le décret du 4 mars 1903 a appelé ces magistrats en raison de leurs hautes fonctions à faire partie d'une façon permanente des conseils d'administration de leurs colonies; en outre comme ces conseils se réunissaient parfois difficilement vu l'absence simultanée de plusieurs notables, ce même texte a permis de réduire de trois à deux en dehors du gouverneur le nombre nécessaire des membres du conseil choisis parmi les notables et les fonctionnaires, et ainsi s'est trouvée maintenue dans ce cas particulier l'égalité numérique établie le 11 octobre 1899 entre les représentants de la colonisation et ceux des administrations locales.

Le conseil d'administration se compose donc aujourd'hui en dehors du gouverneur :

1° Du secrétaire général ;

2° Du chef du service judiciaire ;

3° D'un fonctionnaire (chef des douanes, chef de bureau ou administrateur) ;

4° De trois notables désignés pour une période de deux années.

Trois notables sont en outre désignés pour remplacer les titulaires absents.

Le chef du service de santé, le chef du service des travaux publics et tous autres chefs de service, s'il y a lieu, peuvent siéger au conseil avec voix consultative : ils peuvent également remplacer, avec voix délibérative, les membres titulaires en l'absence de ceux-ci.

En cas d'empêchement simultané de quatre notables, titulaires ou suppléants, le conseil d'administration peut se réunir sous la présidence du gouverneur avec le secrétaire général, le chef du service judiciaire et deux notables présents dans la colonie.

Les membres du conseil d'administration choisis parmi les notables soit comme titulaires, soit comme suppléants, avaient toujours été nommés par le lieutenant-gouverneur de la colonie ; depuis le décret du 18 octobre 1904, ils sont désignés par le gouverneur général sur proposition du lieutenant-gouverneur.

Les attributions du conseil d'administration sont essentiellement limitées ; il ne représente qu'une assemblée purement consultative siégeant auprès du gouverneur pour l'éclairer de ses avis ; l'avis du conseil peut être obligatoire ou facultatif ; il est obligatoire dans les cas déterminés par l'article 110 de l'ordonnance de 1840, ou par divers textes postérieurs à cette ordonnance, mais il ne saurait jamais lier le gouverneur ou entraver son action.

Dans une circonstance cependant, le conseil d'administration exerce un pouvoir propre et statue : c'est en matière d'apurement de comptes de gestion des comptables autres que le trésorier-payeur. Les comptes de ces comptables sont placés sous la juridiction du conseil, sauf pourvoi à la Cour des comptes. Une commission de trois membres est aussi annuellement nommée dans le sein de ce Conseil pour constater la concordance des résultats compris dans le compte d'exercice de l'ordonnateur avec les écritures du trésorier-payeur.

Ajoutons que lorsque le conseil concourt à l'exercice des pouvoirs extraordinaires du lieutenant-gouverneur prévus à l'article 57 de l'ordonnance de 1840, il doit s'adjoindre aux magistrats. C'est également avec l'adjonction de deux magistrats, ou à défaut, de deux fonctionnaires pourvus autant que possible du diplôme de licencié en droit, qu'il se constitue en conseil du contentieux administratif. Le décret du 5 août 1881 règle aujourd'hui la compétence du conseil du contentieux ainsi que la procédure à suivre devant lui ; ce décret a été rendu applicable à la Côte d'Ivoire le 26 janvier 1895.

Sous les ordres directs du secrétaire général sont placés les bureaux du secrétariat général dont les attributions ont été déterminées par l'arrêté local du 10 juin 1903; le décret du 24 mai 1898, portant organisation du personnel de ces bureaux a posé le principe d'une distinction qui est encore observée aujourd'hui : d'une part, un cadre général, commun à toutes les colonies, composé de chefs, et sous-chefs nommés et révoqués par le ministre ; de l'autre, des cadres locaux spéciaux à chaque colonie et par conséquent à l'Afrique occidentale, composés de commis nommés et révoqués par le gouverneur général : toutefois, comme les commis de secrétariat bénéficient des avantages de la loi du 9 juin 1853 et touchent des retraites réglées sur les fonds du trésor public, aucune admission ne peut être effectuée dans ce cadre local sans l'assentiment du département.

Le décret du 6 avril 1900 détermine la hiérarchie et le traitement du personnel appartenant au cadre général dont les retraites sont établies d'après la loi du 5 août 1879, relative aux pensions de la marine; les règles de recrutement, d'avancement ainsi que le traitement du cadre local est fixé par arrêté du gouverneur général.

La Côte d'Ivoire est divisée en dix cercles :

Kong, Bondoukou, Indénié, Assinie, Bassam, Les Lagunes, Baoulé, Lahou, Sassandra, Cavally : leurs limites ont été prévues par un arrêté du gouverneur général en date du 12 juin 1903. Ces diverses circonscriptions, sauf le Baoulé qui est encore occupé militairement, sont commandées par des fonctionnaires spéciaux ou administrateurs nommés par décret.

Le corps des administrateurs coloniaux a été organisé le 2 septembre 1887 ; il comprend des administrateurs en chef, des administrateurs et des administrateurs-adjoints ; il est aujourd'hui régi par le décret fondamental du 6 avril 1900, modifié et complété par celui du 19 septembre 1903 ; ce dernier acte a eu principalement pour objet de subordonner l'avancement des administrateurs à des services effectifs dans chaque grade d'une durée plus longue que celle exigée sous la législation précédente et de limiter à un quart au lieu d'un tiers la proportion des avancements à l'ancienneté.

Plusieurs décrets et tout particulièrement celui du 22 septembre 1887 ainsi que divers arrêtés locaux ont déterminé les attributions des administrateurs : elles sont aussi nombreuses que variées et elles touchent à tous les services.

Aux termes des articles 1 et 13 du décret du 22 septembre 1887, « les administrateurs sont placés sous la haute autorité du gouverneur ; ils sont chargés de la direction politique et de la surveillance de tous les services civils et financiers ; ils sont placés, en ce qui concerne leurs attributions judiciaires, sous les ordres immédiats du chef du service judiciaire ; ils sont tenus de déférer à ses ordres et de se conformer à ses instructions pour tout ce qui concerne cette partie de leurs attributions ».

Les administrateurs relèvent donc du gouverneur, et ils le représentent ; à ce titre, ils ont autorité sur tout le personnel civil, administratif ou financier, en fonctions dans leur circonscription. Ils jouent vis-à-vis du chef de la colonie un rôle analogue à celui des sous-préfets vis-à-vis du préfet ; ils sont agents de transmission, d'information, d'exécution et de contrôle. Ils tiennent les registres de l'état-civil ; ils établissent les rôles de certains impôts (patentes et capitation) et en surveillent le recouvrement ; enfin ils exercent des pouvoirs très étendus sur le service de la justice, soit française, soit indigène. Toutefois, au point de vue de ces pouvoirs, il faut établir une distinction entre ceux qui sont particulièrement conférés aux administrateurs commandants de cercle et ceux qui sont communs à tous les administrateurs.

Tous les administrateurs et chefs de poste, chacun dans leur circonscription respective, sont officiers de police judiciaire et auxiliaires du procureur de la République relativement aux crimes et délits, commis par les Européens ou par ceux-ci à l'égard des indigènes ou inversement ; ils ont un droit de surveillance sur les tribunaux indigènes de villages et de provinces, et, conformément au décret du

30 septembre 1887, ils répriment par voie disciplinaire certaines infractions commises par les naturels. Cependant leurs pouvoirs, en cette matière, ne sont pas discrétionnaires comme on semble le supposer : non seulement, ils ne peuvent être appliqués qu'à l'égard d'une seule catégorie d'individus indigènes non citoyens français, mais encore ils ne peuvent l'être qu'en sanction des arrêtés pris par le gouverneur et rendus en exécution de l'article 3 du décret du 16 mars 1877 : une peine ne peut donc être prononcée qu'en présence d'un arrêté local spécifiant l'infraction. Ces arrêtés sont sanctionnés par des pénalités allant jusqu'à 15 jours de prison et 100 francs d'amende ; les décisions des administrateurs en matière disciplinaire peuvent être déférées au gouverneur en conseil d'administration.

Quant aux attributions judiciaires spéciales aux commandants de cercles, elles ont été prévues par le décret du 10 novembre 1903 ; aux termes de l'article 56 de ce décret, il n'appartient qu'à ces administrateurs de présider les tribunaux indigènes dits de cercles, et aux termes des articles 17 et 18, seuls il peuvent être appelés à remplir les fonctions de juges de paix à compétence étendue dans les justices de paix instituées sur les territoires compris hors du ressort du tribunal de première instance : par application de ces dispositions, un arrêté du gouverneur général en date du 6 juillet 1904 a créé à la Côte d'Ivoire deux justices de paix, Dabakala et Grand-Lahou qui ont pour titulaires les commandants des cercles de Kong et de Grand-Lahou.

Les administrateurs bénéficient, comme les chefs et sous-chefs de bureaux, des avantages des lois des 18 avril 1831 et 5 août 1879 ; ils reçoivent donc des pensions à forme militaire : le taux en est déterminé d'après le grade dans le commissariat de marine auquel leur classe peut être assimilée.

Les cercles de la Côte d'Ivoire (Bassam et Lahou exceptés) se subdivisent en un certain nombre de circonscriptions ou de postes :

Cercle d'Assinie : Aboisso et Assinie ;
Cercle des Lagunes: Bingerville, Alépé, Dabou, Jacqueville, Toupa, Ery-Makouguié ;
Cercle de Sassandra : Sassandra, Boutouleré, Guidéko, Issia, San-Pédro.
Cercle du Cavally : Tabou, Béréby, Olodio, Taté, Fort-Dromard ;
Cercle du Baoulé : Toumodi, Tiassalé, Ouossou, Kodiokofi, Bouaké ;
Cercle de Kong : Dabakala, Groumania, Koroko, Tombougou, Odienné, Séguéla, Touba, Mankano ;
Cercle de Bondoukou : Bondoukou, Bouna ;
Cercle de l'Indénié : Zaranou, Bettié, Attakrou, Assikasso.

Les commandants de cercles ont sous leur autorité directe, répartis entre les principaux centres du pays où s'exerce leur action, des agents locaux dits « des affaires indigènes ».

Les agents des affaires indigènes de l'Afrique

occidentale forment depuis l'arrêté du 16 mai 1903 un corps unique à la disposition du gouverneur général ; ce corps comprend des adjoints principaux hors classe, trois classes d'adjoints principaux, deux classes d'adjoints et quatre classes de commis ; sont nommés adjoints principaux, les adjoints de 1re classe qui, soit en raison de leur âge (35 ans), soit pour convenances personnelles, soit pour toute autre cause, ne sont pas appelés à devenir administrateurs coloniaux : d'ailleurs, quel que soit leur grade, les adjoints restent toujours subordonnés aux administrateurs et aux administrateurs adjoints.

Ces agents n'opéraient aucun versement pour la retraite et n'avaient de ce fait aucun droit à la pension, lorsqu'un arrêté du gouverneur général en date du 7 mars 1904 leur a rendu applicables les dispositions des articles 14 et 17 du décret du 2 juin 1899 portant organisation du personnel des travaux publics aux colonies ; en exécution de cet arrêté, les adjoints et commis des Affaires Indigènes subissent aujourd'hui sur leur solde coloniale ou de congé une retenue de 5 °/₀ qui, augmentée d'une somme égale fournie par le budget local, est placée à leur nom à la caisse des dépôts et consignations, jusqu'au moment où ils cessent leurs fonctions ; le montant cumulé de leurs versements et des versements complémentaires de la colonie leur est alors restitué avec les intérêts servis par la Caisse des dépôts et consignations.

CHAPITRE II

ORGANISATION FINANCIÈRE

Durant les premières années de leur occupation, les établissements de la Côte d'Or avaient été à charge à qui avait eu mission de les administrer : aussi s'étaient-ils trouvés continuellement ballottés entre le Sénégal et le Gabon et avaient-ils végété sans direction et sans moyens d'existence. Ils percevaient néanmoins certaines recettes et effectuaient certaines dépenses nécessitées, soit par les frais d'entretien d'une milice, soit par le paiement des coutumes annuelles, mais ces recettes et ces dépenses étaient simplement incorporées au budget de la colonie à laquelle ils étaient rattachés.

Ce système financier, rationnel à une époque où ces territoires n'avaient pas encore été pourvus d'une vie administrative propre, devait prendre fin avec le décret du 1er août 1889 qui érigeait nos établissements en une colonie distincte et, par voie de conséquence, les dotait d'un budget spécial.

Si la personnalité de la Côte d'Ivoire, reconnue en 1889, a toujours été, depuis, affirmée et respectée, sa législation et sa liberté financières ont été appelées à subir le contre-coup des diverses modifications apportées à l'organisation intérieure de cette nouvelle unité.

De 1889 à 1893, période de tutelle, l'autorité locale représentée par le résident de Bassam n'était chargée que de la préparation du budget : là se bornaient son rôle et ses attributions. Le lieutenant-gouverneur des Rivières du Sud, puis, à partir de 1891 le gouverneur de la Guinée qui avaient la haute main sur les finances de la Côte d'Ivoire révisaient ce budget, le soumettaient à l'approbation du sous-secrétaire d'État et le rendaient exécutoire par arrêté; ils étaient aussi de droit ordonnateurs des dépenses sauf, en cette qualité, à déléguer leurs pouvoirs au résident.

A ce régime d'assujettissement succédait en 1893 un régime d'indépendance : le décret du 10 mars 1893 proclamait l'affranchissement de la Côte d'Ivoire et le gouverneur de cette colonie se trouvait dès lors exclusivement investi des pouvoirs les plus étendus sur les finances locales, conformément aux décrets des 30 janvier 1867 et 20 novembre 1882.

C'était à lui qu'incombait désormais la tâche de préparer le budget, de l'arrêter après délibération du conseil d'administration, et d'en assurer l'exécution après avis conforme du département; il pouvait aussi ouvrir des crédits supplémentaires en cours d'exercice, le conseil d'administration entendu ; enfin il était autorisé à déterminer par arrêté l'assiette, le tarif, les règles de perception et le mode de poursuites des taxes et contributions publiques (droits de douanes exceptés), et, si ces arrêtés devaient être soumis à l'approbation du ministre, ils n'en étaient pas moins provisoirement exécutoires.

Le gouvernement général de l'Afrique occidentale française créé le 16 juin 1895 avec le Sénégal, la Côte d'Ivoire, la Guinée et le Soudan n'apportait aucune atteinte à l'autonomie financière de nos établissements, vu qu'il n'avait pour objet que d'unifier la direction politique et l'organisation militaire des territoires ouest-africains ; cependant, une allocation annuelle de cinq mille francs obligatoirement inscrite au budget local devait être versée par la colonie à titre de contribution aux frais de représentation du gouverneur général.

Mais si le gouvernement général ne constituait en 1895 qu'une façade inutile et encombrante, il devenait au contraire une réalité sous le régime du décret du 1er octobre 1902 qui le réorganisait sur de nouvelles bases en y incorporant la Guinée, la Côte d'Ivoire, le Dahomey, le Sénégal, et la Sénégambie-Niger en partie formée par les débris de l'ancien Soudan disloqué en 1899 (1).

Le gouvernement général, tel qu'il avait été

(1) Voir page 15 et suivantes.

conçu par le législateur de 1895, s'était trouvé, dès son origine, condamné à l'impuissance la plus absolue, faute de posséder une autorité réelle sur les pouvoirs locaux, et faute de disposer d'un instrument financier lui permettant de prendre à sa charge les dépenses d'intérêt commun de nos possessions et de réaliser le vaste programme de travaux publics auquel était intéressé tout notre empire ouest-africain.

La grande réforme de 1902 a essentiellement consisté à réparer cette erreur en créant, d'une part, à côté des budgets des colonies, le budget général de l'Afrique occidentale, et en réservant, d'autre part, au Gouverneur général un droit de contrôle effectif sur les finances locales.

Nous distinguerons donc ici deux sortes de budgets : le budget général et les budgets locaux, et nous passerons successivement en revue chacune de ces catégories.

1° BUDGET GÉNÉRAL

Après la prise de possession politique de nos colonies ouest-africaines s'était manifestée la nécessité de leur prise de possession économique, mais celle-ci offrait les plus grandes difficultés vu qu'elle se trouvait arrêtée dans son essor par deux grands maux : la rareté des voies de communication et l'insalubrité. Pour créer au trafic des moyens en harmonie avec les besoins nouveaux, il fallait donc constituer un outillage économique apte à soustraire ces régions à la stagnation qui les menaçait.

Cette question de mise en valeur offrait trop d'importance pour qu'un vaste programme n'ait pas été rapidement élaboré ; or, les travaux projetés présentaient un caractère d'intérêt commun à toute l'Afrique occidentale ; s'ils devaient s'appliquer particulièrement dans leurs détails à tel ou tel territoire, ils n'en formaient pas moins une œuvre d'ensemble dont le succès demeurait subordonné à l'unité de plan et de direction ; de plus, réduite à ses seules ressources, chacune des colonies aurait dû renoncer à semblable entreprise faute de capitaux ou de gage sérieux à fournir en vue d'un emprunt.

L'institution d'un gouvernement général assez puissant pour réunir en un faisceau les forces financières de nos possessions et dès lors assez riche pour apporter aux prêteurs les plus sûres garanties pouvait seule obvier à cet inconvénient et solutionner heureusement le problème vital des pays africains ; d'un autre côté, avec la création d'un pouvoir centralisateur, certaines dépenses devenaient communes à toute l'Afrique occidentale : il était dès lors logique qu'elles fusssent mises en raison même de leur nature à la charge du gouvernement général, et c'est pour répondre à cette double nécessité que le décret du 1er octobre 1902 a organisé un gouvernement général avec un budget distinct et largement doté ; c'est ce budget qui a permis au gouvernement général de pourvoir aux dépenses d'intérêt commun ; c'est à lui que la métropole et l'initiative privée ont donné leur confiance en mettant à sa disposition en 1903 les 65 millions qui servent à réaliser actuellement l'outillage économique de l'Afrique occidentale (1).

Le budget général est arrêté en conseil de gouvernement par le gouverneur général et approuvé par décret rendu sur la proposition du ministre des colonies. Il comprend des recettes et des dépenses aujourd'hui déterminées les unes et les autres par le décret du 18 octobre 1904.

Le budget général était encore en 1902 à l'état embryonnaire ; non seulement, il n'absorbait pas la totalité des recettes des territoires composant le gouvernement de l'Afrique occidentale, mais il n'était même pas alimenté par des produits spéciaux perçus sur ces possessions ; il était constitué, et par les recettes de la Sénégambie-Niger directement administrée par le gouverneur général et par des subventions des colonies côtières fixées par le gouverneur général et arrêtées par décret.

Les recettes du budget général s'élevaient pour 1904 à 12.800.000 fr. sur lesquels les contributions des colonies formaient un total de 2.972.000 fr., à savoir :

(1) Voir page 88.

Le Sénégal	1.498.000	francs
La Guinée	981.000	—
La Côte d'Ivoire . .	294.000	—
Le Dahomey . . .	199.000	—

Ces redevances qui constituaient une dette exigible pour les budgets locaux variaient pour chacune de nos colonies selon leur part contributive aux dépenses communes et aux charges de l'emprunt.

Avec ces 13 millions de recettes, le budget général faisait face aux dépenses propres à la Sénégambie-Niger, aux dépenses du gouvernement général, du contrôle, des directions générales, des services commun et d'intérêt général et, par conséquent, au service de la dette (1).

La création d'un budget général de l'Afrique occidentale, réel, n'a pas été la moindre originalité du décret du 18 octobre 1904 ; on peut dire d'ailleurs qu'elle a été la conséquence de la formation de la colonie autonome du Haut-Sénégal et Niger : d'après le décret de 1902, en effet, le gouvernement général n'avait d'autre budget que celui de la Sénégambie-Niger ; ces territoires ayant été répartis entre le Sénégal et une colonie nouvelle, le gouvernement général n'avait plus de budget ; il fallait donc recourir à un procédé nouveau. C'est ce qu'on a fait.

(1) Voir page 88.

Ce n'est plus, depuis le décret du 18 octobre 1904, le gouvernement général qui reçoit son budget des colonies ; c'est lui qui prélève une partie de leurs recettes ; il a renoncé aux subventions versées par les budgets locaux, mais il a acquis à leur détriment des ressources propres provenant de taxes établies et perçues par lui, et avec ces ressources, il pourvoit au service de la dette et aux dépenses d'intérêt commun comme l'Indo-Chine, dont l'exemple avait déjà été en partie suivi en 1902, pourvoit aux dépenses d'intérêt commun des divers pays qui la composent.

Aux termes de l'article 7 du décret du 18 octobre 1904, le budget général de l'Afrique occidentale prend à sa charge les dépenses :

1° Du gouvernement général et des services généraux ;

2° Du service de la dette ;

3° De l'inspection mobile des colonies ;

4° Des contributions à verser à la métropole ;

5° Du service de la justice française ;

6° Des travaux publics d'intérêt général ;

7° Des frais de perception des recettes qui lui sont attribuées.

Il est alimenté : 1° par les recettes propres aux services qu'il acquitte ; 2° par le produit des droits de toute nature, à l'exception des droits d'octroi communaux, perçus à l'entrée et à la sortie dans toute l'étendue de l'Afrique occidentale française sur les marchandises et sur les navires.

Il peut en outre recevoir des contributions des budgets des diverses colonies de l'Afrique occidentale française ou leur attribuer des subventions. Le montant de ces contributions et subventions est annuellement fixé par le gouverneur général en Conseil de gouvernement et arrêté par l'acte portant approbation des budgets.

2° BUDGET LOCAL

L'institution d'un gouvernement général muni de pouvoirs forts et disposant de ressources propres était appelée à transformer radicalement les budgets locaux tant au point de vue de leur établissement qu'au point de vue de leur constitution intérieure. L'exercice des pouvoirs de haute direction que le nouveau régime conférait au gouverneur général sur l'ensemble des territoires ouest africains impliquait en effet une réglementation sévère et étroite de la législation financière de nos possessions, et la création d'un budget général, formé au détriment des budgets particuliers, devait avoir nécessairement pour conséquence l'affaiblissement de ces derniers.

Nous résumerons donc tout d'abord les principes qui président actuellement à la préparation, à l'approbation et à l'exécution du budget de la Côte d'Ivoire ; nous exposerons ensuite les diverses atteintes qui ont été successivement portées à son intégralité par les décrets des 1er octobre 1902 et 18 octobre 1904.

La procédure applicable à l'établissement des budgets locaux a été déterminée par le décret du 1er octobre 1902; cet acte a pleinement maintenu l'autonomie de la Côte d'Ivoire, mais il a enlevé au lieutenant-gouverneur la plus grande partie des attributions financières que lui avait reconnues le décret du 10 mars 1893 (1), et il a assujetti la colonie à la règle de l'autorisation préalable en ce sens qu'elle doit solliciter aujourd'hui l'autorisation du gouverneur général avant d'engager la dépense ou de percevoir la recette.

De cette obligation découlent les pouvoirs financiers respectifs du gouverneur général et du lieutenant-gouverneur; au lieutenant-gouverneur, il appartient de préparer et d'exécuter le budget; au gouverneur général, de l'arrêter.

Le projet de budget est dressé par le chef de la colonie auquel incombe la tâche d'évaluer les prévisions de recettes et de fixer les prévisions de dépenses; puis, il est voté par le conseil d'administration : cet organe n'est consulté que pour permettre au lieutenant-gouverneur de s'entourer de tous les avis utiles; ses délibérations n'ont aucune force légale.

Aux termes de l'article 40 du décret du 20 novembre 1882, le budget soumis au conseil d'admi-

(1) Voir page 42.

nistration devait être arrêté par le gouverneur de la colonie ; ce texte a été abrogé par l'article 7 du décret du 1er octobre 1902, qui dispose que les « budgets locaux seront désormais arrêtés par le gouverneur général en conseil de gouvernement » ; le rôle du lieutenant-gouverneur s'est trouvé ainsi réduit à celui d'un bureau de centralisation du travail sur lequel le gouverneur général est appelé à statuer. Le conseil d'administration entendu, le projet de budget est donc transmis au gouverneur général ; les évaluations prévues et présentées par le chef de la colonie seront en fait généralement adoptées, mais elles n'ont par elles-mêmes que la valeur de simples propositions ; le gouverneur général a tout pouvoir pour y apporter les modifications qu'il juge nécessaires.

Après avoir été arrêté par le gouverneur général, le budget est approuvé et rendu exécutoire par décret ; toutefois, en supposant qu'il y ait impossibilité de recevoir la notification de l'approbation ministérielle avant l'ouverture de l'exercice auquel ils se rapportent, les budgets locaux peuvent être déclarés provisoirement exécutoires par le gouverneur général. Le budget réglé, il peut arriver que les crédits alloués se trouvent insuffisants ou que des besoins nouveaux non prévus nécessitent des dépenses nouvelles. Si le lieutenant-gouverneur pouvait, en cours d'exercice, excéder les limites fixées par le gouverneur général, les attributions financières de ce dernier ne seraient plus qu'un leurre; c'est pourquoi l'instruction du 9 juin 1903 a décidé que dans le cas où les circonstances réclameraient l'ouverture de crédits supplémentaires, le lieutenant-gouverneur, après délibération du conseil d'administration, devrait aviser le gouverneur général qui seul aurait autorité pour prendre l'arrêté à intervenir ; il faut également, et aux termes des mêmes instructions, l'autorisation expresse et préalable du gouverneur général pour engager une dépense en dehors des prévisions du budget.

Enfin de même que le lieutenant-gouverneur pourvoit, sous le contrôle du gouverneur général, à l'administration courante de sa colonie, de même il pourvoit, conformément au décret du 20 novembre 1882 et à charge d'en rendre compte au gouverneur général, à l'exécution du budget dûment approuvé. A cet effet, il est astreint à adresser à Dakar des états mensuels relevant la situation financière de la colonie et qui permettent au gouverneur général d'exercer en toute connaissance de cause le droit de haut contrôle dont il est investi.

Antérieurement au décret du 1er octobre 1902, la Côte d'Ivoire percevait toutes ses recettes :

Contributions directes ;
Contributions indirectes (Douanes) ;
Produits divers ;
Domaine de l'Etat ;

et payait toutes ses dépenses.

Si l'on se reporte au budget local de l'exercice 1902 on trouve que les dépenses ordinaires étaient alors les suivantes :

Contingents coloniaux et dettes exigibles ;
Dépenses d'administration ;
Police générale et prison ;
Frais de perception et de régie ;
Travaux publics ;
Justice française, instruction publique, cultes ;
Service sanitaire et cultures ;
Frais de passage, de route et de séjour ;
Vice-consulat de France à Momovia ;
Dépenses diverses et dépenses d'ordre ;
Dépenses de colonisation.

Les contingents coloniaux et dettes exigibles comprenaient :

1° L'annuité accordée à la compagnie de Kong d'après la convention passée entre cette dernière et le ministre des colonies et approuvée par décret du 31 juillet 1897 (1)	125.000 fr.
2° Le contingent imposé à la colonie pour les dépenses de l'école coloniale.	2.000
3° Le contingent imposé à la colonie pour contribution aux dépenses générales, civiles, militaires de l'Etat . .	10.000

(1) Voir page 130.

Les dépenses occasionnées en 1898 par l'expédition de Kong avaient été mises à cette époque et conformément aux lois en vigueur à la charge de la métropole. Lorsque la loi de finances du 13 avril 1900 est venue spécifier que des contingents seraient dorénavant versés par chaque colonie jusqu'à concurrence du montant des dépenses militaires qui y seraient effectuées, le budget de la Côte d'Ivoire s'est trouvé grevé de ce chef et à partir du 1er janvier 1901 d'une dette exigible de 10.000 francs.

Quant au budget de la justice française, il devait pourvoir, d'un côté, aux frais nécessités par le service de la justice locale, et de l'autre, à la part contributive de la colonie aux dépenses du tribunal supérieur de Conakry créé le 15 avril 1902 et dont la juridiction s'étendait sur les territoires de la Guinée, de la Côte d'Ivoire et du Dahomey; cette part contributive versée au gouvernement de la Guinée s'élevait à . . . . 25.000 fr.

Ajoutons enfin que le chapitre des « dépenses diverses » renfermait tout spécialement les différentes contributions de la colonie aux dépenses d'intérêt général. — Y étaient inscrites en effet :

1° Part de la colonie dans les dépenses de la section géographique et des archives coloniales . . . . 2.000 fr.

2° Part dans les frais d'entretien du jardin de Nogent-sur-Marne. . . . . 1.500 fr.

3° Part dans les dépenses de l'office colonial 500

Le budget local de la Côte d'Ivoire était modifié dans sa forme le 1er octobre 1902 avec le décret qui réalisait l'unité financière de l'Afrique occidentale par l'institution d'un budget général. Nous avons vu plus haut que ce budget général ne comprenait pas la totalité des recettes et des dépenses de nos possessions ouest-africaines : chacune d'elles conservait en effet son autonomie, ses douanes, ses services propres. Toutefois ces colonies devaient faire face, nous le savons, à des dépenses d'intérêt général ; elles avaient aussi des besoins économiques communs (pénétration des voies ferrées, aménagement des voies navigables, amélioration de l'état sanitaire), et c'est ici que l'esprit pratique qui avait dirigé la conception du décret de 1902 avait trouvé une solution ingénieuse qui pouvait suffire tout au moins aux nécessités présentes. Le budget des territoires de la Sénégambie-Niger placé entre les mains du gouverneur général devait se compléter par des subventions des colonies côtières, et c'était avec l'ensemble des ressources ainsi réunies que le budget général devait prendre à sa charge les dépenses du gouvernement général, du contrôle, des directions générales, d'intérêt général et des services communs.

Le montant des subventions des colonies était déterminé par le gouverneur général en conseil de gouvernement et arrêté par le décret approbatif du budget.

La redevance de la Côte d'Ivoire avait été fixée pour 1903 à la somme de 50.000 francs ; elle représentait les frais d'entretien du consulat de Monrovie, les dépenses d'intérêt général et les dettes exigibles dues à l'État et directement acquittées par la colonie antérieurement au décret du 1er octobre 1902 ainsi que la part contributive de la colonie aux dépenses d'intérêt commun de l'Afrique occidentale.

Elle se décomposait d'ailleurs ainsi :

1° Contingent imposé à la colonie pour contribution aux dépenses militaires et aux charges générales de l'état.	10.000 fr.
2° Contingent imposé pour l'école coloniale	2.000
3° Part contributive dans les dépenses de la section géographique et des archives coloniales.	2.000
4° Part contributive dans les frais d'entretien du jardin de Nogent-sur-Marne.	1.500
5° Part contributive dans les dépenses de l'office colonial	500
6° Frais d'entretien du consulat de Monrovie	15.000
7° Abonnement à l'agence Havas . . .	1.000
8° Part contributive aux dépenses d'intérêt commun	18.000
	50.000 fr.

La subvention de 50.000 francs versée pour l'exercice 1903 était portée le 1er janvier 1904 à 293.420 francs.

Cette différence (243.420 fr.) provenait de trois causes :

1° Une augmentation des dépenses du gouvernement général, augmentation qui se traduisait pour la Côte d'Ivoire par une contribution supplémentaire de	46.000 fr.
2° De la part contributive de la colonie au service de l'emprunt contracté le 8 septembre 1903, dans l'intérêt commun des possessions ouest-africaines par application de la loi du 5 juillet 1903 (1)	172.420
3° De la part contributive de la colonie aux frais d'entretien de la Cour d'Appel de l'Afrique occidentale dont la création faite par décret du 10 novembre 1903 entraînait la suppression du tribunal supérieur de Conakry, et, dès lors, de la redevance annuellement versée au gouvernement de la Guinée. .	25.000
	243.420 fr.

Les dépenses de la justice française locale restaient toujours à la charge du budget de la Côte d'Ivoire.

L'Afrique occidentale formant en 1904 une unité

(1) Voir page 88.

politique très nettement déterminée, il a paru alors nécessaire d'établir une distinction plus absolue entre les dépenses d'intérêt général communes à toutes les colonies et celles d'intérêt local propres à chacune d'elles.

Le législateur a été ainsi conduit à donner à l'Afrique occidentale le 18 octobre 1904 un budget général, réel, dont l'existence permet de considérer l'ensemble de nos possessions comme constituant à présent une véritable entité administrative. Nous avons vu plus haut le mécanisme de ce budget (1). Il nous suffira donc de rappeler que si le gouverneur général a abandonné les recettes de la Sénégambie-Niger et les subventions des possessions côtières, il prélève à son profit depuis 1905 les droits de douanes qui avaient été jusqu'alors perçus par les colonies.

Avec ces ressources, il pourvoit à toutes les dépenses d'intérêt général et d'intérêt commun :

Gouvernement général et services généraux;

Service de la dette;

Inspection mobile des colonies;

Contributions à verser à la métropole;

Service de la justice française (Justice locale et Cour d'appel).

Travaux publics d'intérêt général;

Frais de perception des droits de douanes;
de telle sorte que les colonies n'ont plus aujourd'hui

(1) Voir page 44.

à leur charge que les dépenses ayant un caractère exclusivement local.

Le décret du 18 octobre 1904 devait être gros de conséquences à l'égard du budget de la Côte d'Ivoire; il touchait en effet profondément à son intégralité puisqu'il lui enlevait un de ses chefs de recettes; il le réduisait en outre à sa plus simple expression vu qu'il le privait de ses produits essentiels : les taxes de consommation.

On peut d'ailleurs se rendre compte de l'importance de ces taxes par rapport à l'ensemble des recettes de la Côte d'Ivoire en se reportant au tableau ci-dessous :

ANNÉES	TOTAUX DES RECETTES ORDINAIRES	DROITS DE DOUANES
1898	1.474.287	1.337.902
1899	1.636.765	1.548.246
1900	2.185.076	1.762.559
1901	2.203.597	1.528.577
1902	3.143.192	1.923.217
1903	3.125.950	1.955.878

Il ressort de ce tableau que les contributions indirectes formaient environ les deux tiers des revenus locaux ; si l'on prend par exemple comme base de calcul les résultats acquis pour l'année 1903, on constate que sur 3.125.950 francs de recettes, les produits des taxes de consommation représentent à eux seuls 1.955.878 francs.

En ne percevant plus ses droits de douane, la Côte d'Ivoire a donc subi de ce chef une perte approximative de 2 millions, mais hâtons-nous d'ajouter que les plus larges compensations lui ont été accordées en réparation d'un aussi lourd sacrifice.

1° Le budget général ne reçoit plus aujourd'hui aucune subvention des budgets locaux.

2° Il prend exclusivement à sa charge toutes les dépenses offrant un caractère d'intérêt général et d'intérêt commun (dépenses déjà prévues antérieurement au décret du 18 octobre 1904 auxquelles sont venues s'ajouter, depuis cette époque, comme revêtant le même caractère, celles de la justice française locale et la subvention due à la société du Warf, en vertu du contrat passé avec cette compagnie le 10 août 1897).

3° Il acquitte les frais de perception des recettes qu'il s'attribue (douanes).

Le chiffre des dépenses du budget local s'est trouvé ainsi allégé d'une somme de 679.990 francs, se décomposant comme suit :

Ancienne part contributive de la colonie aux dépenses d'intérêt général et commun	293.420 fr.
Subvention au Warf	60.000
A Reporter . .	353.420 fr.

Report. . .	353.420 fr.
Dépenses de la justice française et locale.	50.040
Dépenses du service de la douane et part correspondante aux recettes douanières dans les remises du trésorier-payeur	276.530
	679.990 fr.

4° Le budget général verse des subventions aux budgets locaux.

Le gouvernement général percevant d'une part deux millions de recettes au détriment de la colonie, mais payant d'autre part pour elle 679,990 fr. de dépenses, le budget local ne subissait plus dès lors qu'un préjudice s'élevant à 1.300.000 francs environ. Toutefois la colonie n'était pas assez riche pour faire abandon de fonds aussi considérables ; le produit de ses contributions directes et des autres taxes dont elle conservait la libre disposition n'aurait plus été suffisant pour couvrir des dépenses intérieures : c'est pourquoi, le gouverneur général, usant de la faculté à lui laissée par l'article 7 du décret du 18 octobre 1904, a rétabli l'équilibre budgétaire de la Côte d'Ivoire en lui restituant cette somme de 1.300.000 francs sous forme de subvention.

La situation financière de la colonie ne s'est donc pas trouvée en fait sensiblement modifiée.

CHAPITRE III

RECETTES ET DÉPENSES DU BUDGET GÉNÉRAL

Le budget général de l'Afrique occidentale pour l'exercice 1905 a été arrêté en recettes et en dépenses à la somme de 14.950.000 francs.

Les dépenses du budget général sont les suivantes :

1° Gouvernement général et services généraux ;

2° Service de la dette ;

3° Inspection mobile des colonies ;

4° Contributions à verser à la métropole ;

5° Service de la justice française ;

6° Travaux publics d'intérêt général ;

7° Frais de perception des recettes attribuées au budget général.

Quant aux recettes, elles comprennent :

1° Les recettes propres aux services mis à la charge du budget général ;

2° Les droits de douanes.

De toutes ces recettes et de toutes ces dépenses

ci-dessus énumérées, nous ne retiendrons ici que :

A) Les droits de douanes ;

B) Le service de la dette.

A. — **Droits de douane.**

Les premiers droits de douane avaient été créés dans les établissements de la Côte d'Or par décret du 3 septembre 1889 ; jusqu'à cette époque ces établissements étaient demeurés port franc. L'empire avait, il est vrai, essayé d'imposer en 1869 des taxes douanières dans la colonie, mais cette tentative faite la veille de l'abandon de nos possessions était restée sans résultat appréciable. En 1886, le gouvernement de la République avait à son tour frappé de droits Bassam et Assinie ; toutefois comme ce système mal conçu ne soumettait à la taxe que Bassam et Assinie, c'est-à-dire que les endroits où opérait le commerce français et qu'il laissait exemptes les localités où régnaient les maisons anglaises, son existence n'avait pu être qu'éphémère.

En 1888, le représentant de la France à Bassam avait été invité à présenter un nouveau projet. M. Verdier avait alors proposé de frapper les marchandises importées sur tout le territoire de la Côte d'Or avec cette réserve que les produits français importés par des maisons françaises ayant leur siège social en France seraient affranchis de tous droits.

L'application du régime élaboré par M. Verdier

aurait assurément protégé dans une large mesure notre industrie nationale, mais il restait inacceptable en présence de la convention du 10 août 1889 relative à la délimitation des possessions respectives de l'Angleterre et de la France sur la côte occidentale d'Afrique.

L'acquiescement du Royaume-Uni aux lignes de démarcation entre la Gold-Coast et nos établissements était en effet subordonné à la reconnaissance, par la France, d'une clause statuant qu'il ne pourrait être prévu entre ces deux contrées aucun tarif différentiel en matière douanière.

En nous imposant des tarifs minima à percevoir sur les alcools, les tabacs, les tissus, la convention du 10 août 1889, qui atteignait notre commerce avec les indigènes dans ses manifestations essentielles, assurait, par cette égalité de traitement, une clientèle commerciale aux ports anglais et détruisait ainsi tous les avantages dont les ports français auraient pu bénéficier. Pourtant, quelque défavorable que nous fût ce traité, il nous liait les mains et nous devions en tenir compte. Aussi le décret du 3 septembre 1889 établissant des droits de douane dans la colonie déclarait-il que cet impôt serait perçu contrairement au projet de notre représentant à Bassam sur les marchandises de toute provenance importées dans les possessions françaises de la Côte d'Or, c'est-à-dire d'Assinie à Grand-Lahou.

En 1893, la Côte des Graines (Grand-Lahou à la

rive gauche du Cavally) était occupée et réunie à la Côte d'Or ; leur jonction devait constituer la Côte d'Ivoire.

Les droits de douane établis par le décret du 3 septembre 1889 sur le territoire de la Côte d'Or ne furent pas appliqués à la Côte des Graines, mais un arrêté du 12 septembre 1893 imposa des taxes de consommation sur toutes les marchandises, quelle que fût leur origine, importées depuis Grand-Lahou jusqu'à la rivière Cavally.

En fait, les contributions prélevées soit en vertu du décret du 3 septembre 1889, soit en vertu de l'arrêté du 12 septembre 1893 se ramenaient toujours à des droits d'importation institués sous des noms différents ; cependant la dénomination spéciale donnée aux taxes acquittées à la Côte des Graines permettait de considérer cette portion de territoire comme soustraite aux obligations résultant de la convention du 10 août 1889, et elle nous laissait par conséquent toute liberté d'action relativement à la fixation des tarifs.

La Côte d'Ivoire se trouvait donc divisée au point de vue fiscal en 2 parties distinctes : la région orientale soumise aux droits d'importation prévus par le décret du 3 septembre 1889 et la région occidentale soumise aux droits de consommation prévus par l'arrêté du 12 septembre 1893 : ces deux catégories de taxes, comme nous l'avons vu plus haut, frappaient toutes les marchandises sans distinction de provenance.

En vue de faire cesser les inconvénients inhérents à la dualité de ce régime et d'accorder au commerce français une protection suffisante, M. André Lebon présentait à la signature du chef de l'Etat, le 11 août 1897, deux décrets qui étaient promulgués dans toute l'étendue de la colonie ; le premier soumettait à une taxe de consommation certains produits, sans distinction d'origine ou de provenance, qu'ils y aient été importés, récoltés ou fabriqués ; dans ces droits généraux de consommation étaient comprises les taxes minima prévues par l'acte diplomatique du 10 août 1889. Le second décret portait création de droits de douane, mais, seules, les marchandises étrangères devaient supporter la charge de cette dernière contribution.

Ajoutons qu'un arrêté rendu par le gouverneur de la Côte d'Ivoire établissait à la même époque (31 décembre 1897) des droits d'exportation sur les bois sortant de la colonie.

Le régime fiscal inauguré par les décrets du 11 août 1897 était à peine organisé que la France signait avec l'Angleterre la convention du 14 juin 1898 : elle stipulait une nouvelle délimitation des possessions franco-anglaises de la boucle du Niger et interdisait dans son article 9 l'établissement pour les nationaux des deux puissances signataires de droits différentiels dans les territoires auxquels il s'appliquait.

Cet article 9, qui prévoyait au point de vue commercial l'égalité de traitement la plus complète entre les citoyens de ces deux états intéressait tout particulièrement la Côte d'Ivoire où les droits de douane et de consommation déterminés par les décrets du 11 août 1897 n'étaient cumulativement perçus que sur les marchandises d'origine étrangère, et si cette disposition liait directement la France à l'égard du gouvernement britannique, elle entravait aussi par voie de conséquence notre liberté envers toutes les puissances auxquelles nous avions accordé sur notre domaine la clause de la nation la plus favorisée.

La convention du 14 juin 1898, complétée par la déclaration additionnelle du 21 mars 1899, n'en était pas moins ratifiée; les décrets du 11 août 1897 étaient abrogés le 5 décembre 1899 et un arrêté local du 19 juin 1899, rendu provisoirement et jusqu'à ce qu'il ait été statué par décret établissant à la Côte d'Ivoire une taxe unique de consommation. Cet arrêté frappait de droits, soit spécifiques, soit ad valorem divers produits déterminés, portés à un tableau annexé, quelle que soit leur origine ou leur provenance, consommés dans la colonie, qu'ils y aient été importés, récoltés ou fabriqués; il soumettait à un droit de 10 0/0 les matières non dénommées, exemptait certains objets limitativement énumérés et enfin prohibait l'entrée des monnaies d'argent étrangères.

La taxe de consommation atteignait principalement les spiritueux, les armes et poudres de traite, les tabacs, le sel et les matériaux de construction.

En ce qui concerne les spiritueux, les tarifs fixés par l'arrêté du 19 juin 1899 avaient dû être ultérieurement modifiés. Lors de l'établissement des droits sur les alcools, la colonie s'était trouvée liée par l'acte général de Bruxelles qui frappait les spiritueux importés en Afrique d'un droit minimum de 15 francs par hectolitre à 50 degrés; 6 ans après, ce droit minimum était relevé : la conférence de Bruxelles décidait en effet que le droit minimum à percevoir en Afrique serait de 70 francs par hectolitre à 50 degrés au lieu de 15 francs. Il restait toutefois bien entendu que si le tarif local ne pouvait pas être inférieur au minimum prévu par la convention, il pourrait dans tous les cas lui être supérieur.

A la suite de cet accord international, les anciens tarifs du 19 juin 1899 était révisés et un arrêté du 30 juin 1900 fixait les droits à acquitter sur les spiritueux à 156 francs par hectolitre d'alcool pur.

Quant aux droits d'exportation ou de sortie sur les bois établis le 31 décembre 1897 à raison de 6 francs par bille, ils étaient ramenés à 3 francs par arrêté du 31 octobre 1901.

Etat comparatif des recettes douanières de la colonie de 1898 à 1903.

1898	1899	1900	1901	1902	1903
1.337.902	1,548.246	1,762.565	1.528.577	1.923.217	1.955,878

La loi du 11 janvier 1892 relative à l'établissement du tarif général des douanes a divisé les colonies françaises en deux catégories :

Les produits étrangers importés dans les colonies classées dans la première catégorie sont soumis aux mêmes droits que s'ils étaient importés en France, c'est-à-dire au tarif général, tandis que les produits étrangers importés dans les colonies de la seconde catégorie (Côte occidentale d'Afrique, sauf Gabon ; Tahiti, Inde, Obock, Diego-Suarez, Nossi-Bé et Sainte-Marie de Madagascar), ne sont pas assujettis au tarif des douanes métropolitaines.

Cette différence de traitement entre les colonies de la première et celles de la seconde catégorie s'explique par leur situation géographique ; notre domaine ouest-africain, par exemple, confine à des territoires appartenant à d'autres nations : dès lors on pouvait craindre que si des droits de douane étaient établis sur les marchandises qui y sont importées et qui sont en partie destinées à être introduites dans l'intérieur du continent africain, ces droits n'eussent pour effet de faire passer ces marchandises par les territoires étrangers voisins et de ruiner ainsi le commerce de nos possessions.

Mais si les produits étrangers importés dans les colonies de la seconde catégorie ne sont pas soumis au tarif général, ils peuvent cependant être frappés de droits de douane dans l'intérêt fiscal ou économique de la colonie, et ce, en vertu de décrets rendus en conseil d'Etat sur la demande des conseils généraux ou des conseils d'administration. C'est ainsi que des décrets rendus en conseil d'Etat avaient institué en 1893 et 1897 des droits de douane à la Côte d'Ivoire ; mais ces droits furent supprimés comme nous l'avons vu plus haut à la suite de la convention franco-anglaise de 1898 et remplacés par des taxes de consommation déterminées par l'arrêté du 19 juin 1899. Or on peut se demander si un simple arrêté peut créer des taxes de consommation, si ces taxes ne doivent pas être établies dans la même forme que les droits de douane, c'est-à-dire par décret, si l'on ne doit pas considérer dans le cas contraire leur perception comme illégale.

Cette question a été différemment tranchée selon que l'on a considéré les taxes de consommation comme essentiellement autres que les droits de douane ou comme assimilables à ces derniers.

Ce qui distingue, semble-t-il, le droit de douane du droit de consommation, c'est que le premier est un droit fiscal et protecteur, frappant exclusivement les produits étrangers tandis que le second représente une taxe d'une nature plus générale atteignant aussi bien les produits français que les produits étrangers, les produits du pays que les produits importés : c'est cette universalité du droit de consommation qui, dans son application aux produits sur lesquels il est perçu, paraît le séparer du droit de douane.

Et, tel a été longtemps d'ailleurs l'avis de la

Cour de cassation. Cependant il résulte d'un récent arrêt que la Cour suprême a modifié à ce sujet son ancienne jurisprudence, d'après la doctrine nouvelle, le caractère différentiel et protecteur ne serait que l'un des éléments constitutifs des taxes douanières ; ce qu'il importerait de considérer avant tout, c'est si le droit perçu affecte les relations commerciales de la colonie avec l'extérieur et s'il atteint la consommation générale en frappant les objets assujettis surtout en tant qu'objets d'importation.

En supposant qu'on reconnaisse à cette double circonstance le caractère douanier d'une taxe on est amené à conclure que les droits de consommation doivent être établis dans la même forme que les droits de douane, c'est-à-dire par décret, et c'est en effet cette opinion qu'a adoptée la Cour de cassation dans son arrêt du 15 mars 1898.

Il serait peut-être prématuré de regarder la jurisprudence comme désormais irrévocablement fixée en la matière mais la légalité de la perception des taxes de consommation qui ont été acquittées à la Côte d'Ivoire en vertu de l'arrêté du 19 juin 1899 n'en est pas moins très discutable, vu que l'établissement de ces droits peut ne pas rentrer dans les attributions de l'autorité locale et qu'il n'a pas reçu l'approbation du pouvoir métropolitain.

D'ailleurs cette question n'offre plus ici aujourd'hui qu'un intérêt rétroactif.

Les droits de douane établis à la Côte d'Ivoire comme sur les autres territoires ouest africains avaient toujours été prélevés au profit des budgets locaux lorsque le décret du 18 octobre 1904 est venu incorporer ces recettes au budget général dont elles constitueront dorénavant le principal aliment. Cette solution avait été précédemment adoptée pour l'Indo-Chine et elle s'imposait tout particulièrement en ce qui concerne l'Afrique occidentale, car elle dérivait en quelque sorte de sa constitution géographique et de son développement politique.

Tandis que nos possessions n'étaient que de simples comptoirs, échelonnés le long du littoral, indépendants et séparés les uns des autres, il était naturel de laisser à chacune d'elles le montant de ses taxes douanières ; mais, du jour où, d'une part, les colonies côtières se sont rejointes pour former l'empire africain et où, d'autre part, ont été pénétrées et organisées d'immenses régions appartenant au même empire, tout en ne pouvant pas, vu leur étendue et leur éloignement, être comprises dans ces colonies, il n'était plus équitable de ne faire bénéficier des produits des taxes douanières que nos possessions côtières, canal par lequel passait nécessairement tout le mouvement d'importation et d'exportation. La prétention de maintenir un pareil état de choses eût été équivalente, selon l'expression de M. le Gouverneur général Roume, à celle d'un port de la métropole qui aurait demandé à profiter exclusivement des droits prélevés sur les marchandises qui y débarquent.

C'est pourquoi le décret du 18 octobre 1904, désirant aussi fortifier la personnalité du gouvernement général vis-à-vis des porteurs de titres de l'emprunt 1903 ou des emprunts futurs, et leur offrir des garanties mieux définies et plus tangibles, a-t-il attribué au budget général les produits des droits de douane perçus à l'entrée et à la sortie dans toute l'Afrique occidentale, sur les marchandises et sur les navires. Quant au mode d'assiette, à la quotité et aux règles de perception de ces droits, ils doivent être établis, aux termes mêmes de l'acte précité, par le gouverneur général en conseil de gouvernement et approuvés par décrets en conseil d'Etat.

Ces profondes modifications ont exigé le remaniement des tarifs et des règlements douaniers de nos différents territoires en vue d'établir entre eux une concordance qui ne pouvait exister puisqu'ils avaient été conçus en dehors de toute vue d'ensemble ; ces travaux de refonte ont été soumis au conseil de gouvernement dans sa session du 15 décembre 1904, mais les décrets y afférents n'ont pas encore paru.

Vu les dispositions de l'article 11 du décret du 18 octobre 1904, seront maintenues au profit des trésoriers-payeurs des budgets locaux (mais acquittées par le budget général), les remises qui leur sont actuellement allouées à l'occasion de la perception des droits de douane.

Les rapports commerciaux entre la France et ses colonies sont aujourd'hui régis par la loi du 11 janvier 1892 ; les produits importés dans la métropole et provenant des colonies de la première catégorie sont frappés de certains droits et jouissent de certaines immunités prévus au tableau E de la présente loi : quant aux colonies de la seconde catégorie, comme la Côte d'Ivoire, elles ne sont pas admises, pour simple question de réciprocité, à revendiquer les bénéfices de l'application de ce même tableau.

Les produits de ces territoires sont considérés en France comme produits étrangers ; cependant, ils peuvent être l'objet à leur entrée dans la métropole d'exemptions ou de détaxes arrêtées par décrets en conseil d'Etat ; c'est ainsi qu'un décret du 30 juin 1892 a exempté de tout droit, sans limitation, les bois et huiles de palme de la côte occidentale d'Afrique et réduit de moitié les droits du tarif métropolitain sur les cafés. Un décret fixe annuellement les quantités qui bénéficient de cette mesure (60.000 kilog.)

Les produits qui ne jouissent d'aucune faveur de ce genre sont soumis aux droits du tarif minimum.

L'article 5 de la loi du 11 janvier 1892 n'a frappé d'aucune taxe douanière les produits originaires d'une colonie française importés dans une autre colonie française; il a établi le libre échange entre nos possessions, mais les produits étrangers importés d'une colonie française dans une autre autre colonie française sont assujettis, dans cette dernière au paiement de la différence entre les droits du tarif local et ceux du tarif de la colonie d'exportation.

Tableau comparatif indiquant la participation de la Métropole, des colonies françaises et des pays étrangers au mouvement commercial de la colonie de 1898 à 1903.

ANNÉES	IMPORTATIONS			TOTAUX
	DE FRANCE	DES COLONIES FRANÇAISES	DES PAYS ÉTRANGERS	
1898	1.052.194	8.807	4.466.350	5.527.352
1899	1.453.575	168.451	4.757.860	6.379.886
1900	2.401.481	179.179	6.500.213	9.080.873
1901	1.995.683	179.521	5.110.789	7.285.993
1902	2.291.310	123.166	7.880.177	10.304.653
1903	2.870.626	40.472	8.123.813	11.034.911

ANNÉES	EXPORTATIONS			TOTAUX
	POUR LA FRANCE	pour les colonies françaises	pour les pays étrangers	
1898	1.935.275	4.466	3.086.900	5.026.641
1899	2.605.440	22.515	3.235.300	5.863.255
1900	1.714.228	1.209	6.359.152	8.074.589
1901	2.150.290	555	4.391.858	6.542.703
1902	2.432.762	9.466	4.670.078	7.112.306
1903	3.517.857	8.273	5.079.106	8.605.236

La surveillance de la frontière de la Côte d'Ivoire est assurée par les agents des douanes sur le littoral et les rives du Cavally : elle est exercée par les administrateurs ou leurs subordonnés le long de la Gold Coast. L'arrêté du 14 mars 1898 a déterminé les bureaux de douane ouverts sur cette dernière limite aux opérations commerciales à savoir Bettié, Zaranou et Assikasso ; il a chargé les agents des affaires indigènes en fonction dans ces postes de la garde de la frontière anglaise et autorisé les interprètes et miliciens résidant dans ces localités à remplir les attributions de préposés auxiliaires des douanes.

Le service actif des douanes proprement dites renferme deux cadres : l'un indigène et simplement local ; l'autre, européen et faisant partie du personnel des douanes métropolitaines. Le cadre indigène créé par l'arrêté du 8 décembre 1894 comprend des préposés, sous-brigadiers et brigadiers, mais l'autorité de ces derniers ne s'étend que sur les agents du même cadre ; ils sont eux-mêmes placés sous les ordres des sous-officiers et préposés servant au titre européen.

Le fonctionnement du service des douanes à la Côte d'Ivoire est réglementé par le décret du 26 janvier 1897 ; ce texte traite, dans une première partie, des importations et exportations, des déclarations, du transit, de la visite des marchandises, de l'acquittement des droits, des entrepôts fictifs et de la prescription fixée à un an ; la seconde cette mesure, plus préventive que répressive, avait pour but d'obliger l'expéditeur sous peine de se voir exproprié à déclarer le prix exact de ses produits ; partie est consacrée aux règles spéciales de procédure en matière d'infractions douanières.

Aux termes de l'article 61 du décret du 26 janvier 1897, les négociants qui en font la demande peuvent être autorisés par le gouverneur à placer leurs marchandises en entrepôt fictif constitué dans les magasins de commerce conformément au décret du 12 mai 1896.

Les produits ne sont admis à l'entrepôt que sur une déclaration faite conjointement par l'importateur et par une caution solidaire à accepter par le service des douanes : la durée de l'entrepôt fictif ne peut excéder le terme d'une année : passé ce délai, les droits sont liquidés.

Lors de la liquidation des droits, soit après mise directe à la consommation, soit à la sortie de l'entrepôt, les redevables peuvent être autorisés à présenter des obligations dûment cautionnées à quatre mois d'échéance, lorsque la somme à payer d'après chaque décompte s'élève à trois cents francs au moins.

Le crédit est accordé sous sa responsabilité par le trésorier-payeur de la colonie et donne lieu à un intérêt moratoire de 3 0/0, attribué au budget local ; en outre, le trésorier-payeur reçoit des redevables à titre de compensation de ses risques une remise fixe de 33 centimes par 100 francs.

La loi du 4 floréal an IV donnait au service des douanes le droit de préempter les marchandises dont il jugeait que la valeur avait été mésestimée ; le droit de préemption a été supprimé en France par la loi du 7 mai 1881 et remplacé par l'expertise légale, mais il a été prévu à la Côte d'Ivoire, par l'article 30 du décret du 26 janvier 1897.

En matière de douane, les faits de fraude et de contrebande, commis par suite de fausses déclarations, d'importations sans déclarations, ou de soustractions et substitutions effectuées par les commerçants à la faveur de l'entrepôt, peuvent donner naissance à deux catégories d'infractions : à la contravention justiciable du juge de paix et au délit ressortissant au tribunal correctionnel. Sont des contraventions, les infractions ne donnant ouverture qu'à la confiscation et à l'amende ; sont qualifiés délits, les infractions donnant lieu, indépendamment de la confiscation et de l'amende, à la peine d'emprisonnement.

Deux préposés de l'administration des douanes ou deux habitants de la Côte d'Ivoire suffisent pour constater une contravention : procès-verbal doit en être dressé sur le champ ; il en est donné lecture au prévenu qui le signe et en reçoit copie ; s'il est absent, la copie est affichée à la porte extérieure du bureau de la douane.

Le procès-verbal constatant l'infraction doit être immédiatement affirmé par l'administrateur, et enregistré dans les trois jours ; si cette formalité ne pouvait pas être remplie dans le temps prescrit faute de bureau d'enregistrement, l'administrateur devrait l'indiquer dans son affirmation. Quand il s'agit d'infractions aux lois de douane ressortissant au tribunal de paix, le procès-verbal donne citation à comparaître devant ce tribunal dans les 24 heures augmentées du délai des distances.

La douane est autorisée à transiger soit avant, soit après le jugement, mais le chef de ce service n'a pas qualité pour écarter préjudiciellement les offres de transaction d'un contrevenant ; il est tenu, quelle que soit son appréciation personnelle, de soumettre ces offres au gouverneur statuant en conseil d'administration. Les transactions ne sont définitives que lorsqu'elles ont reçu l'approbation du chef de la colonie.

Le tribunal de Bingerville et les justices de paix à compétence étendue de Grand-Lahou et de Kong connaissent dans leurs ressorts judiciaires respectifs de toutes les infractions aux lois et règlements régissant la douane : comme ces tribunaux sont à la fois justices de paix et tribunaux correctionnels, les décisions qu'ils rendent à titre de justices de paix ne sont pas susceptibles d'appel.

Le produit des amendes et confiscations est réparti entre les agents et saisissants conformément à l'arrêté du 1er juin 1892, à savoir :

40 0/0 au service local ;
8 0/0 au fonds commun ;

12 0/0 aux chefs;
40 0/0 aux saisissants.

Ne participent pas à ces avantages les agents des affaires indigènes surveillant la frontière anglaise dans les centres de Bondoukou et de l'Indénié; cependant les chefs de villages ayant coopéré à la saisie ou dénoncé la fraude peuvent à ce titre recevoir certaines gratifications dont le montant est fixé par le gouverneur de la colonie.

Les agents des douanes ne sont pas seulement appelés à percevoir des taxes ; ils sont en outre chargés de veiller à l'application des règlements prohibitifs ou restrictifs qui frappent certaines marchandises à leur entrée dans la colonie : monnaies d'argent étrangères, manilles, lingotins, armes à feu et munitions.

Nous avons vu que l'arrêté du 19 juin 1899 avait interdit l'importation des monnaies d'argent étrangères dans la Côte d'Ivoire; ce même texte avait aussi soumis à une taxe de 10 0/0 les monnaies d'or étrangères, mais cette dernière mesure a été rapportée par l'arrêté du 8 novembre 1899 : la perception de ce droit était en effet inopportune, l'or constituant aujourd'hui l'unité monétaire internationale.

Malgré la prohibition prévue par l'arrêté du 19 juin 1899, l'importation des monnaies d'argent étrangères avait été toujours tolérée lorsque la circulaire du 11 septembre 1903 est venue rappeler aux administrateurs les prescriptions contenues dans l'acte ci-dessus.

Le cours de notre monnaie divisionnaire étant interdit à la Gold-Coast et au Libéria, et nos sujets indigènes refusant l'argent français pour n'accepter que l'argent anglais, M. le gouverneur Martin décida que la monnaie divisionnaire anglaise ne pouvait plus être dorénavant ni importée ni laissée en circulation dans la colonie. Toutefois, afin de ne causer aucune perturbation dans les transactions commerciales, la circulaire du 11 septembre 1903, si elle interdisait à partir de ce jour l'accès de la monnaie étrangère dans la Côte d'Ivoire, accordait un délai de trois mois pour le retrait de cette même monnaie, alors en circulation. Ce délai absolument insuffisant et d'ailleurs bientôt reconnu comme tel était prorogé jusqu'au 1er juillet 1905 par la circulaire du 9 décembre 1903.

L'arrêté du 19 juin 1899 sera-t-il même appliqué à partir du 1er juillet 1905 ? On peut en douter car l'utilité de la mesure prise paraît discutable.

La circulation de la monnaie anglaise dans nos établissements ne saurait offrir actuellement du moins aucun inconvénient réel : cette monnaie ne donne pas lieu à agio, et comme sa valeur intrinsèque est supérieure à celle de la monnaie française, les conséquences de la loi de Gusham ne sont pas à redouter. La préférence marquée, manifestée par les indigènes en faveur de la monnaie anglaise s'explique aisément par le seul fait de l'habitude : on ne saurait oublier que depuis plusieurs siècles des maisons de Bristol et de Londres ont eu des rapports avec la côte occidentable d'Afrique et que, jusqu'en 1842, les Anglais avaient été presque les seuls à commercer avec la Côte d'Ivoire ; l'affluence de l'argent anglais dans la colonie peut aussi s'expliquer par l'insuffisance de notre stock métallique, et, dans ces conditions, il serait à craindre que le retrait de la monnaie divisionnaire étrangère n'entraînât à notre détriment les plus grandes difficultés.

Dans les établissements de la Côte d'Or et principalement dans les territoires constituant aujourd'hui la circonscription des lagunes, les Anglais avaient aussi, et de temps immémorial, introduit la manille, monnaie en forme de fer à cheval, composée d'un alliage de cuivre et d'étain dont le poids est de 140 grammes, la valeur réelle de 0,11 centimes et la valeur nominale de 0,20 centimes environ.

L'importation de ces monnaies a été, et à juste titre, interdite dans la colonie par l'arrêté du 23 août 1895 : la manille représentait en effet une monnaie particulièrement défectueuse; tout d'abord, elle ne possédait qu'une puissance inquisitive minime sous un gros volume et pour un poids élevé, et si cet inconvénient avait été quantité négligeable à une époque où le commerce ne se faisait guère que par troc, il ne l'était plus en 1895 alors que la monnaie était devenue le factum essentiel au point de vue des échanges ; en outre, le cours de la manille variait selon les divers points de la Côte d'Ivoire, et ces fluctuations troublaient profondément le commerce local.

Pour remédier à cette situation préjudiciable à nos intérêts, M. le gouverneur Binger a interdit le 23 août 1895 l'entrée de ces monnaies, tout en laissant cependant circuler celles qui étaient en cours dans la colonie antérieurement à cette date.

L'importation, la vente, la circulation de toutes les piastres et de tous les lingotins d'argent autres que les lingotins en forme de banettes dont le poids et le titre ne diffèrent de plus d'un quart de ceux des monnaies ayant cours légal, ont été également prohibées par arrêté du gouverneur général, en date du 15 juin 1904.

Le décret du 4 mars 1903 rendu sous l'empire du décret du 1er octobre 1902 portant organisation du gouvernement général a réglementé le commerce des armes à feu et munitions dans toute l'étendue de l'Afrique occidentale ; il a été complété par l'arrêté du 8 juin 1903.

Ce décret a eu pour objet et d'autoriser l'introduction des armes à feu et de déterminer les conditions nécessaires pour que cette tolérance ne constitue pas un danger : à cet effet, il a pris les dispositions suivantes.

Il a divisé les armes à feu en 2 catégories :

1° Les armes perfectionnées et leurs munitions ;

2° Les fusils à silex non rayés et les poudres de traite. Chacune de ces catégories a été soumise à des règles spéciales, très étroites en matière d'armes perfectionnées, très larges s'il s'agit de fusils à silex et de poudres de traite.

En principe, sont interdits dans toute l'étendue des territoires faisant partie du gouvernement général, l'importation, la vente, le transport, la détention des armes perfectionnées. Cependant, à titre purement individuel, leur détention peut être exceptionnellement accordée après accomplissement de certaines formalités permettant de constituer pour ces armes une sorte d'état civil et de les suivre depuis leur entrée dans la colonie jusqu'au moment où elles sont retirées de la circulation.

Ces formalités se ramènent à trois :

1° Autorisation du lieutenant-gouverneur de posséder une arme ;

2° Délivrance d'un permis de port d'armes ;

3° Estampillage de l'arme avant sa remise.

Les armes perfectionnées importées dans la colonie doivent être, à leur arrivée, déposées dans les bureaux de la douane : elles ne peuvent en être retirées par leur propriétaire que sur présentation d'une autorisation personnelle délivrée par le lieutenant-gouverneur : ce haut fonctionnaire jouit d'un pouvoir discrétionnaire en ce qui concerne le refus ou la concession de cette autorisation ; mais, en fait, elle est accordée à toute personne offrant une garantie suffisante que ces armes ne seront ni cédées, ni vendues à des tiers.

De plus tout propriétaire d'une arme perfectionnée doit recevoir, au moment où il en prend livraison, un permis de port d'armes mentionnant qu'il s'engage à la présenter à toute réquisition et à ne pas l'aliéner sans l'agrément de l'administration; cette pièce est remise par l'administrateur du cercle conformément à l'arrêté du 13 octobre 1903.

Enfin, chaque arme, avant d'être délivrée, doit être marquée sur la crosse d'une lettre indiquant le nom de la colonie où elle a été estampillée et le numéro matricule.

Est punie d'une amende de 500 à 1000 francs toute personne convaincue d'avoir, contrairement à ces prescriptions, introduit, cédé ou vendu des armes prohibées ou leurs munitions ou d'avoir fait subir à des armes de traite certaines transformations les rendant assimilables aux armes prohibées.

Plus simple et plus libérale est la législation régissant les fusils à silex non rayés et les poudres de traite.

Le décret du 4 mars 1903 a donné au gouverneur général pleins pouvoirs pour autoriser l'importation, la vente, la détention et le transport de ces armes et munitions dans nos possessions ouest-africaines, ou pour en prononcer l'interdiction, si les circonstances le demandent, dans tout ou partie du territoire de la colonie.

Usant de cette latitude, le gouverneur général a, par un arrêté du 18 août 1903, permis le commerce des armes non perfectionnées dans l'Afrique occidentale, sauf dans trois cercles de la Côte d'Ivoire; celui du Baoulé, actuellement en état d'effervescence, et ceux de Lahou et de Bassam, limitrophes de la circonscription du Baoulé; une mesure d'exception analogue, si pleinement justifiée à la suite des événements récents d'N'Badon a été étendue le 27 avril 1904 au cercle des Lagunes.

Mais, tout en restant libre, le commerce des armes de traite n'en est pas moins assujetti à certaines restrictions. Aux termes de l'arrêté du 8 juin 1903, les fusils à silex et les poudres communes introduites par les commerçants doivent être immédiatement déposées dans des entrepôts publics, ou, à défaut, dans des entrepôts particuliers: ces derniers sont soumis au régime de l'exercice. Les armes et munitions ne peuvent sortir des entrepôts publics ou privés que sur consentement du lieutenant-gouverneur ou de ses délégués; il appartient également au chef de la colonie de limiter le nombre d'armes ou les quantités de poudre pouvant être retirées en une fois, de déterminer la région où ces armes peuvent être vendues ainsi que le délai dans lequel elles doivent être transportées.

Préalablement à leur sortie, les fusils à silex doivent aussi être estampillés, mais leurs détenteurs n'ont pas à remplir les autres conditions exigées des détenteurs d'armes perfectionnées: ils n'ont à se munir ni d'une autorisation du lieutenant-gouverneur, ni d'un permis de port d'armes.

L'ensemble des mesures prises à l'égard des possesseurs d'armes perfectionnées et de fusils à silex devait permettre de connaître la quantité d'armes à feu qui seraient importées dans la colonie postérieurement au décret du 4 mai 1903. Pour obtenir le recensement total des armes à feu existant à la Côte d'Ivoire (et tel était le but poursuivi par le législateur), il fallait en outre savoir le nombre de celles qui étaient en circulation ou en dépôt antérieurement à ce décret. Afin d'atteindre ce dernier résultat, l'article 8 de l'acte du 4 mai 1903 a astreint tout indigène, habitant l'un des territoires de l'Afrique occidentale, détenteur d'une arme à feu quelconque, à en faire la déclaration sous peine d'amende et parfois même d'emprisonnement dans les trois mois suivant la promulgation du décret susvisé. Cette obligation qui ne concernait que les indigènes a été étendue par l'arrêté du 8 juin 1903 à tout individu, commerçant ou particulier, naturel ou européen, résidant dans une des colonies du gouvernement général; le gouverneur général agissant conformément au décret du 6 mars 1877 a sanctionné cet arrêté par quinze jours d'emprisonnement et cent francs d'amende ou par l'une de ces peines seulement.

B. — Service de l'emprunt.

Le gouvernement général, dès son institution, avait établi, comme nous l'avons vu plus haut, le programme des travaux à entreprendre sur les différents territoires ouest-africains, et il avait proposé, peu après, de contracter un emprunt de 65 millions pour assurer son exécution.

Le but de l'opération financière projetée était triple : il s'agissait à la fois d'améliorer l'état sanitaire de nos possessions, de leur donner des ports et des voies de pénétration, et de convertir et unifier les dettes antérieures de la Guinée et du Sénégal contractées à des taux trop onéreux.

La plus grosse part de ces recettes extraordinaires devait être réservée à la création de moyens d'accès : 12 millions 1/2 pour les ports du Sénégal ; 5 millions 1/2 pour les chemins de fer reliant le Dakar-Saint-Louis à Kayes, et pour l'amélioration de la navigabilité du Sénégal et du Niger ; 17 millions pour le chemin de fer de la Guinée ; 10 millions pour le port d'Abidjean et le chemin de fer de la Côte d'Ivoire. Le Dahomey seul ne figurait pas dans cette répartition, son chemin de fer étant fait en partie par ses propres forces et en partie par le concessionnaire de la superstructure et de l'exploitation.

Quant à l'emprunt, il devait être contracté par l'Afrique occidentale, mais pour le compte et au profit des colonies intéressées. Toutefois le gouverneur général jugeait prudent de faire en outre appel à la garantie de la Métropole ; l'Indo-Chine et Madagascar avaient cru devoir y recourir lors de l'émission de leurs emprunts ; il pouvait donc être utile que l'Afrique occidentale ne se présentât aux capitalistes qu'avec l'appui de l'Etat.

Après avis du conseil de gouvernement, le projet de M. Roume était soumis à l'approbation législative et adopté par les chambres, le 5 juillet 1903 : l'Afrique occidentale pouvait émettre avec la garantie expresse de la métropole un emprunt de 65 millions réalisable par portions et sur décrets.

Le gouvernement général a été autorisé par le décret du 23 juillet 1903, rendu conformément à la loi du 5 juillet de la même année, à effectuer un emprunt de 40 millions à valoir sur les 65 millions prévus : cette somme a été couverte le 8 septembre 1903 par voie d'émission publique à un taux d'intérêt de 3,25 0/0 ; les emprunts antérieurs à 4 et 4,50 0/0 ont été aussitôt remboursés et le reliquat placé en obligations du Trésor à échéance de 12 à 18 mois au taux de 3,50 ou versé en compte courant au Crédit Foncier, au taux variant de 2 à 3 0/0. Grâce à ces placements avantageux, les charges effectives ne peuvent se faire sentir qu'au fur et à mesure de l'avancement des travaux.

Antérieurement au décret du 18 octobre 1904, le remboursement des sommes empruntées était assuré par l'Afrique occidentale sur ses propres ressources, et l'annuité représentant les intérêts et l'amortissement de la dette constituait une dépense obligatoirement inscrite à son budget : quant aux colonies intéressées, elles supportaient la charge correspondant aux fonds d'emprunt réalisés pour elles, et, de ce fait, elles inscrivaient aux dépenses obligatoires de leurs budgets respectifs les crédits nécessaires pour y faire face, crédits versés au budget général à titre de contributions spéciales.

Ainsi chaque colonie, tout en bénéficiant du développement économique que l'exécution de ces travaux donnait à toute l'Afrique occidentale, ne contribuait aux frais que pour sa part personnelle.

Ce système de comptabilité a été radicalement transformé à partir du 18 octobre 1904.

L'attribution des taxes douanières au budget général a eu pour conséquence de lui permettre de pourvoir dorénavant et exclusivement au service de la dette; il ne reçoit plus de ce chef aucune subvention, et il représente réellement aujourd'hui la personnalité civile de l'Afrique occidentale française vis-à-vis des porteurs de titres de l'emprunt 1903 et des souscripteurs futurs des emprunts éventuels que pourra comporter le développement de notre empire africain.

Le décret du 6 novembre 1903, ayant prescrit l'ouverture des travaux à entreprendre à la Côte d'Ivoire et leur ayant affecté une somme de 6.975.000 fr., toutes les dispositions nécessaires ont été aussitôt prises pour commencer la construction du chemin de fer et le percement du chenal de Port-Boët ou Petit Bassam.

Bien que localisée dans Grand Bassam, la fièvre jaune entraînait la mise en interdit de toute la zone orientale de la côte comprise entre Assinie et Grand

Lahou et cette mesure jetait le plus profond désarroi dans les communications maritimes.

Il était donc utile d'abandonner Grand Bassam et de créer un nouveau port d'accès facile et à l'abri des dangers d'épidémie. Port Bouët et Abidjean semblent devoir réaliser les espérances que la colonie attend de leur création.

Port Bouët est un des points du littoral les moins éloignés de la lagune intérieure; la longueur du cordon de sable qui sépare celle-ci de la mer n'est en effet que de huit cents mètres ; il peut donc être aisément percé par un canal permettant aux factoreries le transport des produits et marchandises de la lagune à la mer et vice-versâ. Port Bouët offre en outre l'avantage d'être placé aux abords et comme sur les pourtours de la dépression sous-marine connue sous le nom d'abîme sans fond : ce qui atténue ou supprime en quelque sorte les effets de la barre. — La percée du cordon littoral aboutira dans la lagune qui baigne Abidjean, futur port de la colonie; la profondeur de cette lagune est suffisante pour permettre aux navires de grand tonnage d'y opérer librement leurs opérations de chargement et de débarquement.

La construction d'un chemin de fer était plus indispensable à la Côte d'Ivoire que dans les autres colonies ouest-africaines en raison de l'obstacle insurmontable que la forêt dense présente à la pénétration. Cependant, s'il y avait toujours eu unanimité de vues sur la nécessité d'une voie ferrée, il y a eu divergence d'opinion sur le tracé à adopter jusqu'au jour où l'emplacement du port a été décidé; par ce fait même, la tête de ligne du futur chemin de fer s'est trouvée fixée à Abidjean. La section actuellement en construction ne comprend que 79 kilomètres, soit d'Abidjean à Ery-Makouguié, centre important du pays Habé, mais tel ne sera point en fait le point terminus de cette ligne qui doit atteindre un jour Kong et Pikasso.

D'après les calculs du commandant Houdaille, directeur des travaux, le kilomètre reviendra à 75.000 francs environ; 20 kilomètres de plateforme ont été préparés, plus d'un kilomètre de voie définitive posée, et les études poussées jusqu'au 30e kilomètre.

CHAPITRE IV

RECETTES ET DÉPENSES DU BUDGET DE LA COTE D'IVOIRE

Le budget de la Côte d'Ivoire a été arrêté pour l'exercice 1905 en recettes et en dépenses à la somme de 2.736.000 francs.

Il se divise comme suit :

Recettes ordinaires ; recettes extraordinaires.

Dépenses ordinaires ; dépenses extraordinaires.

Il y a donc lieu d'étudier, dans une première section, les recettes et, dans une deuxième, les dépenses.

SECTION 1re

1. Recettes ordinaires. — 2. Recettes extraordinaires

1. — Recettes ordinaires.

Les recettes ordinaires sont :

A. — Les contributions directes.
B. — La subvention du gouvernement général.
C. — Les produits divers.
D. — Les recettes d'ordre.

A. — CONTRIBUTIONS DIRECTES

Elles comprennent :

L'IMPOT DE CAPITATION
LES PATENTES

Impôt de capitation.

L'arrêté du 14 mai 1901 a créé l'impôt de capitation à la Côte d'Ivoire ; cet impôt n'est perçu que sur les indigènes, et il consiste, comme son nom l'indique, en une taxe établie par tête ; à ce double point de vue, il peut rappeler le souvenir de la capitation prélevée en Gaule sur les provinciaux par les Romains victorieux comme conséquence de la conquête, ou celui de l'ancien droit de chevage qui représentait à l'époque féodale une sorte de reconnaissance périodique et solennelle de la servitude par le serf.

Aux termes de l'arrêté du 14 mai 1901, le droit de capitation est dû par tout habitant indigène, homme, femme et enfant âgé de plus de dix ans ; le montant en est fixé à 2 fr. 50 par an et par contribuable, sauf dans le cercle de Kong où l'impôt varie de 0,50 à 2,50, vu que les villages n'ont pas encore repris leur prospérité depuis le passage de Samory.

Tout d'abord limitée aux cercles du Baoulé, de Kong, de Bondoukou, de l'Indénié et de Bassam, la taxe de capitation a été ensuite étendue aux autres circonscriptions de la Côte d'Ivoire par l'arrêté du 17 décembre 1903, mais son application générale est encore aujourd'hui à l'état théorique.

Le prélèvement d'un impôt personnel suppose et nécessite en effet la connaissance absolue de la région soumise à une contribution de cette nature ainsi qu'une population sédentaire et exactement recensée. Or, certaines parties de plusieurs cercles de la Côte d'Ivoire ne sont pas encore parcourues ; bien plus, tout en faisant abstraction de ces contrées inexplorées et par conséquent en dehors de notre influence directe, on peut dire que même sur les territoires soumis à notre autorité, l'administration locale ne possède pas toujours des renseignements assez sûrs et des moyens d'investigation assez puissants pour atteindre tous les imposables ou faire supporter aux diverses circonscriptions des charges exactement proportionnelles à leurs forces contributives réelles.

L'impôt de capitation se trouve donc actuellement en pleine période d'essai ; on peut d'ailleurs s'en convaincre en comparant le chiffre approximatif de la population de la Côte d'Ivoire, au montant des taxes prélevées (3.000.000 d'habitants pour 700.000 francs d'impôt) ; mais en présence des résultats acquis et des progrès annuellement réalisés,

33.547 fr. en 1901,
498.382 fr. en 1902,
546.106 fr. en 1903,
800.000 fr. en 1904,

il n'est pas téméraire d'entrevoir, dans un délai relativement peu éloigné, la possibilité de la perception de cette taxe sur tous les redevables et peut-être même, l'élévation de sa quotité : dans tous les cas, cette contribution, que les indigènes acquittent presque bénévolement, est appelée à affirmer notre suprématie et à constituer la plus sûre de nos ressources budgétaires locales.

L'impôt de capitation est un impôt direct : il doit donc être déterminé conformément à un rôle nominatif : cependant comme les conditions actuelles ne permettraient pas d'opérer un recensement des contribuables suffisamment fidèle pour servir de base à l'établissement d'une taxe personnelle, on a dû prendre pour unité imposable non pas l'individu, mais le village et frapper chacune de ces unités selon le nombre de ses habitants, estimé d'après certains signes présomptifs.

Les administrateurs sont chargés de la confection des rôles ; il leur appartient dès lors de procéder au dénombrement de la population comprise dans leur circonscription ; à cet effet, ils évaluent tout d'abord la population des villages selon le nombre des cases et selon la richesse commerciale et agricole ; puis il font déclarer par le chef du village le nombre de personnes dont celui-ci se reconnaît responsable, et enfin, ils contrôlent ce dernier chiffre en exigeant de chaque notable ou de chaque chef de case une déclaration identique pour les membres de sa famille et ses serviteurs.

La réunion et la comparaison de ces divers éléments permettent au commandant de circonscription de se rendre à peu près compte de la situation des localités assujetties à la taxe et de ne pas les imposer en dehors de leurs moyens.

Les rôles annuellement préparés doivent être transmis au chef-lieu au plus tard dans la première quinzaine de décembre qui précède l'année de l'exercice ; après avoir été approuvés par le gouverneur en conseil, ils sont renvoyés aux administrateurs qui les prennent en charge contrairement au décret du 20 novembre 1882 (art. 208), et en assurent la rentrée : ces fonctionnaires assument seuls toute responsabilité vis-à-vis de l'autorité supérieure.

Le recouvrement des taxes est confié à des chefs indigènes agissant sous la surveillance des administrateurs. La levée de l'impôt est d'autant plus facile que les chefs exercent sur leurs assujettis un pouvoir plus réel : aussi, la circulaire du 17 décembre 1903 recommande-t-elle de grouper, dans la mesure du possible, les villages composant la même confédération politique et de faire percevoir la capitation par ces chefs de groupe, roitelets détrônés depuis la conquête mais encore redoutés de leurs anciens sujets. Il peut cependant arriver que ces chefs de régions soient incapables de remplir les fonctions de collecteur, faute d'influence ou pour toute autre cause ; dans ce cas, les commandants de circonscription s'adressent aux chefs de villages ; mais alors, le recouvrement, s'il donne lieu à moins d'abus, peut devenir plus aléatoire, car chaque notable tend à se considérer comme indépendant et il n'accepte bien souvent le chef de village que pour se mettre lui-même à couvert.

Des remises peuvent être accordées aux collecteurs après perception des rôles : leur montant fixé à 25 0/0 au maximum par l'arrêté du 14 mai 1901 a été modifié le 12 juillet 1904. Aux termes de ce dernier arrêté, les chefs indigènes qui se sont effectivement employés à la perception de l'impôt reçoivent une remise de 10 0/0 sur le produit réalisé par leurs soins ; cette gratification leur est allouée par décision du chef de la colonie sur la proposition de l'administrateur commandant le cercle.

Le paiement de la taxe de capitation doit être effectué en monnaie ayant cours légal ; cependant l'or, l'ivoire, le caoutchouc et autres produits de la colonie dont l'écoulement est facile, peuvent être acceptés ; leur valeur est alors fixée par une mercuriale dressée par l'administrateur et soumise à l'approbation du gouverneur en conseil.

Les villages recensés ou reconnus insuffisamment taxés après approbation des rôles peuvent donner lieu en cours d'année à l'établissement de rôles supplémentaires ; d'autre part, des états de propositions de dégrèvement doivent être adressés en fin d'année au gouverneur en faveur des localités qui par suite de circonstances exceptionnelles n'auraient pas pu se libérer entièrement.

Patentes.

L'impôt des patentes a été établi ou plutôt a été généralisé à la Côte d'Ivoire par arrêté du gouverneur général en date du 26 février 1904.

Antérieurement à cet arrêté (si toutefois l'on passe sous silence la tentative infructueuse de 1892), cette contribution ne s'appliquait qu'à deux catégories de commerçants indigènes : aux colporteurs et aux coupeurs de billes d'acajou.

La taxe prélevée sur les coupeurs de billes avait été déterminée par l'arrêté du 8 décembre 1903 ; elle ne frappait pas les indigènes exploitant les forêts aux alentours de leurs villages et pouvant ainsi justifier d'un certain droit de propriété ; elle atteignait exclusivement les étrangers qui exerçaient le commerce de l'acajou dans une circonscription autre que leur cercle d'origine : ces patentables se trouvaient soumis, selon l'importance de leurs transactions, à un impôt de 500, 350 ou 200 francs.

Quant à la patente de colportage, elle avait été prévue par l'arrêté du 22 mai 1901 : les indigènes voulant colporter dans la colonie devaient préalablement se munir d'une patente et verser un droit fixe, mais proportionnel à la valeur des marchandises transportées.

Si les arrêtés des 22 mai 1901 et 8 décembre 1903 sont aujourd'hui abrogés, ils ont été cependant repris et refondus dans la législation des patentes actuellement en vigueur à la Côte d'Ivoire.

L'arrêté fondamental du 26 février 1904 n'a pas seulement codifié pour ainsi dire les anciens textes relatifs à cet impôt ; il a en outre élargi dans la plus vaste mesure le cadre de cette contribution en y soumettant tous les commerçants quelle que soit leur nationalité ou leur race, toutes les branches de commerce et même certaines professions libérales.

L'arrêté du 26 février 1904 distingue trois sortes de patentes :

a) Celles des commerçants établis ;

b) Celles des commerçants non établis ou de colportage ;

c) Les licences.

Nous passerons *successivement en revue* chacune de ces catégories.

A. **Patentes de commerçants établis.** — L'impôt des patentes comprend en France un droit proportionnel : le premier est déterminé suivant la nature de la profession et le chiffre de la population de la ville où cette profession est exercée tandis que le second repose sur la valeur locative des immeubles occupés par le patentable.

A la Côte d'Ivoire, la patente des commerçants établis n'existe que sous forme d'un droit fixe et encore ce droit n'a-t-il pour base que la nature du commerce exercé ; lors de l'institution des tarifs, on n'a pas eu égard à l'importance des localités, et ceci pour plusieurs motifs : tout d'abord, le chiffre de la population n'influe pas toujours sur celui des bénéfices ; le classement des divers centres de la Côte d'Ivoire aurait ensuite constitué une opération particulièrement délicate, et enfin ce classement n'aurait pu offrir aucun caractère de stabilité : dans une colonie naissante, l'importance des localités est, en effet, généralement éphémère ; le commerce se déplace avec la plus grande facilité, et telle ville est aujourd'hui abandonnée qui se trouvait être, il y a quelques mois à peine, le grand centre de l'activité commerciale.

L'arrêté du 26 février 1904 a prévu cinq classes de patentes et une patente hors classe (1800 francs) qui ne vise que les maisons de banque et les compagnies minières : ces compagnies sont astreintes au paiement de la taxe ci-dessus par le fait qu'elles ont obtenu un permis d'exploration ou de recherches ; or, elles ne sauraient être encore considérées comme productives puisqu'elles sont toutes en période d'études ; dans ces conditions, il eût été peut-être équitable d'accueillir favorablement le vœu formulé le 23 octobre 1903 par la chambre de commerce de Bassam et de déclarer que ces sociétés ne seraient redevables de la patente qu'à partir du jour où elles pourraient donner des résultats par leur exploitation.

La patente de première classe (600 francs) est appliquée aux commerçants faisant de l'importation et de l'exportation, aux compagnies de navigation ou armateurs au long cours, aux compagnies effectuant des opérations d'embarquement et de débarquement à bord des navires.

Les marchands en gros et traitants indigènes vendant principalement à d'autres marchands, les compagnies de navigation ou armateurs au cabotage ; les avocats et agents d'affaires, les commissionnaires et les courtiers paient une patente de deuxième classe (400 francs), tandis que les sous-traitants indigènes, les compagnies d'assurances, les distillateurs et fabricants de boissons spiritueuses, ne sont soumis qu'à la patente de troisième classe (300 francs). La patente de quatrième classe (150 francs) est exigée des marchands en demi-gros et tous autres commerçants que ceux énumérés ci-dessus, des médecins, pharmaciens, prospecteurs travaillant à leur compte. Enfin, celle de cinquième classe (50 francs) atteint les marchands au détail (sauf ceux soumis à la licence), les entrepreneurs, fabricants et constructeurs, les propriétaires de pêcheries, les tailleurs, cordonniers, etc. (1).

Par exception, les bouchers ne sont astreints qu'au paiement d'une patente de 25 francs.

Sont exceptés de la patente les agriculteurs, les marchands vendant exclusivement des denrées alimentaires originaires de la colonie, les ouvriers travaillant seuls ou avec deux ouvriers au plus à la compagnie du Warf.

Dans le but d'être exonérée, la compagnie du Warf avait adressé au gouvernement une requête basée « sur son caractère nettement défini d'utilité publique, sur la qualité de concessionnaire de ceux qui l'exploitent, au lieu et place de l'administration ». Bien que cette société soit une société privée,

(1) Les coupeurs de billes d'acajou rentrent dans ces diverses classes et payent la taxe y afférente selon le genre d'opérations commerciales auxquelles ils se livrent.

et, à ce titre, passible de l'impôt comme toute autre, on a cru devoir faire droit à sa demande en raison de la subvention particulière qui lui est servie par la colonie.

Toutes ces exemptions sont d'ailleurs de droit étroit, et elles ne peuvent être étendues par voie d'analogie à des situations autres que celles qui sont explicitement définies par l'arrêté.

La fixation des taxes ne présente aucune difficulté à l'égard des patentables qui n'exercent qu'un seul commerce ou ne possèdent qu'un seul local; mais la question devient plus complexe quand ils se livrent simultanément à plusieurs commerces ou possèdent plusieurs locaux.

Si le contribuable exerce plusieurs commerces dans le même magasin ou la même boutique (cas qui n'a pas été prévu par l'arrêté du 26 février 1904), il doit être, d'après la loi métropolitaine du 15 juillet 1880, assujetti à un seul droit fixe; ce droit est le plus élevé de ceux qu'il aurait à payer s'il était redevable d'autant de taxes qu'il exerce de commerces différents; lorsqu'au contraire, ces diverses branches de commerce sont exercés dans des locaux distincts, c'est-à-dire n'ayant pas entre eux de communications intérieures, le contribuable devient passible d'une taxe spéciale pour chacun des genres de commerce auxquels il se livre.

Supposons maintenant une société de commerce n'exerçant qu'une seule industrie, mais dans plusieurs établissements. Chacun de ces établissements, mis à part le cas de contiguité, doit avoir une patente distincte ; cependant, aux termes de l'article 12 de l'arrêté du 26 février 1904, si cette société comprend une maison principale et des succursales, la maison principale est soumise à la patente entière tandis que les succursales ne payent que la moitié de la taxe à laquelle est assujettie cette maison principale.

On ne doit entendre par succursale que les établissements filiaux qui se livrent aux mêmes opérations que la maison mère ; supposons, par exemple, que la maison principale fasse de l'importation et de l'exportation et que les établissements filiaux ne fassent que de l'échange sur place, ces établissements filiaux ne pourront pas être considérés comme succursales : ils resteront assujettis au paiement d'une patente entière correspondant au genre d'opérations *auxquelles ils se livrent.*

B. **Licences.** — Quant au droit de licence, il est dû par toute personne vendant au détail et à consommer sur place des boissons alcooliques, tout aubergiste, traiteur ou restaurateur ; le montant de la taxe est fixé à 300 francs pour les restaurants et à 200 francs pour les *cabarets où l'on vend* sur le comptoir.

Le classement de ces deux catégories de patentables est effectué chaque année en janvier par une commission composée dans chaque centre d'un représentant de l'administration et de deux notables commerçants. — Les divers projets de rôle adressés par les administrateurs des cercles sont concentrés au chef-lieu et réunis en un rôle général établi par une seconde commission siégeant à Bingerville et comprenant : le secrétaire général, président ; le chef du service des douanes ; un administrateur et deux notables commerçants.

Après avoir été révisé, ce rôle général est soumis à l'approbation du gouverneur de la colonie en conseil d'administration.

Sur le rôle des patentes, doivent être compris tous les commerçants établis à la date du 1er janvier ; mais en dehors de ce rôle primitif, les administrateurs peuvent être appelés à rédiger des rôles supplémentaires. Ceux-ci doivent comprendre :

1° Les personnes entreprenant en cours d'année une profession sujette à patente et dès lors imposable à partir du premier du mois dans lequel elles ont commencé à exercer.

2° Les personnes entreprenant en cours d'année une profession comportant un droit plus élevé que celui qui était afférent à celle qu'elles exerçaient primitivement.

3° Les contribuables omis au rôle primitif.

Les rôles une fois approuvés sont recouvrés par le trésorier-payeur et les préposés du trésor dans l'étendue de leur résidence et dans les cercles, à la diligence des administrateurs ; toutefois, les chefs indigènes des divers secteurs peuvent être déclarés responsables des perceptions à effectuer à titre de patente.

Ces taxes sont payables, soit en un seul terme, au début de l'exercice, soit par trimestre. A défaut de paiement de la patente ou de la licence dans les délais réglementaires, le recouvrement des trimestres échus est poursuivi par voie de sommation, de commandement et de saisie, conformément à la législation métropolitaine.

C. **Patentes de colportage.** — Tout individu français ou étranger, tout indigène, sujet français ou étranger, qui se livre dans la colonie au commerce du colportage est assujetti à la contribution des patentes.

Il faut distinguer deux catégories de colporteurs :

a) Ceux qui achètent leurs marchandises dans l'étendue du gouvernement général ;

b) Ceux qui reçoivent leurs marchandises directement de l'extérieur.

Les premiers payent un droit fixe déterminé selon la valeur des articles colportés : ce droit est de 5, 10, 20, 30, 40 ou 50 francs pour un ballot de 200, 500, 1000, 2000, 3000 ou plus de 3000 fr. Il reste bien entendu que pendant la durée de la validité de sa patente, le colporteur peut indéfiniment renouveler son stock, mais qu'il n'est jamais autorisé à transporter des produits pouvant représenter un prix plus élevé que celui qui correspond à sa patente.

En frappant les colporteurs qui reçoivent leurs marchandises directement de l'extérieur, l'arrêté du 26 février 1904 a voulu, semble-t-il, prendre des mesures pour empêcher l'envahissement de la colonie par des commerçants de nationalité asiatique. Les Syriens sont en effet presque les seuls à se livrer à la Côte d'Ivoire à ce colportage spécial : aussi doivent-ils acquitter une taxe unique et très élevée de cinq cents francs.

La patente de colportage est valable pour l'année pendant laquelle elle a été remise : sa perception est assurée par les agents spéciaux sur avis des administrateurs : ces derniers délivrent les formules de patente sur le vu des récipissés des agents spéciaux.

Les colporteurs dont la profession n'est pas exercée à demeure fixe sont tenus d'acquitter le montant total de leur cote au moment de la remise de la patente ; on comprend aisément pourquoi ces patentables exerçant des professions nomades sont privés de la faculté de s'acquitter par fractions : le recouvrement ainsi effectué présenterait d'insurmontables difficultés et serait le plus souvent préjudiciable aux intérêts du trésor.

Contentieux. — Si le contentieux des impôts indirects est de la compétence des tribunaux de l'ordre judiciaire, le contentieux des impôts directs et par conséquent des patentes, licences et patentes de colportage appartient à la juridiction administrative. Il ne s'agit pas ici en effet d'appliquer la loi, mais d'interpréter et de rectifier un rôle nominatif qui constitue un acte administratif proprement dit :

On distingue deux sortes de réclamations en matière de contributions directes :

Les demandes en décharge ou réduction ;

Les demandes en remise ou modération ;

Le contribuable prétend-il avoir été imposé à tort, sa demande constitue une demande en décharge ; prétend-il que sa cotisation est seulement trop élevée ? il forme alors une demande en réduction. Lorsque reconnaissant la régularité de la taxe, il allègue avoir perdu toutes ses facultés imposables, il demande la remise de sa cotisation : ne fait-il valoir qu'une perte partielle de ses facultés ? il présente une demande en modération .

Tandis que l'intérêt froissé n'éveille que l'idée de décision gracieuse, le droit méconnu éveille l'idée de juridiction contentieuse : dans le premier cas, la partie lésée ne peut que solliciter et se plaindre ; dans le second cas, elle peut requérir la vérification de son droit et exiger qu'on le respecte.

Les demandes en remise ou modération sont de la compétence exclusive du chef de la colonie. Après avis du conseil d'administration; le gouverneur accepte ou refuse la requête du pétitionnaire et sa décision n'est pas susceptible d'appel.

Les demandes en décharge ou réduction sont portées, au premier degré, devant le conseil du contentieux et au second degré, devant le conseil d'Etat, conformément au décret du 5 août 1881, rendu applicable à la colonie par décret du 26 janvier 1895.

L'art. 16 de l'arrêté du 26 février 1904 a déterminé les délais dans lesquels doivent être transmises toutes les demandes en dégrèvement. S'il est logique et nécessaire que l'administration impose un délai aux contribuables qui veulent réclamer au contentieux, on conçoit difficilement comment cette même obligation peut être exigée en matière de recours gracieux ; cette condition se trouve être en effet en contradiction avec la nature de ce dernier recours dont l'essence est d'être toujours ouvert aux intéressés puisqu'il s'adresse tout particulièrement à ceux qui sont victimes de pertes occasionnées à la suite de circonstances extraordinaires et par conséquent imprévues, et, tel est bien d'ailleurs l'esprit de l'arrêté consulaire du 24 floréal an VIII qui édicte que les demandes en remise ou modération doivent être présentées dans les 15 jours qui suivent l'événement qui les motive.

En outre, la voie gracieuse est ouverte en principe à ceux qui ont succombé au contentieux ou n'ont pas exercé ce dernier recours dans les délais réglementaires. Or, l'article 16 de l'arrêté du 26 février 1904 a fixé le même délai en matière de recours, soit gracieux, soit contentieux ; il en résulte que vu les lenteurs de la procédure, le patentable qui s'est adressé au contentieux ne peut plus s'adresser en cas d'échec à la juridiction gracieuse et que cette dernière voie se trouve être également fermée à ceux qui, pour des causes souvent indépendantes de leur volonté, n'ont pas eu le temps nécessaire pour agir par la voie contentieuse.

Les commerçants qui ont des réclamations à présenter ont trois mois à compter du jour de la publication des rôles pour se pourvoir devant le conseil du contentieux ; la loi de finances du 29 décembre 1884 (art. 4) a prévu certains cas particuliers, dans lesquels les trois mois ne commencent à courir qu'à partir du jour où le contribuable a eu connaissance des poursuites officielles dirigées contre lui : il est permis de regretter que cette mesure aussi juste que libérale n'ait pas été promulguée dans la colonie.

Le pétitionnaire doit joindre à sa réclamation la quittance des derniers termes échus de sa cotisation, sans pouvoir, sous prétexte de litige, différer le paiement des termes qui viendraient à échoir pendant les trois mois suivants.

La décision du conseil doit intervenir dans les trois mois : toutefois l'expiration de ce délai n'a pas pour effet de rendre nulle la sentence ultérieure de ce tribunal ; elle a seulement pour résultat d'affranchir le contribuable de l'obligation d'acquitter les termes de l'impôt contesté qui viennent à échoir après le délai de trois mois.

Le recours au Conseil d'Etat contre les décisions du conseil du contentieux a lieu sans frais et peut être exercé sans l'intervention d'un avocat : la déclaration de recours doit être déposée dans le délai de trois mois, soit au secrétariat du conseil d'Etat, soit au secrétariat du conseil du contentieux de la colonie.

B. — SUBVENTION DU GOUVERNEMENT GÉNÉRAL

(*Voir page 61*).

C. — PRODUITS DIVERS

Produit des postes, télégraphes, téléphones.
Droits de greffe et d'enregistrement.
Produit du Domaine.
Produit de l'Imprimerie.
Produit des amendes.
Droits sur les mandats d'articles d'argent.
Redevances fixes sur les concessions minières.
Redevances de 3 0/0 sur le produit des mines.
Recettes diverses.

1° Produits de la Poste, des Télégraphes et des Téléphones.

Les tarifs des taxes perçues par le service des postes proprement dit sont établis sur des bases différentes selon que la correspondance soumise à la taxe est échangée dans l'intérieur ou à l'extérieur de la Côte d'Ivoire.

Le tarif des droits relatifs à la correspondance intérieure est essentiellement du ressort des assemblées locales qui peuvent déterminer ces droits dans les mêmes conditions que les autres taxes nécessaires à l'acquittement des dépenses de la colonie.

Quant à la correspondance extérieure, elle peut être échangée, soit avec la France, l'Algérie, la Tunisie et autres possessions françaises, soit avec les Etats étrangers : dans le premier cas, les droits à percevoir ont été fixés par décrets et, dans le second cas, par le congrès international de Washington.

Les établissements de la Côte d'Ivoire depuis 1880 font partie de l'union générale des Postes : ils ont donc été partie contractante à la convention de Washington dont les dispositions arrêtées le 15 juin 1897 ont été ratifiées en France par la loi du 8 avril 1898.

Aux termes de cet arrangement, les états adhérents forment un seul territoire postal pour l'échange des correspondances ordinaires ou recommandées ; les taxes dues pour les envois postaux originaires de l'un de ces pays et à destination d'un autre de ces mêmes pays sont déterminées d'après un tarif uniforme dans toute l'étendue de l'union.

Les colonies françaises ont été de même parties contractantes aux arrangements particuliers également arrêtés le 15 juin 1897 par le congrès de Washington pour l'échange des lettres et boîtes avec valeur déclarée, des mandats-poste, des colis postaux, des valeurs à recouvrer; mais, comme l'a prévu la convention, ce sont seulement ceux des pays adhérents, dont les administrations conviennent entre elles d'établir ce service, qui participent à ces derniers échanges.

Le tarif général de Washington eût été de plein droit applicable à la correspondance entre les colonies françaises ou entre la France et ses colonies si l'article 21 de cette convention n'avait pas autorisé les pays adhérents à former entre eux des unions plus restreintes en vue de la réduction des taxes; par application de cet art. 21 et de la loi précitée du 8 avril 1898, les décrets des 26 décembre 1898 et 13 juin 1899 ont prévu certaines taxes postales inférieures à celles du tarif général de Washington et aujourd'hui perçues sur les correspondances échangées entre la France, l'Algérie, la Tunisie d'une part, et les colonies françaises de l'autre, ou entre ces mêmes colonies.

La convention de Washington a maintenu l'institution du bureau international de Berne dont les frais sont supportés par tous les états adhérents à l'union ; les colonies françaises sont considérées par le congrès de 1897 comme constituant deux groupes distincts; à savoir : les colonies et protectorats français de l'Indo-Chine et l'ensemble des autres colonies françaises.

Les pays de l'union sont divisés en 7 classes en ce qui concerne la répartition des dépenses occasionnées par l'Office central de Berne : la proportion selon laquelle a lieu la répartition est de plus en plus faible de la première à la septième ; les colonies et protectorats français de l'Indo-Chine et l'ensemble des autres colonies françaises ont été rangés dans la troisième classe.

La contribution annuelle de la Côte d'Ivoire aux frais d'entretien du bureau de Berne s'élève à la somme de cent francs.

La Côte d'Ivoire n'a pas encore adhéré à la convention de Budapesth qui a déterminé le 22 juillet 1896 les tarifs du service télégraphique international.

Aussi les taxes télégraphiques pour les relations de la colonie avec les pays étrangers sont-elles fixées par des traités passés avec les divers états intéressés.

Quant au tarif des lignes locales de la Côte d'Ivoire, il est établi par un arrêté du 2 février 1897. Un arrêté du gouverneur général a aussi prévu, le 19 décembre 1899, les droits à percevoir pour les télégrammes échangés dans l'Afrique occidentale.

Les taxes téléphoniques dans la colonie ont été déterminées par arrêtés locaux des 2 février 1897, 12 janvier et 23 mai 1903.

2° Droits d'enregistrement.

L'enregistrement a été établi à la Côte d'Ivoire par un arrêté du 3 avril 1891 rendu à l'époque où cette colonie formait encore une dépendance des Rivières du Sud.

La création de ce droit a eu, semble-t-il, pour objet, vu sa modicité et son uniformité, de rendre des services aux parties intéressées en donnant aux actes date authentique plutôt que de constituer un impôt productif et une source de revenus pour le budget local.

Aux termes de l'arrêté du 3 avril 1891, les contrats, conventions et engagements, les actes civils, judiciaires ou extra judiciaires dont l'exécution doit avoir lieu dans la colonie, les actes passés entre l'administration et les particuliers sont obligatoirement soumis à l'enregistrement.

Il est perçu pour cette formalité un droit unique de un franc par rôle ou portion de rôle.

L'arrêté du 1er juillet 1902 a également prévu une taxe d'enregistrement sur les cessions de permis de recherches ou d'exploitation : cette taxe a été fixée à 5 0/0 du prix de cession.

3o Droits de greffe.

Les droits de greffe (supprimés en France depuis la loi du 26 janvier 1892) et les salaires du greffier ont été déterminés par l'arrêté du 27 août 1894.

4o Produits de l'imprimerie.

Le service de l'imprimerie de la Côte d'Ivoire a été réglementé par arrêté du 31 juillet 1897.

Ce service est chargé de la publication des journaux officiels de la colonie et de tous les travaux d'impression nécessaires aux besoins des diverses administrations.

L'imprimerie peut en outre, avec l'autorisation du gouverneur, exécuter des travaux pour les particuliers d'après un tarif annexé à l'arrêté du 31 juillet 1897.

5° Produits des amendes.

Les amendes sont perçues soit à titre de contravention, soit à titre de condamnation.

Les premières sont exigibles sur simple constatation du fait pour lequel le législateur les a édictées, sans qu'il soit besoin de recourir à l'autorité de justice.

Les secondes résultent de condamnations prononcées par les autorités administratives ou les tribunaux judiciaires français. (Les tribunaux indigènes n'infligent pas la peine de l'amende.)

Rentrent dans la catégorie des amendes de condamnation celles que prononcent les administrateurs en vertu des pouvoirs répressifs qui leur ont été conférés par le décret du 30 septembre 1887 et l'arrêté du 7 septembre 1900. Ces textes autorisent en effet les administrateurs à statuer par voie disciplinaire sur les infractions commises par les indigènes non citoyens français contre les arrêtés du gouverneur rendus en exécution de l'article 3 du décret du 6 mars 1877.

Ces arrêtés sont sanctionnés par des pénalités allant jusqu'à 15 jours de prison et 100 francs d'amende au maximum.

L'arrêté du 9 janvier 1895 a chargé le receveur de l'enregistrement de recouvrer le montant des amendes prononcées par les tribunaux judiciaires ; l'administrateur perçoit les amendes qu'il inflige en vertu de ses pouvoirs répressifs.

6° Droits sur les mandats d'articles d'argent.

L'administration du trésor est chargée à la Côte d'Ivoire de l'émission des mandats d'articles d'argent et de la perception des droits y afférents. Si ces mandats n'ont pas encore cours dans l'intérieur de la colonie, ils peuvent être délivrés soit pour la France et les possessions françaises, soit pour les bureaux français à l'étranger, soit pour les pays étrangers.

Le service des mandats internationaux n'a pas été réglementé par la convention de Washington, mais il a fait l'objet de traités particuliers entre les états qui ont adhéré à ce congrès.

A la suite de ces traités, le décret du 20 août 1902, promulgué à la Côte d'Ivoire le 3 novembre de la même année, a autorisé l'échange de mandats d'articles d'argent entre les colonies françaises de la Côte occidentale d'Afrique et les pays ayant adhéré à ces arrangements spéciaux.

Il a fixé à cinq cents francs leur montant maximum et déterminé les droits à percevoir au profit du budget local.

Quant à la taxe prélevée sur les mandats délivrés pour la France ou les colonies françaises, elle a été prévue par la loi du 4 avril 1898 rendue applicable à la Côte d'Ivoire par décret du 30 septembre 1899 et arrêté du 11 novembre 1899.

Le maximum de ces mandats est aussi de cinq cents francs : sur ces mandats une perception supplémentaire représentant le change est fixée par le gouverneur de la colonie.

Cette taxe supplémentaire fixée pour la Côte d'Ivoire à 0,80 centimes par l'arrêté du 15 décembre 1899 a été supprimée le 29 mars 1900.

Enfin le tarif pour les mandats entre les colonies d'une part et les bureaux français à l'étranger d'autre part, a fait l'objet du décret du 4 août 1901 promulgué dans la colonie le 11 octobre 1901 et rendu conformément à l'article 4 de la loi du 8 avril 1898.

7° Redevances sur les mines.

Voir le régime minier.

8° Produits du domaine.

Voir le régime domanial.

9° Recettes diverses.

a) Taxes sur les travailleurs.

b) Taxes sur les bacs et marchés.

c) Taxes sur les domestiques.

d) Intérêts à 3 0/0 sur le montant des traites.

e) Passages à bord des bâtiments de l'Administration.

f) Taxes terminales et de transit.

g) Produits des exercices clos et périmés.

h) Avoir des successions atteintes par la prescription trentenaire.

a) *Taxe sur les travailleurs.*

La plupart des établissements d'outre-mer ne possèdent pas par eux-mêmes la main-d'œuvre suffisante pour assurer l'exploitation de leur sol : aussi ont-ils recours à des travailleurs étrangers; les agences d'émigration recrutent ces travailleurs principalement dans le continent noir, mais en raison des abus et des inconvénients auxquels peut donner lieu l'engagement des indigènes, certaines restrictions ont été apportées à leur émigration hors de nos possessions africaines.

Si le recrutement des naturels est autorisé à la Côte d'Ivoire, il n'en reste pas moins subordonné à l'acquittement de taxes relativement élevées et exigées soit des compagnies qui entreprennent l'émigration des indigènes, soit des capitaines de navires qui louent temporairement les services des Kroumen.

Aux termes du décret du 25 octobre 1901, les agences d'émigration ne peuvent, à la Côte d'Ivoire, se livrer à leurs opérations qu'à une double condition : elles doivent d'abord être munies de l'autorisation toujours révocable d'ailleurs du gouverneur en conseil, et, en outre, acquitter, préalablement à l'embarquement et pour chaque individu engagé, un droit de passe-port de cent francs. Une mesure d'exception quant au montant de la taxe a été prise cependant en 1902 et 1904 en faveur de la société des Magasins et Appontements du Dahomey qui emploie des Kroumen au warf de Cotonou ; cette société ne pouvant pas être assimilée à une agence d'émigration, mais offrant plutôt le caractère de service public, avait été autorisée, le 10 octobre 1902, à recruter des Kroumen moyennant versement d'un droit réduit à 25 francs par homme : ce dernier droit vient d'être modifié par l'arrêté du 30 juin 1904 et converti en une taxe semestrielle de cinq francs par engagé.

Le louage temporaire des services des Kroumen par les navires de passage ayant aussi pour effet de raréfier la main d'œuvre et d'entraver l'exécution des travaux sur la côte ouest de la colonie, l'engagement de ces indigènes à dû être l'objet d'une réglementation.

Vu les dispositions de l'arrêté du 10 janvier 1894, le recrutement des indigènes de la côte de Krou pour travaux à réaliser hors de la colonie ne peut être fait qu'après autorisation du gouverneur ou de son représentant.

Une taxe de 2 francs par tête (arrêté du 21 janvier 1897) doit être perçue préalablement à l'embarquement.

Lorsque l'administration le juge nécessaire, pour assurer le rapatriement des noirs dans le délai convenu par le contrat d'engagement, ainsi que l'exécution des clauses du dit contrat, une caution peut être exigée des engageants. Il n'a pas paru utile de réclamer le dépôt d'une caution en espèces aux compagnies de navigation dont les bâtiments fréquentent la côte, mais comme leurs capitaines se chargent parfois de recruter pour le compte de particuliers établis dans d'autres colonies, et qu'on ne peut exercer sur ceux-ci ni recours, ni contrôle, ces compagnies doivent choisir une maison de commerce européenne, établie dans la colonie, agréée par l'administration, qui leur sert de caution et subit pour elles, le cas échéant, les résultats pécuniaires entraînés par la non-exécution des contrats d'engagement passés par les capitaines de leurs navires.

Enfin, comme l'embarquement à Cap-Palmas des Kroumen provenant du Cavally ou de Bereby, priverait la colonie du produit de la taxe prévue par le texte sus-visé, l'arrêté du 1er mars 1901 a formellement interdit aux habitants du cercle de la Côte Ouest de pénétrer sur le territoire de Liberia sans être muni d'un passe-port constatant qu'ils se sont soumis aux prescriptions de l'arrêté du 21 janvier 1897.

b) *Taxe sur les bacs et marchés.*

Les taxes sur les bacs ont été prévues dans le

cercle de l'Indénié par l'arrêté du 15 août 1903, dans le cercle d'Assinie, par ceux des 7 juin et 26 août 1904, et dans la circonscription de Sassandia par celui du 11 janvier 1905.

Dans l'Indénié, les droits de passage sont perçus directement par l'administration qui assure le service, tandis qu'ils sont perçus à Assinie et à Sassandra pour le compte de l'administration par les chefs des villages intéressés, moyennant une redevance fixée par le commandant de cercle.

A Kong, les taxes prélevées sur les bacs et marchés sont celles de l'ancien Soudan : les premiers tarifs ont été maintenus. Une remise de 10 0/0 est allouée aux collecteurs.

Des arrêtés des 7, 20, 21 août 1903 ont créé des marchés à Assinie, Aboisso, G. Bassam, Bingerville : dans toutes ces localités, les vendeurs ne sont assujettis au paiement d'aucun droit.

c) *Taxe sur les domestiques.*

La taxe sur les domestiques d'Européens était autrefois perçue dans le Soudan français ; elle est aujourd'hui prélevée sur les territoires du cercle de Kong provenant de la dislocation de cet ancien gouvernement.

Les indigènes employés comme domestiques par les Européens doivent acquitter annuellement une taxe de cinq francs; en outre ils doivent être pourvus d'un livret individuel obligatoire portant les renseignements relatifs à leur état civil.

La délivrance du livret comporte le payement d'un droit de cinq francs, une fois payé, différent de la taxe ci-dessus mentionnée.

A titre de compensation, ces domestiques ne sont pas assujettis à l'impôt de capitation.

d) *Intérêts à 3 0/0 sur le montant des traites souscrites en paiement des droits de douanes.*

Aux termes des décrets des 17 décembre 1895 et 12 mai 1896, des délais peuvent être accordés aux commerçants de la Côte d'Ivoire pour le paiement des droits d'importation dus soit après mise directe à la consommation, soit à la sortie de l'entrepôt.

Les redevables de ces droits peuvent être admis à présenter des obligations dûment cautionnées à 4 mois d'échéance, lorsque la somme à payer au vu de chaque décompte s'élève à 300 francs au moins.

Le crédit est accordé, sous sa responsabilité, par le trésorier-payeur de la colonie, et donne lieu à un intérêt de retard de 3 0/0 l'an qui est attribué au budget local.

e) *Taxes terminales et de transit.*

Elles sont prélevées sur le prix des cablogrammes au profit du budget local : les taxes terminales sont dues aux pays d'origine et de destination, et les taxes de transit, aux pays intermédiaires.

f) *Passages à bord des bâtiments de l'administration.*

L'arrêté du 13 janvier 1902 a déterminé le prix des passages entre G. Bassam et Bingerville à bord des bâtiments de l'Administration; le tarif a été fixé à 12 fr. 50 pour les Européens et assimilés, et à 5 francs, pour les indigènes.

g) *Produits des exercices clos et périmés.*

h) *Avoir des successions atteintes par la prescription trentenaire.*

2. — Recettes extraordinaires.

Les recettes extraordinaires consistent dans les prélèvements opérés sur les fonds versés à la caisse de réserve.

Afin de subvenir aux insuffisances de recettes qui pourraient se produire, chacune de nos possessions a été dotée, conformément aux décrets des 26 septembre 1855 et 20 novembre 1882 d'un fonds de prévoyance constitué par les excédents de recette après le règlement de chaque exercice.

Grâce à cette prudente économie, la colonie ménage l'élasticité de sa trésorerie, trouve toujours des fonds disponibles malgré les oscillations de ses revenus et peut réaliser des dépenses alors qu'il ne lui serait pas encore loisible de faire directement appel au crédit.

La caisse de réserve de la Côte d'Ivoire a été créée en 1891 : elle contient aujourd'hui 380.000 fr. environ ; le versement des excédents est obligatoire jusqu'à ce qu'ils aient atteint un maximum fixé pour la colonie à 1.500.000 francs, par le décret du 31 mai 1902.

Au-delà de ce chiffre, le numéraire disponible doit être employé.

SECTION II

1. DÉPENSES ORDINAIRES. — 2. DÉPENSES EXTRAORDINAIRES.

1. — Dépenses ordinaires.

La loi du 13 avril 1900, modifiant le système financier de nos domaines d'outre-mer n'a maintenu que pour les colonies à conseils généraux la division des dépenses ordinaires en dépenses obligatoires et dépenses facultatives.

Dans les budgets des autres possessions (Mayotte, Somalis, Madagascar, Saint-Pierre et Miquelon, côte occidentale d'Afrique, moins le Sénégal), on ne rencontre pas de division de cette nature ; elle n'aurait pas en effet sa raison d'être avec un régime politique sous lequel le pouvoir central n'a rien à redouter ni d'un gouverneur qui est à sa discrétion, ni d'un conseil d'administration en majorité composé de fonctionnaires.

Certaines dispositions législatives ont cependant il est vrai, imposé à plusieurs reprises à ces dernières colonies des dépenses obligatoires et des dettes exigibles, mais ces dispositions n'ont jamais eu trait qu'à des points particuliers et n'ont jamais présenté le caractère de réglementation de principe.

Les dépenses ordinaires sont les suivantes :

Contributions et dettes exigibles.

Dépenses d'administration (personnel et matériel).

Administration des cercles.

Service du trésor et de l'enregistrement.

Justice indigène et instruction publique.

Postes et télégraphes.

Imprimerie.

Police et prison.

Service sanitaire, assistance publique.

Travaux publics et mines.

Service de la navigation.

Agriculture.

Frais de voyage et de transport.

Dépenses diverses.

Dépenses des exercices antérieurs.

Avances, dégrèvements, remboursements.

Contributions et dettes exigibles.

ANNUITÉ A LA Cie DE KONG

Aux termes d'une convention signée le 20 septembre 1893 par M. Delcassé, sous-secrétaire d'Etat aux colonies et approuvée par décret du 21 octobre de la même année, M. Verdier de la Rochelle avait acquis le droit d'exploiter les bois pendant trente ans et à l'exclusion de tout autre concessionnaire sur le territoire de la Côte d'Ivoire compris entre la rive droite de la Tanoë et la rive gauche de la rivière Lahou.

En échange de ces avantages, M. Verdier s'était engagé, sous peine de déchéance, à former dans le délai d'un an une société anonyme ou en commandite au capital de deux millions (Cie de Kong), et à donner à son exploitation forestière un développement en proportion avec l'importance des territoires qui lui étaient attribués.

A la suite de plusieurs rapports fournis par le gouverneur de la Côte d'Ivoire sur la situation faite à la colonie en raison de la concession de ce monopole, et à la suite de l'avis donné par le comité du contentieux des colonies relativement à la constitution irrégulière du capital social de la Cie de Kong, M. Verdier était déclaré le 6 septembre 1895 déchu de tous les droits résultant de la convention susvisée du 20 septembre 1893.

Cependant, tout en sauvegardant la liberté du commerce et les droits des tiers, le gouvernement français voulait reconnaître les services réels rendus par M. Verdier à la cause coloniale ; aussi passait-il avec lui le 28 juillet 1897 une seconde convention approuvée par décret du 31 juillet 1897.

La société de Kong renonçait définitivement à son ancienne exploitation forestière, mais, en compensation, elle obtenait une concession de 300.000 hectares (prise en 1900 dans la région de San-Pedro), le versement immédiat d'une somme de 250.000 francs et l'engagement de la colonie de lui servir 14 annuités de 125.000 francs.

Ces annuités constituent la seule dette exigible de la Côte d'Ivoire; le premier terme a été payé en 1898: la colonie sera donc entièrement libérée en 1912.

2. — Dépenses extraordinaires.

Les dépenses extraordinaires sont celles qui ne se reproduisent pas régulièrement; les ressources destinées à y faire face consistent dans les emprunts et dans les prélèvements opérés sur les fonds des caisses de réserve.

BUDGET DE LA COTE D'IVOIRE

Exercice 1905.

RECETTES

1° RECETTES ORDINAIRES

CONTRIBUTIONS DIRECTES		
Impôt de capitation	930.000	»
Patentes	250.000	»
SUBVENTION DONNÉE PAR LE GOUVERNEMENT GÉNÉRAL	1.300.000	»
PRODUITS DIVERS		
Produit des Postes et Télégraphes, Téléphones	100.000	»
Droits recouvrés par le Service de l'Enregistrement	22.000	»
Produit du Domaine	10.000	»
Produit de l'Imprimerie	3.000	»
Produit des amendes	30.000	»
Droits sur les mandats d'articles d'argent	1.000	»
Redevances fixes sur les concessions minières	40.000	»
Redevances de 3 % sur le produit des mines	»	
Recettes diverses éventuelles	50.000	»
RECETTES D'ORDRE	Mémoire.	
Total des Recettes ordinaires :	2.736.000	»

2° RECETTES EXTRAORDINAIRES : Mémoire.

DÉPENSES ORDINAIRES

NOMENCLATURE DES DÉPENSES	CRÉDITS ALLOUÉS		
	PERSONNEL	MATÉRIEL	TOTAL
Contributions et Dettes exigibles .	»	125.000 »	125.000 »
Dépenses d'administration (Personnel). .	165.087 »	»	165.087 »
Administration des Cercles	558.835 96	»	558.835 96
Dépenses d'administration (Matériel).	»	67.298 75	67.298 75
Service du Trésor et de l'Enregistrement	130.910 »	6.200 »	137.110 »
Justice indigène et Instruction publique	28.240 »	14.000 »	42.240 »
Postes et Télégraphes	269.242 »	96 250 »	365.492 »
Imprimerie	26.140 »	5.000 »	31.140 »
Police et Prisons . .	408.906 »	37.250 »	446.156 »
Service sanitaire, Assistance publique	121.645 49	26.412 50	148.057 99
Travaux publics et Mines	89.095 63	219 500 »	308.595 63
Service de la navigation	28.320 »	71.500 »	99.820 »
Agriculture	18.300 »	5.700 »	24.000 »
Frais de voyage et transport par terre et par mer.	»	113.000 »	113 000 »
Dépenses diverses .	4.800 »	99.366 67	104.166 67
Dépenses des exercices antérieurs .	»	»	»
Avances, Dégrèvements, Remboursements	»	»	»
Totaux généraux des Dépenses	1.849.522 08	886.477 92	2.736.000 »

CHAPITRE V

ORGANISATION JUDICIAIRE

Historique. — Tribunaux français. — Tribunaux indigènes. — Auxiliaires de la justice. — Service des prisons.

Notre colonie de la Côte d'Ivoire, trop peu importante encore aux premiers jours de son existence, pour avoir une organisation judiciaire autonome complète, fut, par décret du 11 mai 1892, ainsi d'ailleurs que le Dahomey, rattachée à la Guinée française.

Une justice de paix à compétence étendue fut instituée à Grand Bassam, avec appel des jugements en premier ressort devant un conseil d'appel siégeant à Konakry.

En 1896, par décret du 16 décembre, on fit pour la Côte d'Ivoire ce qu'on avait déjà fait en 1894 pour le Dahomey. La colonie cessa de relever, au point de vue judiciaire, du conseil d'appel de la Guinée française, et un conseil d'appel spécial à la colonie fut institué.

L'organisation, cependant, restait toujours trop rudimentaire. Elle n'avait eu d'autre objectif que de pourvoir, à peu de frais, aux premiers besoins d'une colonie naissante, dit le rapport qui précède le décret du 6 août 1901. Cette organisation devait forcément devenir insuffisante le jour, où, par suite du développement économique et commercial de ces possessions (Guinée, Côte d'Ivoire, Dahomey) le nombre des affaires et surtout leur importance augmenteraient dans une notable proportion.

Les membres de cette magistrature, aussi bien des conseils d'appel que des justices de paix, étaient recrutés parmi les fonctionnaires en service dans la colonie.

Peu préparés aux fonctions judiciaires, les administrateurs déjà très absorbés par les multiples obligations qui leur incombent, se trouvaient dans l'impossibilité de solutionner rapidement les différends qui leur étaient soumis et la confusion entre leurs mains des pouvoirs administratifs et judiciaires pouvait exposer leurs décisions à de graves critiques.

Au point de vue indigène les décrets s'étaient bornés à maintenir les juridictions indigènes existantes pour le jugement des affaires civiles, correctionnelles et de simple police, les affaires criminelles proprement dites étant réservées à la juridiction française.

Des réclamations s'élevèrent contre cette organisation, qui, non seulement maintenait purement et simplement des tribunaux dont le fonctionnement nous était peu connu, dès lors difficile à contrôler, mais qui, de plus, rendait matériellement impossible la répression des crimes commis dans l'intérieur, souvent à de longues distances de la côte, par suite de l'obligation où l'on se trouvait d'en déférer les auteurs à la cour criminelle du chef-lieu.

Ces réclamations, l'enquête qui s'ensuivit, aboutirent à la rédaction du décret du 6 août 1901, sur l'organisation de la justice dans les colonies de la Guinée française, de la Côte d'Ivoire et du Dahomey.

Ce décret n'était pas encore promulgué et rendu exécutoire dans notre colonie, lorsqu'il fut modifié par un autre décret en date du 15 avril 1902. Une des principales modifications fut le changement du siège du tribunal supérieur dont la juridiction s'étendait sur les trois colonies. Bingerville avait été choisie à cause de sa situation centrale. En présence des difficultés d'accès que présentait la capitale de la Côte d'Ivoire, le décret de 1902 transporta le tribunal supérieur à Konakry.

C'est l'arrêté du 4 juillet 1902 qui a promulgué, dans la colonie de la Côte d'Ivoire, les décrets de 1901 et de 1902.

Voici sur quelles bases ces décrets organisaient la justice dans nos trois colonies de la Guinée, de la Côte d'Ivoire et du Dahomey (Rapport précédant le décret du 6 août 1901).

Un chef du service judiciaire était créé et toutes les fonctions judiciaires étaient attribuées à des magistrats de carrière. Cette innovation était introduite pour consacrer le principe de la séparation des pouvoirs.

Aux justices de paix à compétence étendue établies au chef-lieu, étaient substitués des tribunaux de première instance.

Au civil, leur compétence portait :

1° Sur toutes les affaires intéressant les Européens et assimilés ;

2° Sur les contestations entre indigènes, concernant des actes passés sous l'empire de la loi française ;

3° Sur les affaires indigènes que les plaideurs d'accord entre eux voudraient faire trancher par les tribunaux français, conformément aux coutumes locales.

En matière correctionnelle et de simple police, le tribunal n'a compétence qu'à l'égard des affaires intéressant les Européens et assimilés ou les indigènes complices d'Européens ou assimilés.

La création possible de justices de paix à compétence étendue, à l'intérieur, était autorisée au fur et à mesure des besoins.

Les appels des jugements rendus par les tribunaux des trois colonies de la côte occidentale d'Afrique étaient portés devant un tribunal supérieur, siégeant à Konakry (décret de 1902).

Au chef-lieu de chaque colonie, étaient instituées

des cours criminelles connaissant de tous les crimes commis par les Européens dans la colonie ou commis par les indigènes dans l'étendue du ressort des tribunaux de première instance de chaque colonie.

En matière indigène, si les juridictions existantes étaient maintenues, du moins les décrets de 1901 et 1902 exigeaient-ils que des arrêtés du gouverneur organisassent ces tribunaux, jusqu'au jour où cette question, après étude, pourrait être réglementée par voie de décret.

La compétence des juridictions indigènes était limitée aux affaires civiles, correctionnelles et de simple police.

Par arrêté pris le même jour que celui promulguant les décrets de 1901 et de 1902 à la Côte d'Ivoire, le 4 juillet 1902, l'étendue du ressort du tribunal de Bingerville fut ainsi fixée.

1° La ville de Bingerville ;

2° La ville de Grand Bassam ayant pour limites ; au sud, la mer ; à l'est, le fleuve Comoé, au nord, la lagune de Petit Bassam ; à l'ouest une ligne nord et sud, allant de la lagune de Petit Bassam à la mer, passant à un kilomètre à l'ouest de l'ancien cimetière de Bassam.

Cette organisation judiciaire, dont nous venons de dire les grandes lignes, ainsi réglementée par les décrets de 1901 et de 1902 n'était pas destinée à vivre de longs jours. Elle devint, en effet, irrationnelle, lorsque parut le décret du 1er octobre 1902, réorganisant le gouvernement général de l'Afrique occidentale française. Le gouverneur général qui avait déjà la haute direction politique prenait en main la direction administrative et financière supérieure des colonies relevant de son gouvernement.

Or, dans chacune de ces colonies, l'administration de la justice se trouvait placée sous des régimes différents : d'une part le Sénégal, de l'autre la Guinée, la Côte d'Ivoire et le Dahomey « qui, après avoir tour à tour fait partie du ressort de la Cour d'appel de Saint-Louis et joui d'une autonomie judiciaire correspondant à leur autonomie administrative, avaient, en dernier lieu, été réunis par les décrets de 1901 et 1902 pour former un ressort nouveau ayant une organisation et une législation particulières, différant sensiblement de l'organisation et de la législation propres au Sénégal » (V. Rapport précédant le décret du 10 novembre 1903).

« Cette dualité de régime et de direction dans l'administration n'était plus en rapport avec l'organisation actuelle de l'Afrique occidentale française. Il ne peut y avoir qu'avantage à réunir en un seul ressort et à placer sous une loi commune, en tenant compte en même temps des droits de nos nationaux et de la population européenne, des besoins des populations indigènes et des intérêts supérieurs de notre politique, les diverses colonies, autrefois séparées et indépendantes, aujourd'hui réunies sous une même direction... »

Cette œuvre d'unification a été faite par le décret du 10 novembre 1903 qui a réorganisé, assez profondément à certains points de vue, le service de la justice dans les colonies relevant du gouvernement général de l'Afrique occidentale. Ce décret a été promulgué, à la Côte d'Ivoire, par arrêté du 10 décembre 1903.

Désormais, dans les colonies formant le gouvernement général de l'Afrique occidentale, la justice sera rendue par une cour d'appel, des cours d'assises, des tribunaux de première instance, des justices de paix à compétence étendue et des tribunaux indigènes.

La Cour d'appel de l'Afrique occidentale française étend sa juridiction sur tous les territoires qui relèvent du gouvernement général. Elle a son siège à Dakar, et, auprès d'elle est un procureur général à qui sont attribuées les fonctions de chef du service judiciaire.

Nous nous contenterons d'exposer les dispositions du décret qui peuvent intéresser notre colonie de la Côte d'Ivoire.

A. — DES TRIBUNAUX FRANÇAIS

Un tribunal de première instance siège à Bingerville, composé d'un juge président, d'un lieutenant de juge, d'un juge suppléant, d'un procureur de la République, d'un greffier. Les conditions d'âge et d'aptitudes requises pour ces fonctions sont les conditions ordinaires exigées pour les magistrats du cadre colonial.

L'étendue du ressort du tribunal de Bingerville a été déterminée par un arrêté du 6 juillet 1904. On l'a conservée telle qu'elle avait été fixée par l'arrêté du 4 juillet 1902 :

1° La ville de Bingerville ;

2° La ville de Bassam, telle que nous l'avons précédemment limitée.

Le décret de novembre 1903 prévoit et permet, dans les territoires non compris dans le ressort du tribunal de première instance, l'institution de justices de paix à compétence étendue.

Ces justices de paix sont créées par arrêté du gouverneur général, sur la proposition du chef de la colonie, après avis du procureur général. L'arrêté en fixe le siège et le ressort. Les fonctions de juge de paix sont remplies par l'administrateur du cercle ; et le gouverneur général désigne, par arrêté pris dans les mêmes conditions, le fonctionnaire civil ou militaire, chargé de remplir les fonctions du ministère public.

La compétence de ces justices de paix est, ratione materiæ, celle du tribunal de première instance. Leur compétence ratione personæ est moins étendue : en matière correctionnelle et de simple police, les juges de paix ne connaissent des délits et contraventions que lorsque ces infractions ont été commises par des Français, Européens ou assimilés Européens, alors que le tribunal connaît de toutes ces mêmes infractions commises dans l'étendue de son ressort, quel qu'en soit l'auteur. En matière civile et commerciale, ils ne connaissent de même que des affaires dans lesquelles sont intéressés des Français, Européens ou assimilés Européens.

En application de ces dispositions du décret de novembre 1903, deux justices de paix à compétence étendue ont été instituées à la Côte d'Ivoire par l'arrêté du 6 juillet 1904, l'une ayant son siège à Grand-Lahou, l'autre à Dabakhala ; le ressort de la première comprenant le cercle de Grand-Lahou ; le ressort de la deuxième, le cercle de Kong.

De la compétence du tribunal de première instance.

En matière civile et commerciale, il connaît de toutes les affaires dans lesquelles sont intéressées des personnes demeurant dans l'étendue de son ressort.

La loi appliquée est la loi française seule. Toutefois (art. 29 Décret du 10 novembre 1903), dans les affaires concernant les individus qui ont conservé le statut indigène et relatives aux questions qui intéressent l'état-civil, le mariage, les successions, les donations et les testaments, les tribunaux s'adjoignent un assesseur musulman ou non musulman suivant la qualité des parties. Ils procèdent et jugent dans ces cas, soit suivant la loi coranique, soit suivant les coutumes locales. L'assesseur a voix consultative.

En matière correctionnelle et de simple police, le tribunal connaît de tous les délits et contraventions commis dans l'étendue de son ressort.

Lorsqu'il s'agit de personnes demeurant hors de son ressort, et hors du ressort d'une des justices de paix récemment créées, en matière civile et commerciale, le tribunal reste compétent s'il s'agit d'affaires dans lesquelles sont intéressés des Français, Européens ou assimilés aux Européens.

En matière correctionnelle et de simple police, hors de l'étendue de son ressort et de l'étendue du ressort des deux justices de paix, le tribunal de première instance reste toujours compétent, lorsque les délits ou contraventions ont été commis par des Français, Européens, ou assimilés aux Européens ou encore lorsque l'infraction a été commise par des indigènes de complicité avec des Français, Européens ou assimilés, ou que la victime de l'infraction est l'une ou l'autre de ces personnes.

En matière criminelle, les infractions sont portées devant une cour d'assises dont le siège est Bingerville.

Si, toutefois, les circonstances l'exigeaient, le siège pourrait en être transporté temporairement en un autre lieu, désigné par le gouverneur général, sur la proposition du procureur général.

Cette cour d'assises est présidée par un conseiller à la cour d'appel assisté du juge président du tribunal, d'un fonctionnaire de la colonie désigné par le gouverneur général, de deux assesseurs, du greffier et du procureur de la République.

Les assesseurs sont choisis sur une liste de notables dressée annuellement par les soins du chef de la colonie, composée d'au moins vingt membres et de soixante au plus. Un premier choix est fait par le gouverneur général : il porte sur douze membres pris dans cette liste, et c'est parmi ces douze derniers que le président du tribunal tire au sort les noms des deux assesseurs, dix jours au moins avant l'ouverture des assises.

De la procédure suivie devant le tribunal ou les justices de paix à compétence étendue et devant la cour d'assises.

En matière civile et commerciale la procédure est celle qui est déterminée pour les justices de paix, en France.

Toutes les instances sont dispensées du préliminaire de conciliation (art. 35) ; néanmoins, pour toutes les affaires qui, en France, sont soumises à ce préliminaire, le juge peut inviter les parties domiciliées dans le ressort à comparaître en personne sur simple avertissement et sans frais.

Les formes d'appel sont celles suivies au Sénégal. Le délai pour interjeter appel est de trois mois à partir de la prononciation du jugement, pour les jugements rendus par le tribunal de Bingerville ; et de quatre mois, pour les justices de paix de Lahou et de Bakala.

En matière criminelle, correctionnelle et de simple police, les formes de la procédure sont celles suivies au Sénégal (Ordonnance du 14 février-9 avril 1898). Le délai d'appel, en matière correctionnelle imparti au procureur général est de trois mois.

Une disposition intéressante, nécessitée par les besoins de la pratique et par l'éloignement de la cour d'appel, est édictée dans l'article 41 du décret du 10 novembre 1903 : en matière d'appel des jugements correctionnels, les débats devant la cour peuvent avoir lieu et l'arrêt peut être rendu en dehors de la présence des parties, si toutefois elles y consentent. Leur consentement est constaté par le greffier, sur interpellation, au moment de la déclaration d'appel, qu'elle émane soit du ministère public, soit de la partie civile, soit du condamné.

B. — DES TRIBUNAUX INDIGÈNES

A côté des tribunaux français, le décret du 10 novembre 1903 a laissé subsister les tribunaux indigènes, chargés d'administrer la justice à l'égard des individus non justiciables des tribunaux français, dans les territoires non compris dans le ressort du tribunal ou des justices de paix.

Mais, au lieu de se borner, comme avaient fait les décrets de 1901 et 1902, à légaliser en quelque sorte les juridictions indigènes existantes, et à faire des vœux pour une réglementation à venir, le décret de 1903 a essayé de réaliser ces vœux et a créé toute une organisation, qui, à l'heure actuelle, n'a pas encore fonctionné complètement.

Avant d'entrer dans l'exposé des grandes lignes de cette organisation de la justice indigène, une première question se pose, qui n'a pas été tranchée par le décret de 1903, et dont la solution ne peut être recherchée qu'à l'aide d'une interprétation par analogie.

Les indigènes ne sont pas justiciables du tribunal français, dit le décret de 1903; lorsque les deux parties n'habitent pas le ressort, les autorités judiciaires compétentes à leur égard sont les juridictions indigènes... Qu'entend-on par « indigènes »? Dans quelle acception faut-il prendre ce terme?

Ainsi que nous venons de le dire, le décret du 10 novembre 1903 est muet sur cette question. Mais, comme ce n'est pas une question spéciale à la colonie de la Côte d'Ivoire, et qu'elle se peut poser dans toute colonie, il est facile d'en trouver la solution. Les divers décrets, qui, depuis celui du 17 mai 1895, ont organisé ou réorganisé la justice en Indo-Chine, peuvent nous aider, par une interprétation par analogie, en cette matière. Ils distinguent, en effet, très nettement, l'indigène et l'Asiatique. L'indigène est l'individu né sur le territoire même de notre colonie indo-chinoise. L'Asiatique est l'individu né en dehors de ce territoire.

La même solution doit être appliquée pour la Côte d'Ivoire...

Une autre solution aurait peut-être été plus pratique : c'eût été d'appeler « indigènes » tous les individus nés sur le territoire de l'Afrique, et qui, dans leur pays d'origine, ne jouissent d'aucuns droits — civils ou politiques — qui puissent faire naître l'idée d'une assimilation, si lointaine soit-elle, entre eux et les Européens. Il serait assez sage de considérer comme non indigène, c'est-à-dire assimilé à l'Européen, et par conséquent soumis à la compétence du tribunal français, l'individu né, par exemple, à Sierra Leone, et qui y jouit de ses droits civils, qui y est jugé par les tribunaux anglais, — comme l'est, au Sénégal, jugé par les tribunaux français, le Sénégalais originaire d'une des communes de plein exercice ; — mais il est au contraire bien imprudent, pour ne pas dire plus, de vouloir soumettre à la compétence du tribunal français les individus de race fonthi ou nzema (apollonienne) nés à la Gold Coast, à quelques kilomètres de notre frontière est.

C'est vouloir créer une différence injuste, inexplicable, et peut-être dangereuse... Mieux vaudrait, alors, supprimer complètement toutes les juridictions indigènes. Cette dualité de compétence, suivant que l'une des parties sera ou non considérée comme non indigène au sens indiqué, — et cela dans des affaires, absolument analogues, basées sur les mœurs et les coutumes locales, — sera parfois nuisible aux plaideurs. Le mot indigène doit donc être pris dans un sens restreint, tel que nous venons de le délimiter : l'indigène est l'individu né en deçà des frontières de la colonie.

La règle générale est que les indigènes — ainsi définis — sont justiciables des juridictions indigènes, lorsque le différend est purement indigène, et en dehors du territoire compris dans le ressort du tribunal ou des justices de paix de Lahou et de Dabakala.

Néanmoins une exception à ce principe est apportée par l'article 31 du décret du 10 novembre 1903.

« En toute matière, les indigènes peuvent réclamer le bénéfice de la juridiction française », soit en matière civile, soit en matière commerciale. Les parties doivent être d'accord toutes deux pour saisir le tribunal français. Si l'une d'elles refuse, l'affaire sera jugée par le juge de droit commun, le tribunal indigène.

Le tribunal français, saisi du différend, devra faire application des coutumes et usages locaux. On conçoit aisément, en effet, que cette extension de la compétence du tribunal français, étant une faveur consentie aux indigènes, ne pouvait pas cependant aller à l'encontre de leurs intérêts. Toutefois, la loi française pourra, et devra même, être appliquée dans un cas : lorsque les parties auront, dans un acte, déclaré avoir contracté sous l'empire de cette loi.

Des tribunaux de village.

La justice indigène est administrée, sous la haute surveillance et le contrôle du procureur général, chef du service judiciaire, par des tribunaux de village, des tribunaux de province et des tribunaux de cercle.

Les tribunaux de village — qui, dans la pratique, sont destinés à n'avoir plutôt qu'une existence nominale — ne sont pas investis de grands pouvoirs.

Le tribunal de village se compose d'un seul membre: le chef du village. On comprend facilement qu'on ne pouvait songer à donner à ce dernier des pouvoirs étendus.

En matière civile et commerciale, il n'a que des pouvoirs de conciliation. Les sentences rendues en cette matière ne lient pas les parties qui peuvent toujours porter leurs différends devant les tribunaux de province.

En matière de simple police, le chef de village peut appliquer de 1 à 15 fr. d'amende et de un à cinq jours d'emprisonnement, en premier et dernier ressort, sur toutes les contraventions prévues par l'autorité administrative ou les coutumes locales punies des peines de simple police.

Des tribunaux de province.

Le tribunal de province est le juge de droit commun des différends indigènes. Il est institué au chef-lieu de la province, et composé du chef de province ou de canton, assisté de deux notables désignés par le gouverneur de la colonie sur la proposition du procureur général.

Il ne comprend donc aucun membre européen ; aussi, comme ses décisions ont force exécutoire, pour donner plus de garantie aux plaideurs, a-t-il été décidé que le tribunal de province ne connaîtrait de toutes les affaires, civiles, commerciales et correctionnelles, qu'en premier ressort et à charge d'appel devant les tribunaux de cercle.

Le délai pour interjeter appel est, en matière civile, de deux mois à compter du jour du prononcé du jugement, à compter du jour de la notification, quand le jugement a été rendu par défaut, et de dix jours en matière correctionnelle.

Des tribunaux de cercle.

Ces tribunaux siègent au chef-lieu de chaque cercle, présidés par l'administrateur du cercle, assisté de deux notables à voix consultative.

Ils connaissent de l'appel de tous les jugements, civils, commerciaux et correctionnels, des tribunaux de province ; et ils connaissent, en outre, de tous les crimes.

Lorsque le tribunal de cercle prononce une peine supérieure à cinq ans d'emprisonnement, sa décision est soumise à l'homologation d'une chambre spéciale.

Cette chambre d'homologation siège au chef-lieu de la Cour d'appel, présidée par le vice-président de la cour, assisté de deux conseillers, de deux fonctionnaires, et de deux assesseurs indigènes, ces derniers n'ayant que voix consultative.

Le dossier remis à la chambre est accompagné d'un rapport de l'administrateur qui y relate tous les incidents de procès et toutes les circonstances propres à éclairer la religion de la chambre.

L'arrêt d'homologation est transmis par le procureur général au gouverneur de la colonie.

Lorsque la décision du tribunal a été annulée, l'affaire est renvoyée devant ce même tribunal, et la chambre indique dans un arrêt motivé les points nouveaux à établir.

Si cette nouvelle décision était encore annulée, la chambre évoquerait l'affaire et statuerait au fond.

La chambre d'homologation a un autre pouvoir. Lorsqu'un jugement rendu par un tribunal indigène est devenu définitif, et qu'aucune des parties n'a réclamé dans les délais voulus, le procureur général peut, d'office, après l'expiration de ces délais, en demander s'il y a lieu, l'annulation.

Si l'annulation du jugement est prononcée, les parties ne pourront cependant s'en prévaloir pour s'opposer à son exécution.

La chambre d'homologation joue ici le même rôle que la cour de cassation statuant sur l'appel fait par le procureur général dans l'intérêt de la loi.

Ainsi que les jugements des tribunaux français, les jugements indigènes doivent être motivés et contenir l'énoncé sommaire des faits, les déclarations et conclusions des parties, les dépositions des témoins, et les noms des juges qui ont participé à la décision.

Ces jugements doivent être transcrits sur un registre spécial, coté et paraphé.

Les tribunaux de province sont assistés à cet effet d'un secrétaire chargé de la tenue du registre et de la rédaction matérielle des jugements.

En ce qui concerne l'exécution des jugements indigènes, soit en matière civile, soit en matière pénale, un simple visa, délivré par l'administrateur, suffit pour l'exécution de ces jugements dans toute l'étendue des territoires ressortissant à la juridiction indigène et soumis à l'autorité française.

Mais lorsque l'exécution doit en être poursuivie dans le ressort des tribunaux français, en matière civile, la partie poursuivante doit, sur requête, obtenir une ordonnance du juge du lieu et l'exécuter dans les formes de la loi française.

Pour délivrer cet « exequatur » le juge examinera non seulement si le jugement est régulier en la forme, mais encore au fond : il doit rechercher en effet, — mais cela seulement — si les coutumes locales appliquées en l'espèce par la juridiction indigène n'ont rien de contraire aux principes de la civilisation française.

Lorsque, en matière pénale, le jugement basé sur

les coutumes indigènes, édictera des peines corporelles, il leur sera toujours substitué l'emprisonnement.

C. — DES AUXILIAIRES DE LA JUSTICE

1° Des conseils commissionnés ou défenseurs.

Ils ont été institués, à la Côte d'Ivoire, par un arrêté du 10 octobre 1902. Le nombre en est limité à trois.

Leur rôle est complexe : à la fois avoués et avocats, ils sont chargés de conclure et de plaider, de faire et de signer tous les actes nécessaires à l'instruction des causes civiles et commerciales et à l'exécution des jugements.

Leur ministère est obligatoire, sauf dans trois cas : 1° lorsque les parties veulent agir et se défendre elles-mêmes.

2° Une personne quelconque peut agir pour son père et sa mère, enfants et alliés au même degré; pour tous autres ascendants et descendants, pour ses frères, sœurs et alliés au même degré ; pour ses cohéritiers, co-associés et consorts ;

3° Les maris peuvent défendre leurs femmes, les tuteurs ou curateurs leurs pupilles, les agents généraux ou agents, les entreprises d'industrie ou de commerce qu'ils représentent.

Les défenseurs sont nommés par le gouverneur général, sur la proposition du procureur général. Ils doivent être âgés de 25 ans accomplis et en principe licenciés en droit. Le diplôme de licencié n'est pas exigé : 1° pour ceux qui peuvent justifier de deux années de cléricature, chez un avoué, en France ou aux colonies ; 2° pour ceux qui auront subi avec succès un examen portant sur toutes les matières du droit, devant le président du tribunal et le procureur de la République.

Avant d'entrer en fonctions, les défenseurs doivent verser un cautionnement de 500 francs et prêter serment devant la Cour d'appel.

Un arrêté, du 9 août 1904, du gouverneur général, admet la prestation de serment par écrit, lorsque les défenseurs n'ont pas leur résidence au siège de la cour d'appel.

Les défenseurs sont soumis à la discipline du procureur général, chef de service judiciaire. En ce qui concerne les peines graves, l'interdiction temporaire ou la destitution, il est statué, sur ses propositions par le gouverneur général après avis des tribunaux.

Aucun règlement spécial ne déterminant, pour la colonie, les émoluments à allouer aux défenseurs, il leur est appliqué le tarif actuellement en vigueur au Sénégal.

2° Des huissiers.

Le nombre des huissiers près le tribunal de Bingerville est aujourd'hui assez élevé. Par arrêté du 27 décembre 1904 plus de vingt adjoints ou commis des affaires indigènes, chefs de poste, ont été nommés huissiers. On a pensé, avec juste raison, qu'il importait beaucoup d'éviter les frais de voyage mis à la charge des justiciables éloignés du chef-lieu du tribunal. Jusqu'à cette époque il n'avait existé, à la colonie, que deux huissiers, un huissier audiencier à Bingerville et un autre ayant sa résidence à Bassam, le plus actif des centres commerciaux.

La possibilité pour les administrateurs (art. 8 du décret du 22 septembre 1887), en vertu d'une délégation du juge compétent de commettre un employé civil ou militaire, en qualité d'huissier ad hoc, à l'effet de procéder à une saisie, ne constituait pas un remède à l'insuffisance du nombre des huissiers.

La remise d'une assignation au défendeur par l'intermédiaire d'un chef de poste n'était pas chose légale, ce dernier n'ayant aucune qualité à cet effet. On ne pouvait cependant, en fait, exiger que l'huissier de Bingerville ou celui de Bassam, dût, pour la simple remise d'un ajournement, se transporter à Tabou ou à Bouna !

Le tarif et la discipline des huissiers à la Côte d'Ivoire sont actuellement réglés par un arrêté du 27 décembre 1904. Le tarif applicable est celui qui est en vigueur au Sénégal (arrêté local du 14 avril 1888 modifié par ceux du 12 mars 1889 et du 28 mai 1890), sauf en ce qui concerne les frais de voyage.

Il est alloué par kilomètre aller et retour 2 fr. 50

aux huissiers, en matière civile. En matière pénale ces frais de transport ne sont alloués que s'il y a une partie civile en cause.

Les huissiers doivent tenir un répertoire et un livre-journal, et sont, d'une manière générale, soumis à toutes les mêmes règles de discipline qu'en France.

D. — SERVICE DES PRISONS

Le premier arrêté qui a organisé, à la Côte d'Ivoire, le service des prisons, date du 6 mai 1896. Modifié partiellement en 1900 et 1901, ce service est aujourd'hui régi par un arrêté du 26 janvier 1903.

Il n'existe, en réalité, à la colonie, qu'une seule prison : celle de Grand-Bassam. Elle est destinée à servir de maison d'arrêt et de justice.

Nous n'avons pas à insister sur le régime intérieur de la prison ; nous voulons seulement parler brièvement de la commission de surveillance qui a été instituée près de la prison de Bassam par arrêté du 22 janvier 1903.

Cette commission est composée du procureur de la République près le tribunal de Bingerville, président ; d'un médecin désigné par le chef du service de santé ; du délégué des travaux publics à Bassam.

Elle se réunit chaque mois, avec la mission de veiller au bien-être physique et moral des détenus, à l'hygiène et à la salubrité des locaux, à la discipline intérieure, au régime des prisonniers, à l'organisation du travail...

Le procès-verbal qu'elle dresse de ses observations et des réclamations qui lui sont soumises est transmis au secrétaire général.

Elle doit aussi signaler les condamnés qui, par leur travail et leur conduite, paraissent mériter une réduction de peine, ou leur mise en liberté sous conditions.

Les prisonniers sont affectés exclusivement à des travaux d'utilité publique. Ils peuvent cependant, exceptionnellement, être mis à la disposition des particuliers pour des travaux intéressant l'hygiène ou la salubrité publique. Une allocation journalière doit être donnée aux prisonniers employés aux corvées ou aux divers travaux d'utilité publique. Le minimum en a été fixé par un arrêté du 28 mars 1903 à 0 fr. 10. Il peut être augmenté, par décision spéciale, selon le travail et l'aptitude des condamnés.

CHAPITRE VI

RÉGIME MINIER

Historique. — De l'autorisation. — Permis d'exploration. — Permis de recherches. — Permis d'exploitation. — Etendue des droits des titulaires de permis. — Régime fiscal. — Des opérations topographiques. — Conclusions. — Appendice : décret du 4 août 1901.

La Côte d'Ivoire est un pays minier... Les ouvrages les plus anciens qui aient été écrits sur cette colonie signalent tous la présence de l'or dans le pays. Soit sur le littoral, soit à l'intérieur, on trouve partout des indigènes possesseurs d'or. Il se présente, le plus souvent, soit sous forme de poudre, soit encore en menues paillettes. On ne voit que peu de pépites véritables ; les indigènes qui en possèdent n'aiment pas à s'en dessaisir.

Ce ne fut qu'après le voyage de Binger que l'on songea à la possibilité d'une exploitation aurifère et ce ne fut surtout qu'après les premières prospections que le grand public s'intéressa à la colonie. Il fallut alors cependant songer à créer une législation minière.

Une première tentative de législation minière pour la côte d'Afrique avait été faite en 1896. Mais de l'aveu même des rédacteurs du décret du 14 août 1896 ce n'était pas une œuvre définitive, et dans leur article 45, ils prévoyaient les corrections ou additions futures : « Un décret ultérieur réglera la forme des concessions perpétuelles, s'il en est institué ».

Ce décret de 1896 ne parlait que du Sénégal et du Soudan. Le régime qu'il instituait avait été étendu à la Guinée, par un décret du 11 décembre 1897.

La Côte d'Ivoire restait toujours en dehors de cette réglementation. Le décret qui la régit aujourd'hui encore, et qui porte la date du 6 juillet 1899, s'inspire des principes des précédents décrets, qu'il abroge.

Il est applicable, en effet, à toutes nos colonies et à nos pays de protectorat de l'Afrique continentale autres que l'Algérie et la Tunisie. C'est la loi minière de l'Afrique tropicale française (1).

Une des caractéristiques de ce décret consiste dans la création des permis d'exploration, à côté des permis de recherches et des permis d'exploitation qui seuls existaient jusqu'alors. Il a réglé aussi certains points sur lesquels la législation antérieure était restée muette.

(1) V. P. de Valroger, *Etude sur la législation des mines dans les colonies françaises*, Appendice, 1900, L. Larose.

Nous allons maintenant entrer dans l'étude détaillée du décret du 6 juillet 1899 et de la législation minière actuelle à la Côte d'Ivoire.

Il faut distinguer, au point de vue minier, deux sortes de régions, les régions non ouvertes à l'exploitation publique et les régions ouvertes à cette exploitation.

Dans les premières, seules sont autorisées les entreprises d'exploration. Les permis de recherches et les permis d'exploitation ne peuvent être accordés que pour les régions ouvertes à l'exploitation. Ces dernières sont celles dont les richesses minières ont déjà été étudiées, qui sont par suite les plus voisines de la côte, dont la géographie et la géologie sont suffisamment connues.

Les régions non ouvertes à l'exploitation sont, au contraire, celles qui sont encore inconnues ou à peu près, peu prospectées, et dans lesquelles il y a intérêt à ne pas délivrer des permis de recherches ou d'exploitation, à cause du trop d'insécurité ou du peu de certitude dans les résultats à prévoir.

Le droit de déterminer quelles sont les régions ouvertes à l'exploitation appartient au gouverneur en conseil d'administration ou en conseil privé, dans les diverses colonies de l'Afrique tropicale française (art. 7, décret 1899).

A la Côte d'Ivoire, le premier arrêté réglementant la matière porte la date du 15 février 1901 : les régions ouvertes à l'exploitation sont celles comprises entre la frontière anglaise telle qu'elle fut déterminée par l'arrangement franco-anglais du 12 juillet 1893 depuis la mer jusqu'au 9e degré de latitude nord, et le thalweg de la rivière Comoë, depuis la mer jusqu'au même degré de latitude.

Une zone était cependant provisoirement réservée pour le passage du prochain chemin de fer : constituée par une étendue de terrain comprise entre la Comoë et une ligne passant à vingt-cinq kilomètres à l'ouest de Bingerville et de Kodioukofi.

Cette zone réservée constitue la zone B de la carte jointe à une dépêche ministérielle du 18 décembre 1901, qui, précisant l'arrêté du 15 février, a déterminé quatre zones d'exploration ou d'exploitation, à la Côte d'Ivoire :

Zone A, à l'est de la Comoé. Cette zone est ouverte à l'exploitation.

Zone B. — C'est la zone réservée que nous venons de délimiter.

Zone C et D. — Ces deux zones ne sont ouvertes qu'à l'exploration. La première est comprise entre la ligne brisée qui passe à l'ouest de Kong, Kodioukofi et Bingerville, et le Bandama rouge. Une réserve est apportée pour cette zone, au droit d'exploration : les permis d'exploration ne peuvent être accordés à un même demandeur que pour moins de 10.000 hectares. Cette restriction n'existe pas pour la zone D qui s'étend à l'ouest du Bandama jusqu'à la frontière du Libéria : les permis d'exploration y sont accordés dans les conditions du décret de 1899; par arrêté local, jusqu'à 50.000

hectares ; au-dessus, par arrêté local également, mais avec l'approbation du ministre des colonies.

Un arrêté plus récent, du 12 janvier 1903, est venu modifier l'étendue de la zone ouverte à l'exploitation. Il en a reculé les limites aux frontières naturelles qui séparent la colonie du 2e territoire militaire, ce qui n'avait pu être fait en 1901, par suite du manque de délimitation entre la Côte d'Ivoire et les territoires de la Sénégambie-Niger :

« Est ouverte à l'exploitation des gîtes naturels de substances minérales, la région comprise entre le 9e degré de latitude nord, le thalweg de la rivière Comoë, la frontière de la colonie anglaise de la Côte d'Or.

Au nord, la limite du territoire ouvert à l'exploitation part à l'Est de la rivière Volta, suit la route de Oua à Bonna, jusqu'à Bisifou-Houcké par une ligne droite entre Houcké et un point situé à mi-chemin entre Sogoua et Dokita : elle passe ensuite à mi-chemin entre Katamou et Tahini..., passe entre Yolopo et Tompouno pour rejoindre un peu au sud de Sekela la limite entre la Côte d'Ivoire et le 2e territoire militaire qu'elle suit jusqu'au Comoë.

De l'autorisation de l'article 8.

Les mines peuvent être l'objet d'un triple droit : droit d'explorer, de rechercher ou d'exploiter. Seulement ce droit d'explorer, de rechercher ou d'exploiter, n'est pas librement reconnu à tout le monde.

Il faut, au préalable, être muni d'une autorisation, personnelle et délivrée par le gouverneur de la colonie (art. 8, décret 1899).

Cette autorisation doit précéder les demandes de permis ; elle en est indépendante et en diffère essentiellement. C'est une autorisation générale d'entreprendre des explorations, des recherches ou des exploitations de mines : c'est là le seul droit qu'elle confère.

Elle est essentiellement personnelle, accordée, intuitu personæ; elle ne peut donc être vendue ni cédée.

Elle est accordée par le gouverneur : il peut la refuser sans qu'il ait à faire connaître les motifs de sa décision. Il a, en cette matière, un pouvoir discrétionnaire.

Une incompatibilité est prévue par l'article 8 : l'autorisation ne peut être accordée à aucun fonctionnaire en activité de service dans la colonie ; la raison s'en comprend aisément.

La personne en société qui se fait délivrer l'autorisation doit élire domicile dans la colonie. C'est à ce domicile élu que seront faites toutes notifications nécessaires.

L'autorisation accordée reçoit un numéro d'ordre ; et le titulaire doit le rappeler ainsi que la date de la délivrance, dans les demandes qu'il pourra plus tard formuler en permis d'exploration, de recherches, ou d'exploitation, permis qui sont la consécration et le corollaire des droits qui se peuvent acquérir sur les mines.

DES PERMIS MINIERS

Avant d'aborder l'étude de ces divers permis, il faut déterminer le règlement des divers conflits que leur délivrance peut engendrer.

Ces conflits sont de deux sortes : conflits entre permissionnaires et indigènes ayant entrepris ou entreprenant des travaux d'exploitation ; conflits entre permissionnaires et propriétaires de la surface.

A. — Le titulaire d'un permis d'exploration, de recherches, ou d'exploitation, va-t-il pouvoir mettre une entrave aux travaux indigènes entrepris dans le périmètre de sa concession ?

Les indigènes exploitent, depuis les temps les plus reculés, les gîtes superficiels d'or et de sel. C'est là un droit de tradition, un droit coutumier. Le législateur ne pouvait pas ne pas le respecter.

Aussi l'article 9 du décret interdit-il d'entraver ces travaux, tout au moins dans une certaine mesure. S'il est nécessaire pour la recherche, l'exploration ou l'exploitation de gisements profonds, de foncer des puits à travers des gisements superficiels exploités par les indigènes, s'il n'y a pu avoir entente avec ces derniers, le permissionnaire devra se faire autoriser par l'administration et payer, préalablement, une indemnité égale au double de la valeur du préjudice causé.

Le droit reconnu aux indigènes est celui d'exploiter les gisements superficiels jusqu'à la profondeur à laquelle ils peuvent atteindre suivant les conditions de chaque gisement avec leurs procédés actuels.

Si des contestations viennent à s'élever sur la nature, l'étendue ou l'exercice des droits des indigènes, l'administrateur du cercle statuera en premier ressort, avec appel devant le tribunal de première instance.

B. — Le propriétaire de la surface peut, dans certains cas, se trouver lésé par des travaux d'exploitation ou de recherches : par exemple, occupation des terrains nécessaires pour les travaux de mines, établissement d'un chemin nécessaire pour aborder le périmètre de la concession, etc.

L'article 12 prévoit, au cas de dommage, le paiement d'une indemnité d'une valeur double du préjudice causé.

Compétence est attribuée, sur cette action en indemnité, à l'administrateur du cercle qui statue en dernier ressort jusqu'à 150 francs ; à charge d'appel, au-dessus.

Des permis d'exploration.

Le législateur de 1896 ne les connaissait pas ; il n'avait édicté aucune réglementation des recherches en dehors des régions ouvertes à l'exploitation. Il s'agissait de combler cette lacune, voulue, paraît-il. La nécessité s'en faisait sentir. Les permis de recherches sont, en effet, difficiles à obtenir : leur délivrance est précédée de longues formalités. Nous verrons quelles conditions le pétitionnaire doit remplir, quelles taxes acquitter, quelles indications fournir sur la topographie et la géographie, assez précises, du périmètre sollicité.

On ne pouvait raisonnablement exiger ces conditions, rigoureuses en somme, de l'explorateur, qui ignore tout des pays qu'il va prospecter, qui ne sait ce qu'il y trouvera, et s'il sera payé de ses efforts et de ses fatigues. Il fallait, aussi, lui garantir le fruit même de ses efforts et empêcher qu'il ne lui soit ravi : il fallait donc créer des permis à délivrance facile et peu coûteux, permis qu'obtiendra l'explorateur avant son départ et qui lui donneront au moins la certitude de ne pas se voir enlever le terrain prospecté, par d'autres pétitionnaires restés au chef-lieu de la colonie.

C'est ce qu'a très bien compris le législateur de 1899.

Celui qui veut entreprendre une exploration doit, au préalable, se munir d'un permis spécial. Ces permis — dits d'exploration — ne sont délivrés que pour des régions non ouvertes à l'exploitation.

Ils sont accordés, sur demande de l'intéressé, par arrêtés du gouvernement de la colonie (art. 13). Ce dernier est le seul juge des motifs qui le conduisent à accorder, ou refuser, ou ajourner les demandes de permis d'exploration, ainsi que des considérations qui lui font donner la préférence à l'un quelconque des concurrents (art. 15), au cas où le terrain sollicité est l'objet de plusieurs demandes.

Le pétitionnaire n'est pas obligé de faire acte de présence sur le terrain demandé ni même dans la colonie : une demande suffit. Elle doit faire connaître, avec croquis ou carte à l'appui, les limites ou l'étendue de la région sollicitée.

On voit combien facile est rendue la délivrance de ces permis. La redevance perçue est, elle aussi, très modique : 5 centimes par hectare obtenu.

L'explorateur peut demander un très grand espace — jusqu'à 50.000 hectares ; et même au-dessus, mais, alors, l'octroi du permis est soumis à l'approbation ministérielle.

Par simple arrêté local il ne sera donc permis de délivrer au même titulaire une série de permis d'exploration contigus que tout autant que la surface totale n'atteindra pas 50.000 hectares. On a voulu faire taire ainsi toutes les craintes d'accaparement qui auraient pu naître lors de la transformation future du permis d'exploration en permis de recherches ou d'exploitation.

Droits que le permis d'exploration confère au titulaire. — Le permis est délivré à l'explorateur en vue de l'œuvre à entreprendre : œuvre de prospection et d'études. Il lui donnera donc (art. 16) le droit d'effectuer tous travaux de fouilles, de sondages et de reconnaissance de toutes mines dans l'étendue de la région à laquelle il s'applique.

L'explorateur — heureux, supposons-le — va

recueillir certains minerais... Peut-il en disposer? Peut-il vendre les produits de son exploration? Il eût peut-être été dangereux de lui accorder toute latitude à cet égard. Il ne faut pas, en effet, oublier que ces permis d'exploration sont accordés sur de grandes étendues, et que, loin de tout centre administratif, il n'y aura guère de surveillance administrative efficace sur les fouilles. Aussi exige-t-on du permissionnaire une autorisation spéciale du gouverneur pour qu'il puisse disposer du produit de ses recherches (art. 16).

Il s'agissait aussi, en deuxième lieu, d'éviter des spéculations regrettables. Si l'on avait donné au permissionnaire un véritable droit de propriété sur son permis, si on l'avait autorisé à le céder, il serait peut-être arrivé souvent que nombre de demandes de permis n'auraient été faites qu'en vue d'un agiotage de bourse, dangereux pour le public... Le même article 16 décide que le permis ne pourra pas être cédé.

Le permissionnaire d'exploration jouit d'un droit très important : un privilège a été créé en sa faveur. Il fallait, en effet, que l'explorateur fût assuré qu'il ne serait pas dépouillé du fruit de son labeur et de ses fatigues, par d'autres qui, n'ayant rien fait, s'efforceraient de lui ravir la meilleure part de ses découvertes, en obtenant des permis de recherches ou d'exploitation sur le terrain par lui exploré.

Il jouit (article 16) d'un droit de préférence à tous autres pour l'obtention dans l'étendue de son permis d'exploration des permis de recherches ou d'exploitation.

Le permis d'exploration est délivré pour deux ans sans pouvoir être prorogé. Il résulte donc que pendant cette période de deux années aucun permis de recherches ni d'exploitation ne pourra être délivré sur la région explorée.

Quelque temps avant l'expiration de son permis d'exploration, le permissionnaire devra faire connaître, avec cartes ou croquis à l'appui, le résultat de son exploration et produire les demandes en permis de recherches ou d'exploitation, dont il entend bénéficier, soit pour tout, soit pour partie des régions qu'il a explorées.

Cette obligation est à peine de déchéance. Si le délai expire sans que les formalités aient été remplies, — comme le permis n'est pas renouvelable — le permissionnaire d'exploration sera déchu de son droit de préférence.

La délivrance de ces nouveaux permis, de recherches ou d'exploitation, par le gouverneur à l'explorateur, doit avoir lieu dans le délai de six mois. L'explorateur ayant, en effet, un véritable droit acquis à la délivrance de ces permis, on comprend bien que le législateur ait imposé un délai pour leur délivrance. Si le gouverneur refusait de délivrer ces permis, ou laissait écouler le délai sans les délivrer, ce refus ou cette inaction donnerait lieu à un recours devant le conseil du contentieux administratif de la colonie.

De même encore l'existence de ce droit de préférence reconnu à l'explorateur empêche le gouverneur d'ouvrir à l'exploitation publique la région pour laquelle il a délivré un permis d'exploration, lorsque l'explorateur n'a pas demandé un permis de recherches ou un permis d'exploitation pour cette région, avant que les deux ans pour lesquels le permis d'exploration a été délivré, ne soient écoulés.

Lorsque les deux années seront écoulées, l'administration pourra alors, ou bien accorder de nouveaux permis d'exploration sur cette même région, ou bien encore la déclarer ouverte à l'exploitation publique.

Dans le cas où, avant l'expiration des deux années, l'explorateur aura formulé une demande en permis de recherches ou en permis d'exploitation, il lui sera délivré le permis demandé : par le seul fait de la délivrance au pétitionnaire du permis de recherches ou d'exploitation sollicité, les portions de territoire dans lesquelles sont compris les périmètres définis par ces permis sont considérées comme ouvertes à l'exploitation (sans préjudice de la décision à prendre ultérieurement, le cas échéant pour le reste de la région). Il ne pouvait en être décidé autrement : les permis de recherches ou d'exploitation ne pouvant, en effet, être délivrés que pour des régions ouvertes à l'exploitation.

Des permis de recherches

Ces permis, — ainsi que les permis d'exploitation — sont délivrés pour les régions ouvertes à l'exploitation.

Ainsi que nous venons de le voir, une région peut être ouverte à l'exploitation de deux manières :

1° Ou bien par le simple fait de la délivrance à un permissionnaire d'exploration d'un permis de recherches ou d'exploitation. La région, pour laquelle ce dernier permis a été délivré, restera ouverte, alors même qu'aucun renouvellement du permis accordé ne serait sollicité.

2° Ou bien par une simple déclaration administrative.

Les permis de recherches ne sont délivrés qu'aux seuls pétitionnaires qui, soit par eux-mêmes, soit par mandataires, ont fait acte de présence non seulement dans la colonie, mais encore sur le terrain du périmètre des recherches.

Le périmètre de recherches doit constituer un cercle. Le rayon de ce cercle ne peut dépasser cinq kilomètres.

Le décret de 1896 prévoyait la forme rectangulaire pour les périmètres de recherches. L'innovation apportée à ce point de vue par le décret de 1899 est très heureuse. La forme du cercle est en effet plus commode pour déterminer le périmètre de recherches dans les régions de l'Afrique continentale peu connues. Il suffit de déterminer exactement le centre géographique de la concession pour établir facilement et rapidement le périmètre demandé.

Pour les prospections, en outre, la forme du cercle est préférable à la forme rectangulaire : les prospecteurs peuvent opérer en tous sens, au lieu d'être astreints à suivre une ligne droite.

Le centre du permis demandé doit être au point de vue géographique défini d'une façon précise. Sur le terrain, il doit être indiqué par un poteau en bois ou en métal, ou encore par une pyramide de pierre portant un écriteau élevé au-dessus du sol de deux mètres au moins et enfoncé d'un mètre.

Un débroussaillement complet doit être fait dans un rayon de 15 mètres autour du poteau. L'écriteau doit être de 0 m.80 sur 0 m. 50, et porter une inscription lisible et durable. Cette inscription doit contenir :

1° Le nom du demandeur ;

2° le rayon du cercle demandé ;

3° le point géographique, soit naturel, soit artificiel, auquel le centre est rattaché, avec sa direction par rapport au Nord vrai, et la distance qui l'en sépare ;

4° la déclinaison à l'époque de la pose du signal.

Ces prescriptions, assez rigoureuses en somme, ont été édictées par une décision locale du 15 mai 1902 qui fut prise à la suite d'une circulaire ministérielle datée du 1er avril 1902.

Cette circulaire avait eu pour but de préciser certains points du décret de 1899, et d'exiger de l'administration, au regard des demandes qui lui seraient adressées, qu'elle réclamât des renseignements plus détaillés sur le terrain sollicité, avec plans à l'échelle au 1/50000e (ce qui donne 250 m. par 5 mm. et rend par suite les levers plus précis).

La demande en permis de recherches doit être accompagnée d'un plan au 1/50000 en triple expédition. Elle doit être précédée du versement d'une taxe calculée proportionnellement et progressivement à la fois, suivant le nombre d'hectares. Elle reste affichée trois mois, par les soins de l'administration : c'est le délai pendant lequel sont recevables les oppositions.

En cas d'opposition (art. 21), il est statué par le conseil du contentieux administratif ; l'opposant, dont la réclamation a été reconnue fondée, doit, dans les trois mois de la décision, à peine de déchéance, introduire une demande régulière.

Lorsque la demande de permis est formulée, elle est inscrite sur un registre spécial, avec indication de la date et de l'heure du dépôt. Cette prescription était indispensable.

Le principe est, en effet, que les permis de recherches sont délivrés à la priorité de la demande (art. 18).

Deux exceptions sont apportées à ce principe, au cas de concurrence.

1° Dans les douze heures de l'ouverture de la

région à l'exploitation publique, l'administration pourra donner la préférence au demandeur qui justifierait avoir le plus contribué par ses indications à la connaissance des mines dans la région.

2° L'explorateur permissionné a un droit de préférence sur tous autres pour l'obtention des permis de recherches ou d'exploitation. C'est là un droit acquis que l'administration ne peut refuser de reconnaître, pourvu que la demande soit faite dans les conditions que nous avons déjà exposées.

Droits que le permis de recherches confère au titulaire. — Le permis, accordé, donne le droit exclusif de faire, dans tous les terrains non grevés de droits antérieurs de recherches ou d'exploitation, tous travaux de fouilles, de sondages, et de reconnaissance dans l'étendue du périmètre concédé.

Le permissionnaire de recherches peut disposer du produit de ses fouilles. Une condition lui est cependant imposée : il doit en faire la déclaration à l'administration et se conformer pour la vente et les redevances à payer aux prescriptions des articles 37 et 38 que nous étudierons un peu plus loin, avec les permis d'exploitation.

Le permis de recherches peut être cédé. La personne ou société cessionnaire doit être munie de l'autorisation de l'article 8. C'est là d'ailleurs une condition générale que nous connaissons.

Le permis est valable pour deux ans ; mais il peut être renouvelé, une seule fois, d'ailleurs, pour une nouvelle période de deux ans : la taxe à payer est alors double de celle qui fut payée lors de la délivrance du permis.

Des conditions sont imposées pour le renouvellement du permis. Elles ont été prescrites par arrêté du 9 juillet 1903, qui a eu pour but d'empêcher des renouvellements qui ne seraient pas justifiés et dont la conséquence était d'immobiliser à tort des terrains miniers.

La demande en renouvellement doit être accompagnée d'un rapport résumé de tous les travaux de prospection auxquels le permissionnaire s'est livré sur son terrain de recherches.

Si aucun travail n'a été entrepris sur le terrain, le concessionnaire devra en notifier les motifs et rappeler, s'il y a lieu, les travaux exécutés par lui sur les autres permis qu'il pourrait détenir. L'administration jugera si elle doit accorder ou non le renouvellement.

Un droit de préférence analogue à celui que nous avons vu déjà consacré pour le permissionnaire d'exploration est établi par l'art. 26 du décret de 1899 au profit du permissionnaire de recherches. Avant que son permis ne soit périmé, il a le droit d'obtenir de préférence à tous autres un permis d'exploitation dont le périmètre doit être compris dans son cercle de recherches. Nous verrons bientôt comment ce permis d'exploitation doit être demandé, et comment il est obtenu.

L'art. 27 apporte une restriction aux droits des

permissionnaires de recherches. La même personne ou la même société peut posséder autant de permis de recherches qu'elle le veut ou le peut ; néanmoins, il leur est interdit de détenir simultanément deux périmètres de recherches dont les centres seraient à moins de 20 kilomètres l'un de l'autre.

Des permis d'exploitation.

L'exploitation des mines ne peut avoir lieu qu'en vertu d'un permis délivré par le gouverneur sous la réserve des droits de préférence que nous venons d'étudier pour l'octroi des permis de recherches et sous la réserve aussi du droit du détenteur d'un permis de recherches non périmé. Ce permis pourrait être refusé par le gouverneur à une personne ou à une société déjà titulaire d'un permis d'exploitation à une distance de moins de 5 kilomètres (art. 32).

Ce refus n'est pas une mesure obligatoire pour le gouverneur : il statue en conseil d'administration ou en conseil privé sur le refus ou la délivrance ; et c'est là une appréciation discrétionnaire contre laquelle il n'y a aucun recours.

On a pensé qu'il était utile de donner, le cas échéant, à l'administration le droit de refuser un nouveau permis d'exploitation au pétitionnaire déjà titulaire d'un permis d'exploitation sur une mine voisine, lorsque ce dernier n'aurait pas pu ou su réussir dans la première œuvre entreprise.

La forme rectangulaire prévue par le décret de 1896 pour les permis d'exploitation a été conservée par le nouveau décret.

C'est la forme la plus favorable pour l'exploitation, la plus économe de terrain. La forme en cercle engloberait des terrains non miniers inutilisables.

Les mêmes conditions, déjà étudiées pour les permis de recherches, édictées par la décision du 15 mai 1902, sont requises pour la demande en permis d'exploitation.

Droits que le permis d'exploitation confère au titulaire. — Le permis d'exploitation donne le droit de faire (art. 29), au fond et au jour, tous travaux et tous établissements nécessaires à l'exploitation de la mine et au traitement de ses produits dans un périmètre de forme rectangulaire d'une étendue de 24 hectares au moins et de 800 hectares au plus pour l'or et les gemmes... le petit côté du rectangle n'étant pas inférieur au quart du plus grand.

Le permissionnaire d'exploitation peut disposer librement du produit de ses fouilles, à la condition de tenir un registre d'extraction, ainsi qu'un registre de vente ou d'expédition et à la charge de payer un droit ad valorem (qui ne peut dépasser 5 0/0).

Le permis d'exploitation est accordé pour 25 ans ; il peut être renouvelé dans les mêmes formes et pour la même durée, avant l'expiration du délai de 25 ans.

Il peut être cédé, dans les conditions que nous connaissons déjà ; le cessionnaire devant être muni de l'autorisation de l'art. 8 du décret de 1899.

Lorsque vingt-cinq ans se seront écoulés sans qu'une demande en renouvellement ait été formulée, l'ancien titulaire ne pourra plus se voir octroyer le permis à nouveau (décision du 4 septembre 1903).

Des droits assez considérables sont perçus sur la mine en exploitation. La mine peut ne presque rien produire ; les capitaux peuvent venir à manquer ; aussi comprend-on facilement qu'on ait accordé au permissionnaire le droit de renoncer à son permis. Il peut exercer ce droit à toute époque. Comme il peut être parfois utile d'assurer la sécurité de la surface si les travaux souterrains entrepris la menaçaient, l'autorisation de renonciation pourra, s'il y a lieu, indiquer quelles mesures devra prendre le renonçant dans ce but.

Le permissionnaire peut se voir (art. 39) déchu de ses droits : à défaut de paiement dans les six mois de l'échéance, après mise en demeure, de l'une quelconque des redevances dues, la déchéance sera prononcée par le gouverneur en conseil d'administration.

Les terrains devenus ainsi vacants, soit à la suite de renonciation, soit à la suite de déchéance, soit par défaut de renouvellement, seront mis en adjudication.

Si l'adjudication ne donne aucun résultat les

terrains deviennent libres et disponibles comme si aucun permis n'avait été institué.

De l'étendue des droits des titulaires de permis.

Il s'agit de savoir sur quelles substances minérales s'exercent les droits des permissionnaires d'exploration, de recherches ou d'exploitation.

Dans son article 2, le décret du 6 juillet 1899 classe en deux catégories, mines et carrières, les gîtes naturels de substances minérales, en ce qui concerne leur régime légal.

Le décret ne s'applique pas aux carrières : elles suivent les conditions de la surface; de même les tourbières.

On considère comme carrières les matériaux de construction et les amendements pour la culture des terres, à l'exception des nitrates et sels associés, ainsi que des phosphates.

On considère comme mines les gîtes et toutes les substances minérales susceptibles d'une utilisation industrielle non classées dans les carrières.

Les droits dont jouissent les permissionnaires portent-ils sur toutes les mines qui peuvent se trouver dans le périmètre concédé ou seulement sur les métaux précieux ?

Le décret de 1899 distingue, à cet égard, entre les permissionnaires d'exploration et de recherches d'une part, et les permissionnaires d'exploitation d'autre part.

Les titulaires de permis d'exploration ou de recherches ont un droit général sur toutes les substances minérales.

L'exploitant n'a qu'un droit spécial. Il peut, en effet, lui être délivré deux sortes de permis, bien distincts : le permis relatif à l'or et aux gemmes ; le permis relatif à toutes autres substances minérales.

Dans un même périmètre il ne pourra pas être accordé deux permis d'exploitation superposés de nature distincte, l'un pour l'or, par exemple et l'autre pour la houille, exception faite cependant du cas où les deux sortes de permis seraient accordés à la même personne ou à la même société.

L'exploitant jouit donc de droits moins étendus que ceux dont jouit le titulaire d'un permis de recherches ou d'un permis d'exploration. Le législateur pensait en effet, avec raison, que si l'on devait, pour ne pas éloigner les prospecteurs, leur donner un droit général sur toutes les substances minérales qu'ils pourraient rencontrer, il eût été dangereux, pour l'avenir de l'industrie minière, de donner un droit aussi général à l'exploitant.

RÉGIME FISCAL DES PERMIS

Alors que l'autorisation générale de se livrer à l'exploration, à la recherche ou à l'exploitation des mines, n'est soumise à aucune taxe, ce qui se conçoit aisément, toute demande de permis va être, au contraire, assujettie au paiement de certaines redevances.

Permis d'exploration.

La demande d'un permis d'exploration doit être accompagnée du versement d'une somme de 0 fr. 05 centimes par hectare sollicité. Si la demande n'est que partiellement accueillie, le montant des droits versés en trop sera remboursé au demandeur.

On donne le nom de droit d'institution au droit fixe payé par hectare.

Il ne peut, en matière de permis d'exploration, être question de droits de cession ou de renouvellement, ces permis ne pouvant être ni cédés, ni renouvelés.

Permis de recherches.

Le décret de 1896 prévoyait un droit d'institution progressif très rigoureux : au-dessus de 10.000 hectares, il fallait encore payer un franc par hectare. Cette taxe devenait presque un véritable droit prohibitif, surtout dans des pays où les résultats des entreprises minières restent toujours incertains. Le décret de 1899 a fixé le taux maximum de la taxe à 0 fr. 40 par hectare.

Le droit reste donc toujours assez élevé pour éviter toute crainte d'accaparement.

En même temps que sa demande en permis de recherches, le pétitionnaire doit déposer une somme calculée à raison de :

0 fr. 10 c. par hectare jusqu'à 1000 hectares ;
0 fr. 20 c. par hect. de 1000 jusqu'à 5000 hect. ;
0 fr. 40 c. par hectare au-dessus de 5000.

Exemple : une superficie sollicitée de 4000 hectares paiera 700 francs ; de 6000 hectares, 1300 fr.

Un droit de renouvellement est prévu : il consiste dans le versement d'une somme double de celle payée pour la première demande.

Il existe aussi un droit d'enregistrement, au cas de cession, ce droit ne peut excéder 5 °/₀ du prix de cession. Il est fixé (arrêté du 1er juillet 1902) à 5 0/0 pour la Côte d'Ivoire.

Un droit d'extraction frappe les minerais extraits. Il ne peut excéder 5 0/0 de la valeur de ces minerais. Le taux en est déterminé chaque année par le gouverneur en conseil d'administration. Il a été fixé, pour la Côte d'Ivoire, à 3 0/0, depuis un arrêté du 11 décembre 1901.

Comme nous l'avons vu, le défaut de paiement des redevances que nous venons d'indiquer peut, dans de certaines conditions, entraîner la déchéance du permissionnaire. Pourtant, jusqu'à ce que cette déchéance soit prononcée, le permissionnaire peut encore en arrêter les effets, en payant, outre la taxe arriérée, une amende égale à 20 0/0 du montant de cette taxe.

Si la déchéance est prononcée, et que le périmètre soit adjugé, le produit de l'adjudication est versé entre les mains du permissionnaire déchu, déduction faite des sommes dues au Trésor.

Permis d'exploitation.

Le législateur de 1899 s'est montré, en ce qui concerne le régime fiscal de ces permis, plus libéral au regard des grandes exploitations que ne l'avaient été les rédacteurs du décret de 1896. Il a renoncé au principe de la taxe progressive du régime de 1896. Un seul droit fixe est prévu, 2 fr. par hectare sollicité, quel qu'en soit le nombre.

La demande, pour être recevable, doit être accompagnée du versement des droits remboursables soit en totalité soit en partie, au cas de refus ou au cas d'octroi partiel.

Le décret de 1899 prévoit aussi une redevance fixe et annuelle. Elle n'est payable qu'à partir de la troisième année qui suit l'institution. Elle est fixée à un franc par hectare, quel qu'en soit le nombre, payable par avance, chaque année. Le décret de 1896 prévoyait aussi la même redevance; mais, de même que le taux du droit d'institution était progressif, de même le taux de cette redevance variait d'une façon progressive pour toute fraction au-dessus de 1000 hectares. C'est là un dégrèvement assez considérable qui a eu pour but d'améliorer la situation pécuniaire des grandes exploitations minières de l'Afrique tropicale française. La situation des petites exploitations aurifères, au-dessous de 1000 hectares, n'a pas été modifiée; certaines, même, qui étaient taxées à

50 centimes par hectare, le sont aujourd'hui à un franc. Aussi peut-on se demander si, pour ces exploitations au-dessous de 1000 hectares délivrées sous le régime de 1896, ce n'est pas encore aujourd'hui l'ancien régime fiscal qui doive être appliqué...

Cette solution est admissible, bien que l'art. 51 du décret de 1899 ait abrogé sans restriction aucune les décrets antérieurs, si l'on réfléchit qu'adopter la solution contraire serait aggraver les redevances dues et par suite violer le contrat passé entre la colonie et les exploitants.

Les mêmes droits de renouvellement de cession, et d'extraction, déjà mentionnés pour les permis de recherches, sont prévus pour les permis d'exploitation.

Les mêmes règles sont aussi applicables, en ce qui concerne la déchéance du permissionnaire.

Des opérations topographiques.

Nous avons vu que les demandes de permis devaient être accompagnées d'un plan dressé à une échelle déterminée, et que les pétitionnaires devaient fixer sur le terrain le périmètre sollicité.

C'étaient les particuliers eux-mêmes qui devaient faire tous ces travaux de délimitation, de repérage, etc... Lorsque le nombre des demandes de permis (ainsi que celui des demandes de concessions rurales ou urbaines) vint à croître d'une manière incessante et même démesurée, il ne fut plus possible, sous peine d'erreurs certaines, d'étudier et d'accueillir ces demandes, sans la création d'une section topographique spécialement chargée de ce travail.

L'arrêté du 10 février 1903 a créé cette section, au service des travaux publics (section topographique et des mines).

Elle est chargée, pour le compte de la colonie (en ce qui concerne les mines) :

1° De l'examen de toutes demandes de concessions de mines ;

2° Des levers, rédactions et vérifications de tous les plans nécessités par ces demandes ;

3° De la délimitation et du repérage des terrains correspondants.

Un tarif des opérations topographiques : repérage des centres et établissement en triple expédition des plans au 50.000e, est prévu par un arrêté du même jour, en ce qui concerne la région ouverte à l'exploitation entre le Comoë et la frontière anglaise.

Ce tarif varie de 1000 francs à 2000, suivant l'éloignement :

Centre situé :

Au sud et jusqu'au parallèle de Jaou.	1000 fr.
Entre le parallèle de Jaou et celui d'Assikasso	1500 —
Au nord du parallèle d'Assikasso .	2000 —

De la perception des droits.

L'arrêté du 13 mars 1902 a créé, à cet effet, une caisse spéciale et une comptabilité des mines.

Jusqu'à cette date les fonds avaient été reçus directement par le gouverneur et aucune comptabilité n'avait été tenue par lui, ce qui était déjà un grave inconvénient.

En deuxième lieu, comme le plus souvent les valeurs envoyées par les pétitionnaires se trouvaient supérieures aux sommes dues au trésor local, une fois le permis délivré, il fallait rembourser le surplus. Or, les sommes envoyées avaient été déposées au trésor par le gouverneur, il devenait donc nécessaire de changer les écritures passées.

La caisse des mines est chargée de recevoir les fonds ; c'est elle qui verse au trésor, sur ordre de recette, la somme due au service local, et qui rend le surplus, s'il y a lieu, au concessionnaire.

L'encaisse ne peut dépasser 20.000 fr.

Sur les sommes encaissées, le comptable perçoit un droit de 1 0/0 à titre de responsabilité de caisse et d'indemnité pour la tenue de sa comptabilité.

CONCLUSION

Si nous jetons maintenant un regard d'ensemble sur ce décret du 6 juillet 1899 dont nous venons d'analyser les principales dispositions, nous verrons que, peut-être imparfait à certains points de vue, il marque cependant dans la législation minière une étape de progrès et de réformes utiles. Les rédacteurs de ce décret savaient qu'ils ne faisaient pas œuvre définitive ; ils n'ont du moins pas eu cette illusion. Ils n'ont pas créé des concessions perpétuelles, et ils ont, ce faisant, agi sagement, en ne compromettant pas l'avenir.

Ils ont précisé certains points obscurs de la législation de 1896 et ils en ont comblé les lacunes : règlement des dommages causés au propriétaire de la surface par l'exploitation de la mine, conservation des droits coutumiers des indigènes sur les gisements d'or et de sel, etc.

On ne serait donc pas en droit de dire que si le développement de l'industrie minière subit aujourd'hui un temps d'arrêt, dans notre colonie de la Côte d'Ivoire, la faute en est à la législation... et pourtant, peut-être, faut-il regretter que les rédacteurs du décret ne se soient pas montrés plus exigeants et plus rigoureux pour les conditions de délivrance des permis.

On eût, par là, rendu sinon impossibles, du moins plus difficiles, la spéculation et l'agiotage ; peut-être n'eût-on pas connu — qu'on nous pardonne l'expression — le « bluff » ; et peut-être, aujourd'hui, la Côte d'Ivoire serait-elle un des premiers pays miniers exportateurs d'or ?...

APPENDICE

Décret du 4 août 1901.

Décret du 4 août 1901, portant réglementation de la recherche et de l'exploitation de l'or et des métaux précieux dans les rivières et cours d'eau des colonies d'Afrique autres que l'Algérie et la Tunisie.

Ce décret est venu compléter, sur certains points, la législation de 1899. La recherche et l'exploitation de l'or et des gemmes, par dragages, dans le lit des fleuves et rivières et pays de protectorat de l'Afrique continentale, autres que l'Algérie et la Tunisie, sont, en principe, soumises aux dispositions du décret de 1899.

Le décret du 4 août 1901 a apporté à ces dispositions certaines dérogations tant en ce qui concerne les permis de recherches que les permis d'exploitation. Pour les deux sortes de permis, d'ailleurs, les dérogations sont de même nature :

Les périmètres ne sont plus constitués soit par un cercle, pour les permis de recherches, soit par un rectangle quelconque pour les permis d'exploitation : mais par deux lignes droites ou polygonales, parallèles à l'axe moyen du cours d'eau, distantes de cet axe de 100 mètres au moins de chaque côté, et par deux normales à l'axe du cours d'eau.

Il n'y a pas pour les permis d'exploitation obligation d'un rapport minimum entre la largeur et la longueur du périmètre.

Les quatre sommets extrêmes du périmètre doivent

être rattachés à des points géographiques définis d'une façon précise.

Le pétitionnaire doit indiquer dans sa demande quelle méthode, soit de recherches, soit d'exploitation, il compte suivre.

En délivrant le permis, le gouverneur imposera toutes les conditions qu'il pourra juger utiles en ce qui concerne la méthode de recherches ou d'exploitation autorisée, et toutes les obligations nécessaires pour sauvegarder la libre navigation et le bon état du chenal.

Des dérogations sont aussi apportées par le décret de 1901 aux art. 27 et 32 du décret de 1899 :

1° Une même personne ou une même société peut simultanément détenir deux périmètres de recherches contigus.

2° Une même personne ou une même société peut simultanément détenir deux périmètres d'exploitation contigus.

CHAPITRE VII

RÉGIMES DOMANIAL, FORESTIER ET FONCIER DE LA COTE D'IVOIRE

SECTION I. — RÉGIME DOMANIAL

DOMAINE PUBLIC. — DOMAINE PRIVÉ

La législation domaniale, forestière et foncière de la Côte d'Ivoire est de date récente. Elle y fut instituée par les décrets des 20 juillet et 30 août 1900, sur le modèle de la législation déjà en vigueur au Congo et au Sénégal, au moins dans ses grandes lignes.

Un décret récent du 23 octobre 1904, promulgué le 9 novembre, abrogeant un des décrets du 20 juillet 1900, est venu unifier l'organisation du domaine dans toutes les possessions dépendant du gouvernement général de l'Afrique occidentale française. Il a réorganisé le régime du domaine public et celui des terres domaniales, en s'inspirant des principes communs des précédents décrets, mais en apportant plus de précision dans les détails de cette législation. Il a fait, en outre, disparaître le compte spécial de colonisation qui n'avait pu et ne pouvait recevoir en Afrique occidentale française aucune application pratique.

Si les bases de la législation domaniale, forestière et foncière sont édictées, la pratique est cependant loin encore de répondre à la loi écrite, et nombre d'arrêtés indispensables pour l'organisation de tel ou tel service sont encore à paraître. Tout le régime de la conservation de la propriété foncière n'a pu encore fonctionner...

Du domaine public.

Dès l'abord même de l'étude du régime domanial de la colonie, aussi bien en matière de domaine public qu'en matière de domaine privé, — il est une question qui se pose : Quel est, à la Côte d'Ivoire, le propriétaire du domaine ? y a-t-il, comme dans d'autres colonies, deux propriétaires : l'Etat et la colonie?

Cette question qui a soulevé d'ardentes discussions pour certaines colonies, la Nouvelle Calédonie et le Sénégal, par exemple, ne peut, en ce qui concerne la Côte d'Ivoire faire naître le moindre doute. Il n'y a pas deux solutions possibles : l'Etat est seul propriétaire du domaine. On ne conprendrait pas d'ailleurs qu'il pût en être autrement. La Côte d'Ivoire est une colonie de date récente ; elle ne rentre pas dans le domaine d'application de l'ordonnance du 17 août 1825 par laquelle l'Etat faisait abandon aux colonies de tous ses droits, — sauf quelques exceptions, — sur les propriétés domaniales et établissements publics.

A la Côte d'Ivoire, l'Etat a conservé tous ses droits ; il n'a jamais entendu les céder à la colonie.

Les produits du domaine sont laissés par l'Etat à la colonie. Par le décret du 20 juillet 1900, il avait seulement consenti à faire application des revenus domaniaux au budget local de la colonie à titre de subvention pour les dépenses de colonisation. Le décret du 23 octobre 1904 a supprimé ce compte spécial de colonisation, les produits et revenus domaniaux rentrent aujourd'hui dans les recettes ordinaires de la colonie sans affectation spéciale.

De quels biens se compose le domaine public à la Côte d'Ivoire.

L'énumération en est donnée par l'article premier du décret du 23 octobre 1904.

Cette énumération n'est pas limitative. Ce sont tous les biens naturels ou du fait de l'homme affectés à un service public soit par leur nature, soit par destination ; et généralement (art. premier in fine) tous les biens que le code civil et les lois françaises déclarent non susceptibles de propriété privée.

Ex. : cours d'eau navigables ou flottables, sources et cours d'eau non navigables ni flottables, lacs, étangs et lagunes, canaux et aqueducs, chemins de fer, routes, ports, lignes télégraphiques, etc.

Conformément à la jurisprudence du conseil d'Etat, le décret de 1904 classe dans le domaine public les sources et cours d'eau non navigables ni flottables. Il soumet même les riverains de ces cours d'eau à une servitude de passage, sur chaque rive, sur une zone large de dix mètres. La servitude de passage qui grève les riverains des cours d'eau navigables ou flottables porte sur une zone large de 25 mètres, sur chaque rive, à partir des limites déterminées par la hauteur des eaux coulant à pleins bords avant de déborder.

Le décret du 20 juillet 1900, et après lui celui du 23 octobre 1904, ont introduit à la Côte d'Ivoire une très ancienne théorie en matière de domaine public aux colonies : nous voulons parler de la réserve des cinquante pas du roi ou des cinquante pas géométriques.

L'ordonnance organique du 7 septembre 1840, par oubli ou erreur de rédaction, bien que dans son article 113, paragraphé 9, elle fasse rentrer dans la compétence du conseil du contentieux administratif la connaissance des empiétements sur la réserve, n'a pas reproduit le paragraphe contenu dans beaucoup d'autres ordonnances ou décrets organiques relatifs aux pas géométriques.

La Côte d'Ivoire était régie par l'ordonnance organique du Sénégal, la Réserve n'existait donc pas jusqu'à ces derniers temps : ce fut l'article premier du décret du 20 juillet 1900 qui l'établit.

Les 50 pas du roi que nous appelons aujourd'hui les 50 pas géométriques, consistent en une zone de terre expressément réservée dans un but d'utilité publique et à la suite des rivages de la mer. La largeur de cette zone varie avec les ordonnances et décrets. Elle était primitivement de 81 mètres 20 centimètres. Fixée par le décret de 1900 pour la Côte d'Ivoire à 100 mètres, elle est reportée depuis le décret du 23 octobre 1904 à 200 mètres mesurés à partir de la limite des plus hautes marées.

Cette zone n'existant pas, avant 1900, il se trouve actuellement qu'il y a, dans le domaine public, des terrains appartenant à des particuliers acquis en vertu de titres réguliers et définitifs antérieurs au 20 juillet 1900. Cette situation peut d'ailleurs se présenter dans d'autres hypothèses. La situation est actuellement réglée par l'article 9 du décret du 23 octobre 1904 : les propriétaires ne pourront être dépossédés, si l'intérêt public vient à l'exiger, que moyennant le paiement ou la consignation d'une juste et préalable indemnité. Il en serait de même, dans le cas où l'intérêt public exigerait, pour l'exercice de servitudes d'utilité publique, la démolition de constructions ou l'enlèvement de clôtures ou plantations établies antérieurement à la promulgation du décret de 1900.

L'indemnité à payer est fixée, sauf recours au

conseil du contentieux administratif, par une commission arbitrale de trois membres.

Les articles 2 et 3 du décret du 23 octobre 1904 établissent des servitudes d'utilité publique. Aucune indemnité n'est due aux propriétaires en raison de ces servitudes.

De la gestion du domaine public.

La haute main sur le domaine public appartient au gouverneur général. Par règlements généraux arrêtés en conseil de gouvernement, il édicte les règles relatives à la police, à la conservation et à l'utilisation du domaine public, ainsi qu'à l'exercice des servitudes d'utilité publique et des servitudes militaires (art. 8).

Les contraventions à ces règlements seront punies d'une amende de 1 à 300 francs.

Il peut être accordé, par le gouverneur de la colonie, des autorisations temporaires d'occuper le domaine public et d'y édifier des établissements quelconques. Ces autorisations sont révocables à toute époque, et sans indemnité, par le gouverneur en conseil d'administration, pour un motif d'intérêt public.

Depuis un arrêté du 25 mai 1904, ces autorisations ne sont plus délivrées gratuitement. Les redevances dues sont les mêmes qu'en matière de concessions, nous les retrouverons à ce chapitre.

Les difficultés qui peuvent s'élever entre particuliers et administration, soit sur les limites du domaine public, soit sur l'étendue des servitudes d'utilité publique, sont de la compétence administrative. Il s'agit ici, en effet, de l'interprétation d'actes de puissance publique. Le gouverneur statue, sauf recours au conseil du contentieux administratif.

Du domaine privé.

Quels biens constituent les terres domaniales.

Un principe très général, en cette matière, est posé par le décret du 23 octobre 1904, article 10 :

« Les terres vacantes et sans maître appartiennent à l'Etat. »

A ces terres, il faut ajouter les portions du domaine public, qui sont déclassées, étant reconnues sans utilité pour les services publics.

Le déclassement était, avant le décret du 23 octobre, prononcé par décret. Il l'est aujourd'hui (art. 7), par arrêté du gouverneur général. Cet arrêté ne devient exécutoire que revêtu de l'approbation du ministre des colonies.

Si la définition de ce que doit être le domaine privé de l'Etat n'a pas été bien ardue à élaborer, en présence de quelles difficultés ne va-t-on pas se trouver en passant à l'application pratique de cette définition !

Sur quelles bases s'appuyer pour qualifier telles ou telles terres vacantes et sans maître ?

Et si l'on veut aller au cœur même de la question, n'est-on pas en droit de se demander s'il y a réellement à la Côte d'Ivoire des terres vacantes et sans maître?

Il est permis d'en douter; et il suffit d'ouvrir presque au hasard les « coutumes indigènes » de MM. Clozel et Villamur, pour étayer ce doute. Au Baoulé, dans l'Indénié, ailleurs encore, on peut dire que la plus petite parcelle de terrain est l'objet d'une propriété privée, communale, ou tout au moins l'objet d'une propriété nominale d'un chef de groupe, d'un village, ou d'un roi.

Mais nous ne voulons pas, dans ce court exposé, nous laisser entraîner trop loin, et ce n'est pas ici la place de faire de la critique. Souhaitons seulement qu'une interprétation trop étroite et mesquine ne vienne pas faire naître des contestations qui seraient regrettables. Il sera peut-être pourtant difficile à l'Etat de consentir à consacrer en quelque sorte un semblant de domaine éminent, à reconnaître ce droit plutôt vague de propriété des chefs indigènes.

Au Dahomey, un arrêté du 8 juin 1901 a déclaré qu'il fallait considérer comme vacants les terrains ne présentant aucune trace de culture ou d'exploitation. Lorsqu'une concession a été demandée, à proximité d'un village, et que des revendications sont exprimées par les indigènes, un délai de deux ans leur est accordé pour mettre le terrain demandé en valeur. Passé ce délai, et faute par les indigènes de l'avoir mis en valeur, le terrain est considéré comme appartenant au domaine.

La réglementation paraît assez sage et soucieuse des intérêts des indigènes. Un autre système — dont l'application est indiquée, effleurée plutôt, en une autre matière, par le décret du 20 juillet 1900 sur le régime forestier à la Côte d'Ivoire, — consisterait à attribuer aux villages assez de terres pour qu'une vie abondante leur soit assurée, en pleine propriété, et une fois ce juste départ fait, classer dans le domaine privé, comme terres domaniales, les autres terres restant.

Le paragraphe deuxième de l'art. 10 du décret du 23 octobre prévoit la possibilité pour les particuliers, soit d'acheter soit de louer des terres qui forment une propriété collective des indigènes ou que des chefs indigènes détiennent comme représentants de collectivités indigènes. C'est là, d'ailleurs, une des conséquences du droit de propriété reconnu aux indigènes sur les terres qu'ils occupent.

Néanmoins une restriction est apportée à ce droit: la vente ou la location ne peut avoir lieu qu'après approbation par arrêté du gouverneur, en conseil d'administration. La nécessité de soumettre ainsi à l'approbation de la colonie le contrat de vente ou de location pourra parfois éviter qu'il ne se produise au profit de certains particuliers trop entreprenants de véritables dépossessions.

Sur ces mêmes terres occupées par les indigènes, la colonie possède encore un autre droit, qui est un véritable droit d'expropriation pour cause d'utilité publique : le lieutenant-gouverneur, en conseil d'administration, prononce, sauf dues-compensations estimées, l'occupation de la partie de ces terres nécessaire pour la création de centres urbains, pour des constructions ou travaux d'utilité publique.

De l'aliénation des terres domaniales et des concessions de jouissance temporaire.

La Côte d'Ivoire n'est pas une colonie de peuplement; elle n'apparaît pas au malheureux comme un lieu de mirage où cesse enfin la misère. Dans les colonies de peuplement, on tâche d'attirer moins le capitaliste que le travailleur; on ne peut pas vendre la terre : le colon pauvre ne pourrait l'acheter. La cession gratuite apparaît comme le meilleur procédé à employer.

Le capitaliste seul, à la Côte d'Ivoire, peut venir tenter fortune ; le colon pauvre n'y trouve pas à gagner sa vie. On peut donc renoncer à la cession gratuite des terres. Que ne consentirait-on pas à payer pour obtenir un terrain que l'on croit riche en or? Il ne faut cependant pas éloigner les capitaux par trop d'exigences ; et les maigres redevances que prélève la colonie ne sont en quelque sorte que la reconnaissance effective par le concessionnaire du droit de propriété de l'Etat, chaque année.

Le décret du 30 août 1900 avait prévu dans son article 4 plusieurs modes d'aliénation des terres domaniales de la Côte d'Ivoire : par adjudication publique ; de gré à gré, soit à titre gratuit, soit à titre onéreux (par lots de moins de 1000 hectares) ; à titre gratuit au profit de l'exploitant d'une concession de jouissance temporaire, en ce qui concerne les parcelles mises en valeur, dans les conditions spécifiées par l'acte de concession.

Dans son article 5, le décret de 1900 réglementait l'octroi des concessions : au-dessous de 10.000 hectares, les concessions étaient accordées par le gouverneur ; au-dessus, par un décret.

Le nouveau décret du 23 octobre 1904 réglemente d'une façon nouvelle le mode d'aliénation des terres et modifie l'étendue des concessions accordées soit par le pouvoir central, soit par l'autorité locale (art. 11).

Les concessions sont divisées en trois groupes, au point de vue de la superficie et de l'autorité qui les accorde.

1° Concessions au-dessous de 200 hectares, auxquelles on assimile les lots de terrains urbains compris dans un plan de lotissement ;

2° Concessions au-dessus de 200 et au-dessous de 2000 hectares ;

3° Concessions au-dessus de 2000 hectares.

Pour le premier groupe de concessions, comprenant les lots de terrains urbains et les concessions de moins de 200 hectares, l'autorité compétente est le lieutenant-gouverneur, en conseil d'administration. Ces concessions sont accordées aux conditions déterminées par l'acte de concession lui-même, dans chaque cas, suivant le lieu, la nature du sol et l'exploitation à entreprendre.

Les concessions dont l'étendue est comprise entre 200 et 2000 hectares sont accordées par le gouverneur général, sur la proposition du lieutenant gouverneur, après avis du conseil d'administration.

Les concessions de plus de 2000 hectares sont accordées par décret rendu sur le rapport du ministre des colonies, sur la proposition du gouverneur général, et après avis de la commission des concessions coloniales.

Pour ces deux derniers groupes, les conditions de la concession sont stipulées dans un cahier des charges annexé à l'acte de concession qui doit également fixer le taux des redevances.

Les concessions urbaines sont celles qui portent sur des lots de terrains compris dans un plan de lotissement, ce plan ayant été arrêté par le gouverneur en conseil d'administration. Les concessions rurales sont celles qui portent sur tous les autres terrains (exception faite bien entendu des permis miniers).

Le régime de ces concessions — nous ne voulons parler que des concessions de moins de 200 hectares, seules concessions dont l'octroi est réservé au gouverneur de la colonie — est actuellement, à la Côte d'Ivoire, déterminé par un arrêté du 26 octobre 1904.

Ce récent arrêté qui a réglementé les concessions provisoires de terrains du domaine de l'Etat et en même temps les occupations temporaires du domaine public, est le produit d'une longue et — espérons-le du moins — fructueuse élaboration.

Le premier arrêté qui ait réglementé le régime des concessions à la Côte d'Ivoire porte la date du 10 septembre 1893. Il s'agissait, à cette époque de formation de la colonie, d'attirer le plus possible de capitaux et d'énergies : aussi l'administration devait-elle, en principe, se montrer libérale et satisfaire gratuitement dans la mesure de ses moyens à toutes les demandes de concessions de terrains en vue d'établir des factoreries, usines, docks, maisons d'habitation, etc. (art. 1er).

Le gouverneur, seul juge et juge souverain des motifs qui lui faisaient accorder ou refuser la concession, pouvait l'accorder pour une durée qu'il fixait à son gré, ou bien à titre définitif.

Quelques conditions étaient imposées au concessionnaire en vue de l'utilisation des terrains concédés au mieux des intérêts de la colonie : plans d'alignement, travaux de nivellement, clôturage, etc.

La forme et l'instruction des demandes de concession n'étaient pas réglementées d'une manière rigoureuse et étroite : une simple demande au gouverneur, accompagnée d'un plan en double expédition, et affichée pendant quinze jours. Les oppositions soulevées étaient tranchées par le gouverneur.

Un pas en avant dans la réglementation fut fait par l'arrêté du 27 avril 1901, pour les concessions rurales de 200 à 10.000 hectares. Les concessions rurales de 10.000 hectares et au-dessus étaient (décret du 30 août 1900) accordées par décret, et celles au-dessous de 200 hectares étaient accordées par le gouverneur en conseil d'administration, à titre gratuit ou onéreux, et à des conditions déterminées pour chaque concessionnaire par l'acte de concession lui-même.

La demande doit nettement individualiser et le pétitionnaire et le terrain demandé. Au cas de plusieurs demandes concurrentes portant sur le même terrain, l'arrêté de 1901 prévoit une adjudication entre les concurrents. Des restrictions sont apportées pour les concessions accordées dans la zone côtière. La surface seule est accordée par l'acte de concession, les mines, carrières et tous produits du sous-sol sont réservés au profit de l'Etat. La concession, accordée à titre provisoire devient définitive après mise en valeur dans de certaines conditions.

Des causes de déchéance assez rigoureuses sont prévues pour éviter l'inutilisation possible des terrains. Des redevances sont établies, pour bien spécifier le caractère purement temporaire et provisoire du titre de concession. Prévues seulement pour les concessions rurales, ces redevances sont étendues par un arrêté du 25 mai 1904 aux occupations temporaires du domaine public et aux concessions urbaines du domaine de l'Etat.

L'arrêté du 26 octobre 1904 qui régit aujourd'hui cette matière a unifié la législation en ce qui concerne la forme et l'instruction des demandes, ainsi que pour les obligations d'ordre général qui incombent aux concessionnaires, qu'il s'agisse d'occupations temporaires du domaine public, de concessions urbaines ou de concessions rurales de terrains du domaine de l'Etat.

Il ne s'applique, — nous le savons déjà — qu'aux concessions de moins de 200 hectares dont l'octroi appartient au lieutenant-gouverneur de la colonie, les concessions dont l'étendue est supérieure étant accordées soit par le gouverneur général, soit par un décret:

Nous allons, dans un titre premier, ainsi que le fait l'arrêté, étudier les dispositions communes à toutes les concessions domaniales.

TITRE PREMIER

DISPOSITIONS COMMUNES A TOUTES LES CONCESSIONS DOMANIALES

La demande — de concession urbaine, rurale, ou d'autorisation d'occupation temporaire du domaine public, — doit être adressée au lieutenant-gouverneur par l'intermédiaire de l'administrateur du cercle où est situé le terrain. Si le terrain est réparti entre plusieurs cercles, des demandes distinctes doivent être faites pour la partie comprise dans chacun des cercles.

Les demandes qui seraient adressées directement aux services centraux de la colonie ou à d'autres fonctionnaires que l'administrateur compétent devront être d'office renvoyées à ce dernier. L'administrateur est en effet chargé de la première phase de la procédure d'instruction de la demande.

La demande doit indiquer nettement la personnalité du pétitionnaire. Si elle est faite au nom d'autrui, procuration doit être fournie, en due forme. Faite au nom d'une association, les statuts de l'association doivent y être annexés.

Le terrain sollicité doit être nettement désigné, par sa situation, sa contenance, ses limites. L'affectation que l'on se propose de donner au terrain, les constructions à établir en vue de cette affectation doivent être énoncées dans la demande.

La demande doit être accompagnée de plans réguliers, levés et établis ou vérifiés et visés par l'administration ainsi que des procès-verbaux de délimitation y afférents.

A défaut, le demandeur doit fournir, avec des croquis en triple expédition tracés d'après les cartes ou d'après ses renseignements personnels, une demande tendant à l'établissement de plans réguliers par les soins de l'administration, et un récépissé constatant le versement de la moitié de la taxe exigée par l'arrêté du 10 février 1903, n° 82, arrêté que nous verrons un peu plus bas.

Supposons donc maintenant la demande correcte et complète en la forme parvenue entre les mains de l'administrateur compétent. Ce dernier, après l'avoir inscrite sous son numéro d'ordre à sa date de réception sur un registre, en adressera récépissé au demandeur, par pli recommandé. et en avisera le public par un affichage, à la porte de son bureau, à celle du poste le plus rapproché du terrain et en tous autres endroits jugés utiles. Cet affichage doit durer un mois. Il est destiné à faire naître les oppositions et réclamations des ayants-droit, indigènes ou européens.

La difficulté consistait à faire naître les réclamations des indigènes. Pour y remédier, l'arrêté du 26 octobre a suivi le système qui avait été institué au Dahomey : pendant le délai de l'affichage, l'administrateur doit réunir en palabre les chefs des villages intéressés, les informer de la demande de concession et les inviter à formuler leurs réclamations.

Les oppositions reçues sont inscrites, à leur date, sur un registre spécial.

A l'expiration du délai d'affichage, l'administrateur transmet au gouverneur de la colonie le dossier complet de l'affaire, accompagné de son avis motivé.

Au chef-lieu, examen des pièces est fait, avis inséré au *Journal officiel* ; et, après expiration du délai d'un mois, il est statué définitivement et souverainement par le gouverneur en conseil d'administration, sur les oppositions et sur la demande.

Au cas de plusieurs demandes concurrentes portant sur le même terrain, l'arrêté du 26 octobre a cherché avant tout à éviter l'arbitraire dans une matière d'où il doit être banni autant que possible, pour ne pas créer des chocs d'intérêts et des mécontentements. Il sera procédé à une adjudication publique sur cahier des charges. Si cette tentative ne donne aucun résultat, il pourra alors être traité de gré à gré par acte approuvé en conseil.

Des restrictions d'ordre général sont apportées par l'arrêté du 26 octobre 1904, soit en ce qui concerne la forme des concessions en certains cas, soit en ce qui concerne l'étendue des droits des concessionnaires.

Les concessions riveraines de la mer, des lagunes, cours d'eau navigables ou flottables ne peuvent excéder en longueur du côté riverain la moitié de la profondeur. L'arrêté du 27 avril 1901 était beaucoup moins exigeant : en longueur la concession pouvait s'étendre jusqu'au double de la profondeur.

Cette restriction a pour but d'empêcher des demandes de concessions très peu profondes, toutes en étendue sur le bord des lagunes et des fleuves, et qui seraient de beaucoup les plus favorisées, surtout dans un pays où les voies de communication par terre sont quasi inexistantes.

En ce qui concerne l'étendue des droits du concessionnaire, l'Etat les limite et se réserve l'exploitation :

1° Des essences forestières existant sur les terrains concédés ;

2° Des gîtes naturels de substances minérales, sans excepter les carrières et tourbières.

Cette restriction est juste. Si elle n'avait existé, il aurait été trop aisé d'échapper aux prescriptions de la loi forestière ou de la loi minière. On aurait, par exemple, caché sous le titre de concession rurale de véritables permis miniers, de façon à éviter les obligations rigoureuses engendrées par ces permis.

Il aurait pu, au contraire, parfois arriver qu'on eût livré à un concessionnaire peu enclin au métier de prospecteur, un riche filon qui serait ainsi longtemps resté inconnu.

Le concessionnaire est soumis à toutes servitudes d'utilité publique, sans indemnité. Il est tenu de se conformer à tous les règlements de police, de salubrité publique, de voirie. L'administration peut lui reprendre, dans un intérêt public, toute portion de terrain qui lui serait nécessaire ; elle peut établir, en tout temps, sur les terrains concédés, tous ouvrages d'utilité publique. Indemnité n'est jamais due s'il s'agit d'une occupation temporaire du domaine public ; elle n'est due, à certaines conditions, qu'au cas de concessions urbaines ou rurales de terrains du domaine de l'Etat (voir plus loin).

Toute concession provisoire urbaine ou rurale,

ainsi que toute occupation temporaire du domaine public donne lieu au paiement d'une redevance, qui varie suivant la nature de la concession ou la situation du terrain.

Les concessions provisoires de terrains du domaine de l'Etat et les autorisations d'occupation temporaire du domaine public sont accordées intuitu personæ. On comprend donc aisément qu'elles soient personnelles. Elles prennent fin par le décès de la personne ou la dissolution de l'association à laquelle elles ont été accordées.

Il est laissé aux héritiers un délai d'un an pour accepter ou refuser de prendre la suite de la concession.

En principe, la concession étant personnelle, elle ne peut être cédée ni transférée, en totalité ou en partie. Néanmoins par arrêté pris en conseil d'administration, autorisation spéciale de transfert ou de cession pourra être donnée. Pour le paiement des redevances et l'exécution des charges, le cédant restera caution solidaire du cessionnaire.

L'octroi d'une concession étant une faveur, il est rationnel d'admettre que le concessionnaire peut, quand il lui plaît, y renoncer. Cette renonciation se fait par lettre recommandée adressée à l'administration.

Nous venons de voir plusieurs cas où le terrain concédé va être repris par l'administration, en totalité ou en partie, soit à la suite de renonciation volontaire, de décès ou de dissolution d'association, soit pour toute autre cause. La reprise est prononcée par arrêté en conseil d'administration et n'est exécutoire que trois mois après notification de cet arrêté au concessionnaire ou à ses héritiers.

Ce délai est laissé au concessionnaire ou à ses héritiers pour leur permettre d'enlever du terrain les constructions et installations faites.

Si la reprise du terrain était la conséquence de l'inexécution des obligations imposées au concessionnaire par l'acte de concession, mise en demeure devrait être notifiée ; ce n'est que trente jours après, si le concessionnaire n'a pas satisfait aux prescriptions, que la reprise est prononcée. Une prorogation de délai pourrait lui être accordée au cas de force majeure.

Des litiges peuvent s'élever entre l'administration et les concessionnaires.

La concession — du moins pendant sa période provisoire — est un acte de puissance publique, avec clauses contractuelles. C'est, par sa nature, un véritable contrat administratif. La compétence judiciaire devait donc être rejetée, au cas d'une contestation entre concessionnaire et administration, ainsi qu'entre particuliers, portant soit sur l'application, soit sur l'étendue, soit sur l'interprétation de l'acte de concession. Le litige ressortira du conseil du contentieux administratif de la colonie.

De même, en vertu du même principe de la séparation des pouvoirs, l'acte qui transformera le titre provisoire de concession en titre définitif de propriété sera un acte de puissance publique qui échappera aussi à la compétence judiciaire.

Mais lorsque la concession sera devenue définitive un véritable droit de propriété aura été alors constitué. Toutes les difficultés auxquelles donnera lieu l'exercice de ce droit deviendront de la compétence judiciaire, car le droit de propriété qui a au plus haut degré le caractère d'un droit individuel échappe forcément à l'autorité administrative. Si toutefois il s'élevait des difficultés d'interprétation de l'acte générateur de propriété, au cours d'un débat judiciaire, l'autorité judiciaire devrait suspendre, et renvoyer la solution de ces difficultés à la juridiction du conseil du contentieux administratif.

C'est pour la même raison encore, qu'à partir du jour où la propriété de la concession est acquise, si l'administration, pour cause d'utilité publique, vient à déposséder le concessionnaire d'une partie de ses terrains, la procédure à suivre n'est pas autre que celle du droit commun d'expropriation.

Arrêté du 10 février 1903, n° 82.

Cet arrêté, toujours en vigueur, fixe les conditions et tarifs des opérations topographiques exécutées pour le compte des particuliers.

Nous avons vu qu'en même temps que sa demande, à défaut de plans réguliers levés et établis ou vérifiés et visés par la section topographique et des mines, le pétitionnaire devait joindre, aux croquis en triple expédition exigés, une demande de levers réguliers et de délimitation ou de repérage, avec récépissé du versement de la moitié des taxes afférentes à ces opérations.

Le tarif varie suivant qu'il s'agit de concessions urbaines ou de concessions rurales.

Le tarif urbain est applicable à tous les terrains situés dans les centres où il existe un plan cadastral.

Il est ainsi fixé :

Par 500 mètres carrés ou fraction de 500 mètres carrés.

a) Une somme fixe de. . . . . 50 »

b) Une sommme proportionnelle au nombre de bornes figurées sur le plan et piquetées sur le terrain à raison de, par borne . . . . 5 »

c) Dans le cas où la propriété est bâtie (bâtiments figurés au plan) les frais seront augmentés de. . . . . 25 »

Le tarif rural est applicable à tous les terrains non visés au tarif urbain, sauf aux terrains miniers.

Ce tarif varie, suivant l'étendue de la concession. Il se compose d'un droit fixe (de 100 fr. à 1500 fr.) plus un droit proportionnel au nombre d'hectares :

a) Jusqu'à 10 hectares, un droit fixe de 100 fr.

b) De 10 hectares jusqu'à 100 hectares, un droit fixe de 125 fr. plus un droit de 2 fr. par hectare en plus des 10 premiers.

c) De 100 à 500 hectares. Un droit fixe de 300 fr. plus 1 fr. 50 par hectare en plus des 100 premiers.

d) De 500 à 1000 hectares. — Un droit fixe de 1000 fr. plus 1 fr. par hectare en plus des 500 premiers.

e) De 1000 à 10.000 et au-dessus. — Un droit fixe de 1500 fr. plus 0 fr. 60 par hectare en plus des 1000 premiers.

Une augmentation de 50 fr. est prévue lorsque la propriété est bâtie, et une autre de 5 fr. par borne figurée au plan et piquetée sur le terrain.

Les plants résultant des levers et les procès-verbaux de délimitation ou repérage, ne seront remis aux intéressés que contre versement de la deuxième moitié de la taxe.

TITRE II

DISPOSITIONS COMMUNES AUX CONCESSIONS URBAINES ET RURALES DE TERRAINS DU DOMAINE DE L'ÉTAT.

Ainsi que nous l'avons déjà dit, lorsque l'Administration reprend, dans un intérêt public, une portion du terrain concédé, ou établit sur une concession urbaine ou rurale des ouvrages d'utilité publique, il peut y avoir lieu, en faveur du concessionnaire, au paiement d'une indemnité.

Cette indemnité sera due :

1° Dans le cas où l'administration, en établissant des ouvrages d'utilité publique, aura endommagé les constructions ou installations faites par le concessionnaire.

2° Dans le cas où l'administration reprend une portion du terrain concédé, si, sur la portion reprise, le concessionnaire avait fait des constructions ou installations.

Le choix lui est laissé entre deux solutions : ou bien faire déplacer ces constructions aux frais de l'Administration ; ou bien les laisser en place moyennant indemnité.

Dans le cas où, sur la portion de terrain reprise, il n'y aurait ni constructions ni installations, le concessionnaire n'aurait pas droit à une indemnité. On lui laisse seulement la faculté de choisir dans les terrains vacants les plus voisins, une superficie équivalente.

L'indemnité à payer au concessionnaire est expertisée par une commission de trois arbitres, le premier, désigné par le chef de la colonie, le deuxième, par le concessionnaire, et le troisième par les deux premiers d'un commun accord.

A défaut de désignation par le concessionnaire, dans le délai d'un mois, après en avoir été requis, désignation serait faite par le président du Tribunal de Bingerville. A ce dernier appartient aussi la désignation du troisième expert, à défaut d'accord entre les deux autres.

Une autre disposition commune aux concessions

urbaines et rurales existe en ce qui concerne les cas de déchéance des concessionnaires.

La déchéance est prononcée par arrêté pris en conseil d'administration. Elle peut l'être dans deux cas :

1° Lorsque le concessionnaire n'a pas rempli les obligations que l'acte de concession lui impose, dans un délai fixé, sous peine de déchéance.

2° Lorsque le montant de la redevance n'a pas été acquitté dans le délai d'un mois à dater du jour de son exigibilité.

Les obligations imposées au concessionnaire sous peine de déchéance varient suivant qu'il s'agit de concessions urbaines ou rurales.

TITRE III

DISPOSITIONS SPÉCIALES AUX OCCUPATIONS TEMPORAIRES DU DOMAINE PUBLIC

L'autorisation d'occuper des parcelles du domaine public n'est naturellement accordée qu'à titre précaire et temporaire. Elle ne pourra jamais entraîner ni droit acquis ni prescription acquisitive. Il est de règle en effet que le domaine public est inaliénable et imprescriptible.

Révocation du permis d'occupation peut être prononcée, soit en totalité soit en partie, en tout temps, par arrêté pris en conseil d'administration.

Cet arrêté peut être basé sur deux sortes de motifs : soit sur un motif d'intérêt public, que le permissionnaire n'a pas à discuter, soit sur la faute du permissionnaire.

On considère qu'il y aura faute du permissionnaire : lorsqu'il n'aura pas exécuté les obligations imposées par son permis d'occupation, ou lorsqu'il n'aura pas acquitté le montant de la redevance dans le délai d'un mois à dater du jour de son exigibilité.

Si des contestations viennent à s'élever sur les limites du domaine public, sur l'étendue des servitudes, sur l'accomplissement des obligations imposées aux permissionnaires, elles seront tranchées par l'administrateur du cercle, qui plus près du justiciable sera mieux placé que tout autre pour ce faire. Recours au chef de la colonie est d'ailleurs autorisé contre sa décision.

Des redevendances annuelles variant proportionnellement à l'étendue du terrain occupé, et suivant la localité où se trouve le terrain sont établies par l'arrêté de 1904. Comme ces redevances sont les mêmes que celles qui sont dues en matière de concessions urbaines, nous en renvoyons l'exposé ci-dessous.

Jusqu'à une date récente les permis d'occupation temporaire du domaine public, ainsi d'ailleurs que les concessions urbaines, n'étaient soumis à aucune redevance. Ce fut l'arrêté du 25 mai 1904, aujourd'hui abrogé, qui les y soumit.

Ce ne fut pas seulement dans un but purement fiscal que ces redevances furent établies. On peut, en effet, les justifier autrement : ne pas exiger annuellement une redevance, c'était laisser peu à peu naître dans l'esprit du concessionnaire la croyance à un vrai droit de propriété, pleine et définitive, et cette croyance peut devenir dangereuse lorsque la durée de la concession est quelque peu longue.

TITRE IV

DISPOSITIONS SPÉCIALES AUX CONCESSIONS URBAINES DE TERRAINS DU DOMAINE DE L'ETAT

Ces concessions sont accordées pour une durée de cinq années franches, renouvelables pour la même durée, par arrêté pris en conseil d'administration.

En limitant ainsi à une durée, en somme assez courte, la validité de l'acte de concession, le législateur colonial a cherché surtout à éviter une immobilisation prolongée de terrain entre les mains d'un concessionnaire ne pouvant pas ou ne sachant pas l'utiliser.

D'ailleurs les obligations qui incombent au concessionnaire sous peine de déchéance empêcheraient cette immobilisation.

Il doit, avant le 1er juillet de la première année franche qui suit la date de l'arrêté de concession, débrousser, clore le terrain par un mur en maçonnerie ou en bois, ou par une barrière solide.

Avant le 1er janvier de la seconde année, il doit

y construire une maison d'habitation en maçonnerie ou en bois.

En tout temps, maintenir en bon état d'entretien la clôture et la construction.

D'autres obligations peuvent être imposées par l'acte de concession, également sous peine de déchéance.

On comprend aisément que ces obligations soient assez rigoureuses. Il y a un véritable contrat passé entre l'Etat et le concessionnaire. L'Etat promet au concessionnaire un titre définitif de propriété; le concessionnaire, de son côté, s'engage à créer une valeur, une plus value. Et cela est si vrai qu'il y a un contrat que le concessionnaire peut en demander la résiliation.

On comprend donc que l'Etat qui promet un abandon définitif d'une portion de son domaine se montre quelque peu exigeant. Aussi le texte qui crée les obligations sous peine de déchéance est-il impératif.

Le titre de concession provisoire est transformé en titre définitif de propriété lorsque le bénéficiaire peut justifier de l'accomplissement intégral de toutes les obligations et de tous les travaux qui lui étaient imposés par l'acte de concession.

Il est alors déclaré propriétaire incommutable par arrêté pris en conseil d'administration.

La redevance due annuellement est établie par l'article 44 de l'arrêté du 26 octobre 1904. L'unité de taxation est l'are.

Les terrains sont divisés en quatre catégories, suivant les localités. Ces catégories paient plus ou moins, de 1 fr. 20 à 20 centimes l'are. La base de cette classification des localités a été prise dans leur plus ou moins d'importance, au point de vue commercial ; les localités situées sur la côte paieront donc davantage, du moins les grands centres, ainsi que celles peu enfoncées à l'intérieur et dont les communications avec la côte sont aisées et fréquentes.

Bassam, Port-Bouet, Assinie, Jacqueville, Lahou sont classés dans la première catégorie (1 fr. 20) ainsi qu'Abidjaro, Abdisso, Bingerville, etc.

Dans la deuxième catégorie (80 centimes), Béréby, Drewin, Sassandra, Dubon, etc.

Dans la troisième (40 centimes), les localités importantes de l'intérieur : Kong, Bondoukou, Bettié, Bouna, Frambo, Nougoua, etc.

La quatrième catégorie (20 centimes) comprend tous les autres terrains.

TITRE V

DISPOSITIONS SPÉCIALES AUX CONCESSIONS RURALES DE TERRAINS DU DOMAINE DE L'ÉTAT

Le bénéficiaire de la concession doit l'exploiter avec tous les soins d'un bon père de famille : il ne doit pas incendier les arbres ni débrousser par le feu.

Une restriction importante à son droit d'usufruitier consiste dans l'obligation qui lui est imposée de respecter les droits d'usage dont jouissent les indigènes: affouage, marronnage, chasse, etc. Néanmoins il peut s'en affranchir, soit en versant entre les mains des chefs indigènes des villages intéressés une juste indemnité, soit en convenant avec eux d'un cantonnement.

Les conventions ainsi passées entre les concessionnaires et les indigènes doivent l'être en présence de l'administrateur du cercle. Le rôle de ce dernier est de protéger les indigènes contre des concessionnaires qui pourraient être trop peu scrupuleux.

C'est à lui aussi qu'il appartient — sauf recours au lieutenant-gouverneur — de trancher les contestations qui peuvent s'élever entre les concessionnaires et les indigènes au sujet de leurs droits respectifs sur le terrain concédé.

La durée pour laquelle une concession est accordée n'est pas, comme en matière de concessions urbaines, limitée à cinq années. Cette durée est indéterminée. La cause qui y mettra fin sera ou bien une renonciation volontaire, ou bien le décès du concessionnaire ou la dissolution de l'association concessionnaire, ou la prononciation de la déchéance, ou bien enfin la conversion du titre provisoire en titre définitif.

La renonciation volontaire ou résiliation est prononcée par arrêté pris en conseil d'administration. Elle l'est ou d'office ou à la demande du concessionnaire.

D'office lorsque, après vingt années franches, le concessionnaire ne se trouve pas dans les conditions exigées pour l'obtention du titre définitif de propriété ; à la demande du concessionnaire, au bout de dix années franches.

Lorsqu'une portion seulement du terrain concédé a été mise en valeur, elle est attribuée au concessionnaire, par l'arrêté même de résiliation, et outre cette portion, il lui en est attribué une autre d'un seul tenant, en toute propriété, d'une superficie égale à une fois et demie cette mise en valeur, sur telle partie du terrain désignée par l'arrêté. Quant au surplus, il revient au domaine.

La déchéance est prononcée lorsqu'une des obligations imposées au concessionnaire sous cette peine n'a pas été remplie.

Ces obligations sous peine de déchéance sont les suivantes :

1° Avant le 1er juillet de la première année franche suivant la date de l'arrêté de concession commencer la mise en valeur du terrain.

2° Avant le 1er janvier de la seconde année, construire une maison d'habitation pour Européens et des logements indigènes.

3° Avant le 1er janvier de la sixième année, mettre en valeur une superficie minima de 8 hectares par 100 hectares concédés.

L'arrêté entend par mise en valeur le défrichement, l'assainissement du terrain, l'ouverture de chemins et l'aménagement des cultures ; ou s'il s'agit de concessions à fin d'élevage, la formation de troupeaux à raison de 2 têtes de gros bétail et de 8 têtes de menu bétail par 100 hectares concédés.

Lorsque le concessionnaire a satisfait à cette triple obligation que nous venons d'exposer, il peut alors demander la conversion de son titre provisoire en titre définitif de propriété, pour l'ensemble des terrains concédés. Une condition est cependant exigée pour qu'il obtienne l'ensemble de ces terrains : il faut qu'il ait mis en valeur une superficie quintuple de celle dont la mise en valeur est exigée à peine de déchéance au bout de cinq années, ce qui fait donc 40 hectares par 100 hectares concédés, ou bien une formation d'un troupeau de 10 têtes de gros bétail ou de 40 de menu bétail par 100 hectares concédés.

Lorsque le concessionnaire justifiera de l'exécution des constructions qui lui sont imposées, il pourra se faire déclarer propriétaire incommutable non plus de l'ensemble des terrains concédés, mais d'une superficie de cinq hectares délimitée autour de ces constructions.

Les concessions rurales paient annuellement une redevance.

L'unité de taxation est l'hectare.

On les a classées en deux zones qui comprennent chacune deux catégories.

La première zone comprend toute la côte, toutes les lagunes et tous les fleuves, ces derniers jusqu'aux points terminus pour chacun d'eux de la navigation à vapeur aux eaux moyennes.

La deuxième zone comprend tout le territoire en dehors de la première.

Chaque zone est divisée en deux catégories : dans la première sont classées les concessions de terrains propres aux grandes cultures industrielles (cacao, café, vanille, coton, caoutchouc, etc.) ; dans la deuxième sont classées les concessions de terrains propres à l'élevage, aux petites cultures vivrières (bananes, ignames, riz, etc.), et à l'exploitation des produits naturels du sol (graines de palmiers, etc.).

La zone côtière paiera plus cher que la deuxième ; la première catégorie paiera aussi plus cher que la deuxième, le rendement estimé comme devant être supérieur.

Dans la première zone, la première catégorie paie 5 centimes, 20, 50 centimes, ou 1 franc suivant le nombre d'années écoulé depuis l'octroi de la concession ; la deuxième catégorie, 5, 10, 30 et 50 centimes.

Dans la deuxième zone, la première catégorie paie 5, 25 et 50 centimes ; la deuxième 5 et 25 centimes.

SECTION II. — RÉGIME FORESTIER

Le régime forestier de la Côte d'Ivoire est organisé par un décret du 20 juillet 1900. Le but visé par le législateur a été surtout d'essayer de protéger et de favoriser l'exploitation forestière, par une réglementation sagement rigoureuse et qui, sérieusement appliquée, serait efficace.

L'exploitation forestière est une des sources de richesse de la Côte d'Ivoire. La colonie, qui n'est pas organisée pour s'y livrer elle-même, dans ses propres bois, a intérêt à se montrer aussi libérale que possible, à octroyer le plus possible d'autorisations d'exploitation des bois domaniaux, le plus souvent gratuites, toujours même vaut-il mieux dire, bien que le décret prévoie la possibilité d'une redevance.

Les instructions et prescriptions établies par le décret du 20 juillet 1900 ont pour but d'éviter qu'un mode peu propice d'exploitation ne compromette l'avenir.

C'est au gouverneur de la colonie qu'il appartient d'autoriser par un permis strictement personnel et délivré à titre temporaire, les exploitations forestières dans les bois du domaine. Cette autorisation n'est pas nécessaire dans le cas où la personne ou la société qui veut exploiter a obtenu une concession régulière; mais elle doit alors se soumettre à toutes les prescriptions particulières du régime de l'exploitation forestière.

Le déboisement ou le défrichement de tous les bois du domaine n'est pas indistinctement permis.

Une première restriction est prévue et imposée dans un motif d'utilité publique : les bois situés sur les versants des montagnes et coteaux offrant un angle de 35° et au-dessus ne peuvent être mis en exploitation. Cette restriction — générale d'ailleurs en tous pays — est très importante au point de vue du régime des vents et du régime des eaux.

Une deuxième restriction consiste dans la possibilité pour le gouverneur de soustraire tels et tels terrains à l'exploitation. Il doit les désigner dans un arrêté motivé... Il peut même décider la mise en réserve de telles parties de forêts déjà mises en exploitation.

Une troisième restriction consiste dans la limitation de l'étendue de terrain soumise à l'exploitation. L'autorisation de l'administrateur chef de région devient nécessaire et doit être demandée par l'exploitant qui veut déboiser plus de 400 hectares de terrain. Le déboisement, dans ces conditions, en effet, portant sur une superficie considérable, peut devenir un vrai danger public et entraîner la ruine de tout un pays, en y semant la misère et la famine. Il y a dans ce cas nécessité à l'arrêter.

De même encore appartient au gouverneur le droit d'imposer le mode d'exploitation, de manière à éviter, dans la mesure du possible, trop de variété ou trop de discontinuité, ou une exploitation déraisonnée et nuisible. Exploitation de proche en proche, par voie de jardinage, toujours dans le même sens, sans solution de continuité, tel est le mode que semble préférer le législateur.

Le gouverneur doit fixer dans des arrêtés, pour les différentes essences, les dimensions au dessous desquelles les arbres devront être réservés. Une destruction trop grande des jeunes arbres pourrait devenir dangereuse.

Une restriction spéciale est imposée pour les arbres à latex : ils doivent tous être réservés.

Appartient encore au gouverneur le droit d'exiger de l'exploitant qu'il plante chaque année à ses frais un nombre de plants de même essence ou d'une essence aussi riche, au moins double de celui des arbres abattus dans l'année. Il faut qu'il s'agisse d'essences précieuses, de grande valeur, et désignées par arrêtés spéciaux.

Dans un même but de protection ou plutôt de reproduction, en ce qui concerne le caoutchouc ou la gutta-percha, une obligation analogue peut être imposée à l'exploitant : de planter annuellement tant de pieds d'arbres ou de lianes par tonne récoltée dans l'année.

En vue d'arriver à connaître d'une manière à peu près exacte les résultats donnés par les diverses exploitations forestières, à savoir ainsi quelles sont les ressources des forêts, le décret prévoit la tenue d'un carnet d'attachement par les chefs de chantier des exploitations : chacun des arbres abattus doit y être nettement individualisé : essence, longueur etc... et en deuxième lieu le décret prévoit également la tenue d'un registre où sont inscrites les diverses opérations quotidiennes.

Mais ce n'est pas là une obligation... D'ailleurs, en pratique, la tenue du carnet ou du registre n'a jamais été exigée.

Au point de vue de la répression des infractions au décret de 1900 et aux arrêtés pris par le gouverneur pour son exécution, une procédure et des peines spéciales sont prévues (mais ne sont pas encore organisées).

Les procès-verbaux sont dressés par les agents du service forestier, à défaut par les officiers de police judiciaire ou par des agents d'autres services commissionnés à cet effet par le gouverneur et ayant prêté serment. Ils sont transmis au chef du service forestier de la région, à défaut à l'administrateur. Les infractions sont jugées par le tribunal siégeant correctionnellement.

Les peines prévues consistent en une série d'amendes variant depuis 20 francs jusqu'à 10.000 francs. Le tarif, pour chaque espèce de contravention, n'est pas encore déterminé. Il doit l'être par arrêté du ministre des colonies rendu sur la proposition du gouverneur.

De même qu'en matière douanière, la transaction est autorisée. Une différence, à ce sujet, est cependant à noter : la transaction n'est autorisée, dit le texte, qu'avant le jugement définitif. Cela tient-il à ce que le caractère pénal est ici plus caractérisé que celui de réparation civile?

La transaction ne devient définitive, qu'après approbation du gouverneur, nous faut-il ajouter : il s'agit ici, en effet, de l'abandon d'une portion des biens publics. Or en cette matière, l'avis du conseil d'administration est requis par l'ordonnance organique de 1840.

Telle est la législation qui régit les bois domaniaux à la Côte d'Ivoire. Les bois particuliers y sont même soumis par certains côtés. En principe, le propriétaire peut exercer sur les bois qui lui appartiennent tous les droits résultant de la propriété.

Deux restrictions sont apportées à ces droits : interdiction de déboiser ou de défricher les versants des montagnes et coteaux offrant un angle de 35° et au dessus ; interdiction, sans autorisation de l'administrateur, de déboiser une étendue supérieure à 400 hectares. L'intérêt public prédomine, en effet, dans ces deux cas, sur l'intérêt particulier, et doit l'emporter. C'est pour la même raison que le reboisement peut être imposé aux particuliers propriétaires de terrains qui se trouvent dans les conditions du premier cas d'interdiction que nous venons d'exposer.

Lorsque l'Etat français a pris possession de la Côte d'Ivoire et a, par un simple décret, déclaré sa propriété, propriété du domaine, les forêts de la colonie — biens vacants et sans maître ; lorsque des exploitations forestières ont été octroyées, lorsque des bois ont été vendus à des particuliers, donnés en pleine propriété, il s'est trouvé, dans ces divers cas, que l'Etat, ou l'exploitant, ou le propriétaire ont été en présence de droits d'usage — naturels et quasi sacrés — appartenant aux indigènes sur les bois et forêts. On ne pouvait raisonnablement songer à les en priver; il eût d'ailleurs été impossible de le tenter. Ces droits d'usage (marronnage, affouage, chasse, pâturage, etc.), moralement imprescriptibles, et matériellement indispensables pour la vie des indigènes, doivent être respectés.

Supposons cependant une exploitation forestière méthodiquement conduite avec succès. Il naîtra forcément des heurts et des froissements regrettables entre exploitant et indigènes. Les droits d'usage de ces derniers vont devenir une gêne pour l'exploitation. Aussi a-t-on prévu la possibilité d'un cantonnement. Une partie bien définie sera abandonnée aux indigènes, le restant de l'exploitation sera libre et affranchi de toute servitude. Le cantonnement doit être approuvé par le gouverneur.

L'article 12 du décret du 20 juillet 1900 s'occupe

d'une question annexe au régime forestier : il réglemente — sagement — la circulation des produits forestiers à la Côte d'Ivoire. Le principe général, en cette matière, est que ces produits ne peuvent circuler que s'ils sont revêtus de la marque distinctive de l'exploitant. L'utilité de cette réglementation apparaît, incontestable, au point de vue du contrôle et en matière financière.

L'application du régime des patentes est rendue plus aisée ; et la connaissance des résultats donnés par les diverses exploitations forestières est aussi par là facilitée à l'administration de la colonie.

Cette réglementation n'est, en réalité, pratiquée qu'en ce qui concerne les bois en circulation : ils doivent être revêtus de l'empreinte d'un marteau de forme triangulaire portant la marque de l'exploitant.

Cette marque doit être déposée par l'exploitant au greffe du tribunal de première instance.

Pour les autres produits, le décret de 1900 prévoit l'usage d'un timbre au nom de l'exploitant. Une pénalité assez sévère est édictée pour les contrevenants à ces dispositions : les produits pourront être saisis et une amende appliquée.

SECTION III. — RÉGIME FONCIER (1)

On sait, — et il est inutile d'insister sur ce point — quel est le régime auquel, en France, sont soumis la propriété foncière et les autres droits réels immobiliers : transmission de la propriété entre les parties par le simple consentement, le seul concours des deux volontés contractantes ; transcription ou inscription nécessaire à l'égard des tiers, etc.

Malgré les précautions prises, dans la transmission ou la constitution des droits réels immobiliers il plane toujours quelque insécurité. Il faut se livrer à la recherche des droits du vendeur. Ce vendeur peut être un incapable ou un mineur ou un interdit ; ou bien encore il peut être pourvu d'un conseil judiciaire ; ou encore c'est une femme sous puissance de mari.

D'autre part, certaines mutations et constitu-

(1) Ce régime, qui n'a pas encore été mis en vigueur, faute d'une organisation locale de la conservation de la propriété foncière bien qu'il ait été promulgué à la Côte d'Ivoire en octobre 1900, — doit fonctionner avant peu.

tions de droits réels sont exemptes de la formalité de l'inscription ou de la transcription : dispositions testamentaires, mutations qui résultent du fait de la loi (telles que les dévolutions héréditaires, les actes ou jugements déclaratifs de propriété, les actions en nullité ou en rescision) ; certains privilèges généraux sur les immeubles ; certaines hypothèques.

C'est ensuite l'existence des hypothèques légales et des hypothèques judiciaires qui ne rend pas facile à obtenir le crédit foncier.

On conçoit aisément qu'on ne puisse vraiment songer à introduire dans un pays neuf où toute la législation foncière est à faire, un régime aussi défectueux et imparfait qui, partout où il a été importé, a toujours été une cause sérieuse de retard dans les progrès de la colonisation.

On a compris qu'il était de toute nécessité, dans ces pays neufs, de dégager des entraves qui la paralysent la propriété foncière, d'inventer, en somme, un ingénieux mécanisme capable de donner aux mutations et constitutions de droits réels toute la sécurité, la rapidité et l'économie possibles destinées à les favoriser.

Le régime qui a été organisé à la Côte d'Ivoire par le décret du 20 juillet 1900 n'est pas une innovation. C'est une imitation un peu affaiblie du Real Property Act, du système Torrens ; c'est la continuation de la loi foncière Tunisienne de 1885 et de la loi foncière de Madagascar de 1897.

Voici quel est le principe du nouveau régime : constater dans un acte public, et irrévocablement à l'égard de tous, les droits des propriétaires des immeubles soumis à ce régime; constater de la même manière et sous la même sanction, les modifications survenues à ces droits ultérieurement.

Ce nouveau régime foncier, dont nous allons étudier les détails, n'est pas obligatoire pour tous les biens immobiliers de la colonie.

L'article 2 du décret englobe d'abord dans une exception générale les biens appartenant aux indigènes : ils restent régis par les coutumes et usages locaux en tout ce qui concerne leur acquisition, leur transmission.

Restent donc les immeubles appartenant à des Européens et descendants d'Européens ou à des indigènes naturalisés français. Le régime est facultatif pour ces immeubles, sauf dans trois cas (art. 7) :

1° Dans tous les cas de vente ou de concession en pleine propriété de terrains domaniaux;

2° Dans tous les cas où des Européens ou assimilés se rendent acquéreurs de biens appartenant à des indigènes ;

3° Dans tous les cas où, après mise en valeur dans les conditions spécifiées par son cahier des charges, un concessionnaire acquiert la propriété de terrains concédés.

Dans tous ces cas, le régime est obligatoire, et

les propriétaires sont tenus de faire immatriculer leurs immeubles.

C'est, en effet, par une immatriculation, que se caractérise le régime : cette immatriculation consiste dans la constitution et l'enregistrement du titre de propriété de l'immeuble : fonds de terre ou bâtiments.

Le registre foncier ainsi constitué est tenu par le conservateur de la propriété foncière (art. 5) qui est, en outre, chargé de la conservation des actes relatifs aux immeubles immatriculés, de l'inscription des mutations et constitutions de droits ou charges relatifs à ces immeubles.

Seuls les titulaires de droits réels immobiliers peuvent requérir l'immatriculation : propriétaires et copropriétaires, bénéficiaires de droits d'usufruit et d'emphytéose, sans restriction. Le créancier hypothécaire, titulaire lui aussi d'un droit réel immobilier ne peut requérir l'immatriculation qu'une fois sa créance échue, s'il n'a pas été payé et huit jours après une sommation infructueuse. Avant l'échéance, le consentement du propriétaire lui est nécessaire pour pouvoir requérir immatriculation. Le consentement du propriétaire est de même nécessaire au bénéficiaire d'un droit de servitude foncière, ou d'usage, ou d'habitation.

Les frais de l'immatriculation sont, en principe, à la charge de celui qui la requiert.

La demande d'immatriculation est remise contre reçu au conservateur ; elle doit contenir, avec les noms, prénoms, domicile et état civil du requérant, élection de domicile dans la colonie, la description détaillée de l'immeuble : valeur vénale et locative, situation, nom, etc., ainsi que le détail des droits réels et des baux de plus de trois années.

En même temps que sa déclaration, le requérant dépose tous les titres de propriété, contrats, actes publics ou privés, etc., traduits en français, s'il y a lieu. Si ces documents sont entre les mains de tiers, ces derniers sont tenus, sous peine de tous dommages et intérêts, de les déposer, dans les huit jours de la sommation qui leur est faite par le requérant l'immatriculation, entre les mains du conservateur, contre reçu délivré sans frais.

Les titres, qui ne sont pas conservés au dossier de l'immeuble sont rendus à leurs détenteurs, lorsque décision a été rendue par le tribunal sur la régularité de l'immatriculation, ou sur la validité ou la non-validité des oppositions ou contestations qui ont pu être formulées.

Quant aux documents classés au dossier, il n'en est délivré par le conservateur qu'une copie, avec celle de l'inscription de l'immeuble.

Comme l'immatriculation doit avoir des effets définitifs, et cela à l'égard de tous, il fallait nécessairement donner à la réquisition d'immatriculation la plus large publicité possible. Le conservateur doit faire insérer au *Journal officiel* de la colonie un extrait du texte de cette réquisition, et affichage de cet extrait doit être opéré, dans les 48 heures de la réception, par le représentant de l'autorité française de la localité de la situation de l'immeuble, à qui un placard extrait du *Journal officiel* est envoyé par le conservateur.

Les affiches doivent rester apposées jusqu'à la clôture du procès-verbal de bornage. Publication de l'extrait de réquisition doit être faite dans chacun des marchés du territoire de la localité où se trouve l'immeuble.

Dans le plus bref délai possible, en présence du requérant l'immatriculation ou lui dûment appelé, il est procédé à un bornage provisoire de l'immeuble, dont la date a été publiée vingt jours au moins à l'avance. Procès-verbal de ce bornage est envoyé au conservateur, et la date de la clôture de ce procès-verbal publiée sommairement au *Journal officiel*.

Les protestations et oppositions qui ont été formulées par les tiers au cours du bornage sont portées au procès-verbal, et inscrites ensuite par le conservateur sur un registre spécial. Les oppositions peuvent aussi être formulées par lettres missives adressées au conservateur. Pour être valables, il faut qu'elles soient formulées dans le délai de deux mois à dater de l'insertion au *Journal officiel* de l'avis de clôture du procès-verbal de bornage.

Outre ce procès-verbal de bornage il doit être dressé un plan par un géomètre assermenté, et qui doit être remis au conservateur.

Les droits des incapables ou des personnes non présentes à la Côte d'Ivoire ne sont pas méconnus. Le président du tribunal de première instance doit veiller à ce qu'ils ne soient pas lésés. Ses pouvoirs sont, à cet égard, discrétionnaires. Il peut procéder à toutes vérifications et enquêtes nécessaires. Il peut proroger le terme du délai fixé pour les oppositions à former au nom d'incapables ou de non présents à l'immatriculation. Outre le président du tribunal, peuvent toujours, dans les délais fixés, former opposition au nom des incapables ou non présents, les tuteurs, représentants légaux, parents ou amis, le chef du service judiciaire.

Tout le dossier relatif à la demande en immatriculation (pièces, titres, original de la réquisition, plan de l'immeuble, etc.), doit être remis au greffe du tribunal de première instance par le conservateur, ainsi que les oppositions formées entre ses mains s'il y a lieu.

Ce n'est pas, en effet, au conservateur qu'il appartient de juger de la régularité ou de la non régularité de la demande en immatriculation (à l'encontre de ce qui se passe dans le système Torrens). Ce droit appartient au président du tribunal ou au tribunal.

Si aucune opposition n'a été formulée, la demande est examinée au point de vue de la simple régularité de la procédure et de la forme, par le président du tribunal. Ce dernier précise ensuite quelle est la nature et l'étendue des divers droits réels dont l'immeuble est grevé, et rend une ordonnance d'immatriculation. Y a-t-il eu au contraire une ou plusieurs oppositions formulées, le président du tribunal n'a plus pouvoir d'agir par voie d'ordonnance ; c'est au tribunal du lieu de la situation de l'immeuble qu'il appartient de statuer au fond, en la forme ordinaire, et prononcer l'admission de l'immatriculation en tout ou en partie.

La procédure préparatoire est écrite. Les opposants doivent remettre au greffe, dans un délai fixé, leur requête introductive d'instance, qui doit contenir tous les moyens invoqués et être accompagnée des pièces à l'appui. Le requérant l'immatriculation, après en avoir pris connaissance, peut y répondre par une défense écrite. A l'audience, les parties peuvent, soit en personne, soit par mandataire, présenter leurs observations verbales.

Une fois la décision rendue, sur l'expédition conforme qui lui en est délivrée par le greffe, le conservateur effectue l'immatriculation. Il inscrit aussi les droits réels immobiliers existant sur l'immeuble, tels qu'ils résultent de la décision du tribunal.

Les anciens titres de propriété sont annulés et annexés aux archives.

Les titres de propriété ainsi établis par le conservateur sont inscrits, par numéro d'ordre, sur un registre spécial. La propriété immobilière ainsi immatriculée doit être décrite physiquement et juridiquement. Il indiquera la contenance, les diverses plantations et constructions qui peuvent s'y trouver, les droits réels qui la grèvent. On annexe au titre le plan de l'immeuble.

Seul le propriétaire a le droit d'avoir une copie exacte et complète du titre de propriété ; cette copie est nominative, et certifiée authentique par le conservateur. Les autres intéressés à l'immeuble n'ont droit qu'à la délivrance de certificats d'inscription.

Des effets de l'immatriculation. — Ce qui caractérise à cet égard l'immatriculation c'est qu'elle est la constatation, d'une manière définitive et irrévocable, du droit de propriété, à l'égard de tous.

D'une manière inattaquable, disons-nous : après l'immatriculation, il n'y a plus d'action réelle possible, plus de revendication. Les délais d'opposition expirés, l'opposition n'est plus recevable. Et pour que l'action personnelle, elle-même, l'action en indemnité soit recevable, il faut qu'il y ait eu dol ; et elle n'est recevable que contre les auteurs mêmes du dol.

On ne peut prescrire un immeuble immatriculé.

C'est le titre seul qui détermine quels sont les droits réels qui grèvent l'immeuble. Les articles 692 et sq. du code civil ne sont plus applicables en la matière : continues ou non, apparentes ou non, les servitudes n'existent que si elles sont établies par titre.

A un autre point de vue, les effets de l'immatriculation sont définitifs : une fois l'immeuble sous l'empire du nouveau régime, il ne peut plus y être soustrait. C'était d'ailleurs nécessaire si l'on voulait que le système fût efficace.

Des transmissions de propriétés et des constitutions de droits réels. — Le principe en cette matière est que les transmissions de propriétés et les constitutions de droits réels immobiliers, dont l'objet est un immeuble immatriculé, doivent, pour être opposables aux tiers, être inscrites sur le titre de propriété de l'immeuble par le conservateur de la propriété foncière.

Exception est faite pour les privilèges du trésor et pour les privilèges généraux sur les immeubles et les meubles de l'art. 2101 du code civil. Ils ne sont assujettis à aucune inscription :

Le titre de propriété n'étant pas autre chose que la description tout autant juridique que physique de l'immeuble immatriculé, on conçoit aisément que toutes les modifications survenues à cet état juridique y soient mentionnées.

Donc (art. 41) devront être inscrits : tous faits ou conventions ayant pour effet de transmettre, déclarer, modifier ou éteindre un droit réel immobilier, d'en changer le titulaire ou de modifier toute autre condition de son inscription, tous baux d'immeubles excédant trois années, toute quittance de cession d'une somme équivalente à plus de 3 années de loyer ou fermages non échus.

On a jugé, avec raison, qu'un bail de plus de

trois ans devait modifier assez profondément l'état juridique d'une propriété pour que l'inscription en fût exigée.

L'inscription qui est ainsi requise n'est pas nécessaire pour la validité de l'acte entre les parties: le consentement seul suffit; mais, à l'égard des tiers, elle est indispensable.

L'hypothèque prise sur un immeuble immatriculé prendra rang du jour de l'inscription. La durée de la validité de l'inscription est la même que celle de la validité de l'hypothèque.

Le code civil (art. 1017, 2121, 2123), le code de commerce (art. 490) prévoient l'existence d'hypothèques non inscrites : hypothèques légales et judiciaires, dans notre régime hypothécaire français. Il eût été contraire au caractère prédominant de publicité réelle du nouveau régime de reconnaître ces hypothèques.

Le décret du 20 juillet 1900 ne reconnaît sur les immeubles immatriculés que des hypothèques conventionnelles et des hypothèques forcées.

Il n'y a rien à dire sur l'hypothèque conventionnelle, sauf cependant qu'il a été apporté une dérogation au régime du Code civil : l'hypothèque peut être consentie par acte sous seing privé.

L'hypothèque forcée est définie par l'article 48 du décret. C'est celle qui peut être acquise, en vertu d'une décision judiciaire, sans le consentement du débiteur, dans des cas nettement déterminés :

1° Hypothèque du mineur et de l'interdit sur

les biens de leur tuteur et de leurs cautions.

2° Hypothèque de la femme mariée sur les immeubles de son mari pour sa dot, ses droits matrimoniaux, l'indemnité des obligations du mari dont elle est tenue, et le remploi du prix de ses biens aliénés.

3° Hypothèque du vendeur, de l'échangiste et des copartageants, quand il n'a pas été réservé d'hypothèques conventionnelles pour le paiement du prix ou de la soulte d'échange ou de partage.

4° Hypothèque du débiteur saisi, au cas d'adjudication sur saisie immobilière.

Ces hypothèques forcées sont spéciales et doivent être inscrites. L'inscription est donc retardée jusqu'au jour de la décision judiciaire définitive. Comme il se pourrait que, jusqu'à ce jour, les droits des titulaires futurs de ces hypothèques fussent menacés, le président du tribunal peut, s'il y a urgence, ordonner des inscriptions conservatoires. Le jugement définitif maintenant tout ou partie de l'inscription a un effet rétroactif; ce qui a été conservé prendra rang du jour de l'inscription conservatoire.

Le décret détermine quelles sont les diverses pièces justificatives qui doivent être déposées pour requérir l'inscription, la radiation, la réduction, ou la rectification de l'inscription d'un droit réel immobilier; quelles sont les personnes qui peuvent requérir ces inscriptions, ce qu'elles doivent mentionner.

Les inscriptions sont portées sur le titre de propriété. Or, nous savons que le conservateur délivre des copies du titre de propriété. Cette copie, certifiée authentique, est, entre les mains de son possesseur, la preuve de son droit de propriété; c'est l'expression par écrit de ce droit. On comprend donc qu'il soit de toute nécessité que les modifications apportées à la nature ou à l'étendue de ce droit soient mentionnées aussi sur cette copie.

Si les copies sont présentées au conservateur, ce dernier portera sur elles les mentions qu'il inscrit sur le titre de propriété. Mais supposons que ces copies ne lui soient pas présentées. Deux solutions sont prévues.

Ou bien la formalité à remplir est destinée à constater un fait ou une stipulation qui suppose le consentement des porteurs et alors le conservateur refuse l'inscription.

Ou bien ce consentement n'est pas nécessaire, et alors le conservateur fait l'inscription sur le titre de propriété. Il la notifie aux détenteurs des copies. Si ceux-ci se présentent, mention est faite. S'ils ne se présentent pas, afin d'arriver à triompher de cette résistance ou de cette inertie, jusqu'à ce que la concordance entre le titre et les copies soit rétablie, le conservateur refusera toute nouvelle inscription prise du consentement des détenteurs des copies.

Ainsi qu'on a pu le voir, dans ce régime de la

Côte d'Ivoire, le conservateur joue un rôle assez important. Aussi l'organisation de la conservation est-elle réglée assez étroitement : quels sont les registres à tenir, de quelle manière ils doivent être tenus; surveillance prévue du chef du service judiciaire, du président du tribunal d'appel, du président du tribunal de première instance.

Le préjudice qui peut résulter d'une omission ou d'une erreur sera supporté par le conservateur ; et une amende est même prévue pour le cas d'inobservation des règles et des dispositions auxquelles il est soumis.

Voilà quel est le régime organisé par le décret du 20 juillet 1900, régime assez sage, — quoique peut-être un peu timide, — où l'on ressent encore l'influence du code civil. Cette législation est largement rénovatrice, mais l'on peut regretter qu'elle ne le soit pas davantage. On est encore assez loin de l'Act Torrens ; et la mobilisation quasi absolue du sol n'était pas à craindre à la Côte d'Ivoire; il faut dans les pays neufs, la plus grande mobilité possible dans la propriété foncière ; l'instabilité est loin d'y être un mal ; elle est même nécessaire pour que les déchets inévitables d'une colonisation puissent partir sans qu'aucune entrave ne les retienne.

TEXTES OFFICIELS

Décret du 1er octobre 1902.

Portant réorganisation du gouvernement général de l'Afrique occidentale française.

Art. 1er. — Le gouvernement général de l'Afrique occidentale française comprend :

1° La colonie du Sénégal, à laquelle cessent d'être rattachés les pays de protectorat ;

2° La colonie de la Guinée française ;

3° La colonie de la Côte d'Ivoire ;

4° La colonie du Dahomey.

(Ces trois colonies avec leurs limites actuelles.)

5° Les pays de protectorat actuellement dépendant du Sénégal et les territoires du Haut Sénégal et du Moyen Niger qui sont désormais groupés en une unité administrative et financière nouvelle, sous le nom de « Territoires de la Sénégambie et du Niger ».

Art. 2. — Le gouverneur général de l'Afrique occidentale française est le dépositaire des pouvoirs de la République dans les colonies et territoires ci-dessus énumérés.

Il a seul le droit de correspondre avec le gouvernement.

Art. 3. — Le gouverneur général est assisté d'un secrétaire général du gouvernement général et d'un conseil de gouvernement dont la composition sera ultérieurement déterminée.

Il organise les services, à l'exception de ceux qui sont régis par les actes de l'autorité métropolitaine ; il règle leurs attributions.

Il nomme à toutes les fonctions civiles, à l'exception des emplois de lieutenants-gouverneurs, de secrétaires généraux, de magistrats, de directeur du contrôle, de directeurs généraux, de chefs des principaux services, d'administrateurs et de ceux dont la nomination est réservée à l'autorité métropolitaine par des actes organiques.

Pour ces divers emplois, les nominations se font sur sa présentation et les fonctionnaires sont mis à sa disposition et répartis par lui entre les colonies et territoires de l'Afrique occidentale, sauf en ce qui concerne les lieutenants-gouverneurs, les secrétaires généraux et les magistrats.

Art. 4. — Le gouverneur général peut déléguer, par décision spéciale et limitative et sous sa responsabilité, son droit de nomination aux lieutenants-gouverneurs du Sénégal, de la Guinée, de la Côte d'Ivoire et du Dahomey.

Art. 5. — Le gouverneur général a sa résidence officielle à Dakar, Saint-Louis demeurant le siège du gouvernement du Sénégal.

Le gouverneur général détermine, en conseil de gouvernement et sur le rapport des lieutenants-gouverneurs intéressés, les circonscriptions administratives dans chacun des territoires et colonies de l'Afrique occidentale française.

Art. 6. — Les colonies et territoires composant le gouvernement général de l'Afrique occidentale française possèdent leur autonomie administrative et financière dans les conditions déterminées ci-après :

Les colonies du Sénégal, de la Guinée française, de la Côte d'Ivoire et du Dahomey sont administrées chacune sous la haute autorité du gouverneur général, par un gouverneur des colonies portant le titre de lieutenant-gouverneur et assisté par un secrétaire général.

Le gouverneur général administre directement, ou par délégation spéciale au secrétaire général du gouvernement général, les territoires de la Sénégambie et du Niger.

Il est assisté spécialement à cet effet par un conseil d'administration.

Art. 7. — Les budgets des colonies et territoires de l'Afrique occidentale française, établis conformément à la législation en vigueur, sont arrêtés par le gouverneur général en conseil de gouvernement et approuvés par décret rendu sur la proposition du ministre des colonies.

Les dépenses du gouvernement général, du contrôle, des directions générales, des services communs et d'intérêt général, sont inscrites dans une section spéciale du budget des territoires de la Sénégambie et du Niger.

Le budget desdits territoires est alimenté par les recettes de toute nature perçues dans ces territoires et par des contributions des colonies du Sénégal, de la Guinée de la Côte d'Ivoire et du Dahomey. Le montant de ces contributions sera annuellement fixé par le gouverneur général en conseil du gouvernement et arrêté par le décret approbatif du budget.

Art. 8. — Chaque lieutenant-gouverneur est, sous le contrôle du gouverneur général, ordonnateur du budget de la colonie qu'il administre.

Le gouverneur général a l'ordonnancement des dépenses du budget des territoires de la Sénégambie et du Niger ; il peut sous-déléguer les crédits qui sont à sa disposition.

Les dispositions du décret du 20 novembre 1882 sur le régime financier des colonies sont applicables aux budgets de l'Afrique occidentale française.

Art. 9. — Sont abrogées toutes les dispositions des décrets et arrêtés antérieurs en ce qu'elles ont de contraire aux présentes dispositions, dont l'application sera réglée par des arrêtés du gouverneur général.

Art. 10. — Le ministre des colonies est chargé de l'exécution du présent décret, qui sera inséré au *Journal officiel* de la République française, au *Bulletin des lois* et au *Bulletin officiel* du ministère des colonies.

Fait à Paris, le 1er octobre 1902.

EMILE LOUBET.

Par le Président de la République :

Le Ministre des colonies,

GASTON DOUMERGUE.

Décret du 18 octobre 1904,

Portant réorganisation du gouvernement général de l'Afrique occidentale.

Vu l'article 18 du sénatus-consulte du 3 mai 1854 ;

Vu le décret du 20 novembre 1882 sur le régime financier des colonies ;

Vu le décret du 6 avril 1900, portant réorganisation du personnel des gouverneurs des colonies ;

Vu le décret du 1er octobre 1902, portant réorganisation du gouvernement général de l'Afrique occidentale française ;

Sur le rapport du ministre des colonies,

Décrète :

Art. 1er. — Le gouvernement général de l'Afrique occidentale française comprend :

1° La colonie du Sénégal, qui se compose, d'une part, des territoires d'administration directe formant la circonscription actuelle du Sénégal et, d'autre part, des pays de protectorat de la rive gauche du Sénégal, qui cessent de faire partie de la Sénégambie-Niger ;

2° La colonie de la Guinée française ;

3° La colonie de la Côte d'Ivoire ;

4° La colonie du Dahomey.

(Ces trois colonies avec leurs limites actuelles.)

5° La colonie du Haut-Sénégal et du Niger qui comprend les anciens territoires du Haut-Sénégal et du

Moyen-Niger et ceux qui forment le troisième territoire militaire. Le chef-lieu sera établi à Bammako ;

(Cette colonie se compose : *a*) des cercles d'administration civile parmi lesquels sont compris ceux qui forment actuellement le deuxième territoire militaire ; *b*) d'un territoire militaire, dit « territoire militaire du Niger », qui comprend les circonscriptions actuelles des premier et troisième territoires militaires).

6° Le territoire civil de la Mauritanie.

Art. 2. — Le gouverneur général de l'Afrique occidentale française est le dépositaire des pouvoirs de la République dans les colonies ci-dessus énumérées.

Il a seul le droit de correspondre avec le Gouvernement.

Art. 3. — Le gouverneur général est assisté d'un secrétaire général du gouvernement général, d'un conseil de gouvernement dont la composition et les attributions sont déterminées par un décret spécial.

Il organise les services, à l'exception de ceux qui sont régis par les actes de l'autorité métropolitaine ; il règle leurs attributions.

Il nomme à toutes les fonctions civiles, à l'exception des emplois de lieutenants gouverneurs, de secrétaires généraux, de magistrats, de directeurs du contrôle et des services généraux, d'administrateurs et de ceux dont la nomination est réservée à l'autorité métropolitaine par des actes organiques. Pour ces divers emplois, les nominations se font sur sa présentation.

Le mode de nomination des comptables du Trésor reste soumis aux dispositions spéciales qui les régissent.

Art. 4 — Le gouverneur général peut déléguer aux lieutenants gouverneurs, par décision spéciale et limitative et sous sa responsabilité, son droit de nomination.

Art. 5. — Le siège du gouvernement général est à Dakar.

Le gouverneur général détermine en conseil de gouvernement et sur la proposition des lieutenants-gouverneurs intéressés les circonscriptions administratives dans chacune des colonies de l'Afrique occidentale française.

Art. 6. — Les colonies composant le gouvernement général de l'Afrique occidentale française possèdent leur autonomie administrative et financière dans les conditions déterminées ci-après :

Elles sont administrées chacune, sous la haute autorité du gouverneur général, par un gouverneur des colonies portant le titre de lieutenant-gouverneur et assisté par un secrétaire général.

Le territoire civil de la Mauritanie est administré par un commissaire du gouvernement général de l'Afrique occidentale française.

Le territoire militaire dépendant de la colonie du Haut-Sénégal et Niger est administré sous l'autorité du lieutenant-gouverneur par un officier supérieur portant le titre de commandant du territoire militaire.

Art. 7. — Les dépenses d'intérêt commun à l'Afrique occidentale française sont inscrites à un budget général arrêté en conseil du gouvernement par le gouverneur général et approuvé par décret rendu sur la proposition du ministre des colonies.

Ce budget pourvoit aux dépenses :

1° Du gouvernement général et des services généraux ;

2° Du service de la dette ;

3° De l'inspection mobile des colonies ;

4° Des contributions à verser à la métropole ;

5° Du service de la justice française ;

6° Des travaux publics d'intérêt général dont la nomenclature est arrêtée chaque année par le gouverneur général en conseil de gouvernement et approuvée par le ministre des colonies ;

Et 7° aux frais de perception des recettes attribuées au budget général.

Il est alimenté : 1° par les recettes propres aux services mis à sa charge ; 2° par le produit des droits de toute nature, à l'exception des droits d'octroi communaux, perçus à l'entrée et à la sortie dans toute l'étendue de l'Afrique occidentale française sur les marchandises et sur les navires. Le mode d'assiette, la quotité et les règles de perception de ces droits seront à l'avenir établis par le gouverneur général en conseil de gouvernement et approuvés par décret en conseil d'Etat.

Le budget général peut, en outre, recevoir des contributions des budgets des diverses colonies de l'Afrique occidentale française ou leur attribuer des subventions. Le montant de ces contributions et subventions est annuellement fixé par le gouverneur général en conseil de gouvernement et arrêté par l'acte portant approbation des budgets.

Art. 8. — Les budgets locaux des colonies de l'Afrique occidentale française sont alimentés par les recettes perçues sur les territoires de ces colonies, à l'exception de celles attribuées au budget général ou aux communes ; ils pourvoient à toutes les dépenses autres que celles inscrites à ce budget ou à celles des communes. Ces budgets locaux, établis conformément à la législation en vigueur, sont arrêtés par le gouverneur général en conseil de gouvernement et approuvés par décret rendu sur la proposition du ministre des colonies.

Les recettes et les dépenses des territoires d'administration directe et des pays de protectorat du Sénégal forment deux budgets distincts : le premier établi conformément à la législation en vigueur dans la colonie actuelle du Sénégal ; le second établi par le lieutenant-gouverneur du Sénégal en conseil privé du Sénégal qui fonctionne comme conseil d'administration en ce qui concerne les pays de protectorat après adjonction de deux notables indigènes.

Les recettes et les dépenses de la Mauritanie forment un budget annexe à celui du gouvernement général.

Art. 9. — Le gouverneur général est ordonnateur du budget général. Il a la faculté de confier ce pouvoir par délégation spéciale au secrétaire général du gouvernement général. Il peut déléguer les crédits du budget général aux lieutenants-gouverneurs.

Chaque lieutenant-gouverneur est, sous le contrôle du gouverneur général, ordonnateur du budget de la colonie qu'il administre.

Le commandant du territoire du Niger est, sous le contrôle du lieutenant-gouverneur du Haut Sénégal, ordonnateur des crédits du budget annexe de ce territoire militaire.

Le commissaire du gouvernement général en Mauritanie est, sous le contrôle du gouverneur général, ordonnateur du budget annexe de la Mauritanie.

Les comptes des budgets de l'Afrique occidentale française sont arrêtés par le gouverneur général en conseil de gouvernement.

Les dispositions du décret du 20 novembre 1882 sur le régime financier des colonies sont applicables aux budgets de l'Afrique occidentale française.

Art. 10. — Le mode de payement en Afrique occidentale des dépenses intéressant l'un des budgets du gouvernement général, effectuées par un trésorier-payeur autre que celui chargé de l'administration de ce budget, sera déterminé par un arrêté pris de concert entre le ministre des colonies et le ministre des finances.

Art. 11. — Le trésorier-payeur du Sénégal est trésorier-payeur de l'Afrique occidentale française. Il effectue ou centralise les opérations en recettes et en dépenses du budget général de l'Afrique occidentale française, du budget annexe de la Mauritanie, des budgets des territoires d'administration directe et des pays de protectorat du Sénégal.

Les trésoriers payeurs effectuent directement les opérations en recettes et en dépenses des budgets de la Guinée française, de la Côte d'Ivoire, du Dahomey, du Haut-Sénégal et Niger.

A cet égard, ils ont une gestion personnelle et sont justiciables de la Cour des comptes.

Ils agissent pour le compte du trésorier-payeur du Sénégal en ce qui concerne les opérations du budget général de l'Afrique occidentale française.

Sont maintenues au profit des trésoriers-payeurs des différents budgets locaux les remises qui leur sont actuellement allouées à l'occasion de la perception des droits de toute nature qui frappent les marchandises et les navires à l'entrée et à la sortie dans toute l'étendue de l'Afrique occidentale.

Art. 12. — Sont abrogées toutes les dispositions des décrets et arrêtés antérieurs en ce qu'elles ont de contraire aux présentes dispositions dont l'application sera réglée par des arrêtés du gouverneur général.

Art. 13. — Le ministre des colonies et le ministre des finances sont chargés, chacun en ce qui le concerne, de l'exécution du présent décret qui sera inséré au *Journal officiel* de la République française, au *Bulletin des lois* et au *Bulletin officiel* du ministère des colonies.

Fait à Paris, le 18 octobre 1904.

EMILE LOUBET.

Par le Président de la République :

Le ministre des colonies,
GASTON DOUMERGUE

Le ministre des finances,
ROUVIER.

Décret du 18 octobre 1904

Portant réorganisation du conseil de gouvernement de l'Afrique occidentale française.

Art. 1er. — Le Conseil de gouvernement de l'Afrique occidentale française est composé comme suit :

Le gouverneur général, président ;

Le général commandant supérieur des troupes ;

Le contre-amiral commandant la division navale de l'Atlantique ;

Le secrétaire général du gouvernement général ;

Les lieutenants-gouverneurs du Sénégal, du Haut-Sénégal et Niger, de la Guinée, de la Côte d'Ivoire et du Dahomey ;

Le procureur général de l'Afrique occidentale française ;

Le commissaire du gouvernement général pour la Mauritanie ;

Les chefs des services généraux de l'Afrique occidentale française ;

Le président du conseil général du Sénégal ;

Un conseiller privé du Sénégal, désigné par le gouverneur général sur la proposition du lieutenant-gouverneur du Sénégal ;

Un des habitants notables, membres du conseil d'administration de chacune des colonies du Haut-Sénégal et Niger, de la Guinée, de la Côte d'Ivoire et du Dahomey, annuellement désigné par le gouverneur général sur la proposition des lieutenants-gouverneurs de ces colonies ;

Le chef du cabinet du gouverneur général, secrétaire, avec voix délibérative.

Art. 2. — En cas d'absence ou d'empêchement du gouverneur général, le secrétaire général du gouvernement général préside le conseil de gouvernement de l'Afrique occidentale française.

L'Inspecteur des colonies, chef de mission, a le droit d'assister aux séances du conseil de gouvernement avec voix consultative, ou de s'y faire représenter par un des inspecteurs qui l'accompagnent.

Il siège en face du président.

Art. 3. — Les chefs des services civils, militaires et maritimes peuvent être appelés en conseil de gouvernement avec voix consultative lorsqu'il s'y traite des affaires de leur compétence.

Art. 4. — Le conseil de gouvernement de l'Afrique occidentale française tient au moins une session par an. Il se réunit sur la convocation du gouverneur général, qui fixe également le lieu de la réunion.

En cas d'absence ou d'empêchement des membres titulaires du conseil de gouvernement, ils sont remplacés par les fonctionnaires et officiers réglementairement appelés à les suppléer.

Art. 5. — Le gouverneur général arrête en Conseil de gouvernement le budget général et les budgets locaux des colonies et territoires de l'Afrique occidentale française ; il établit la nomenclature des travaux publics d'intérêt général à inscrire au budget général ; il statue sur les emprunts et fixe les contributions et subventions afférentes aux diverses colonies ; il établit le mode d'assiette, les règles de perception et la quotité des droits de toute nature perçus à l'entrée et à la sortie, dans toute l'étendue de l'Afrique occidentale française, sur les marchandises et sur les navires ; il détermine également en conseil de gouvernement et sur le rapport des lieutenants-gouverneurs intéressés les circonscriptions administratives dans chacune des colonies et territoires de l'Afrique occidentale française.

Art 6. — Le conseil de gouvernement donne son avis sur toutes les questions de colonisation, de finances, de douanes, de travaux publics, d'administration générale intéressant l'Afrique occidentale française et qui sont soumises à son examen par le gouverneur général.

Art. 7. — Il est créé une commission permanente de conseil de gouvernement qui peut être appelée à donner son avis sur les affaires susceptibles d'être soumises à l'examen de ce conseil. Cet avis peut remplacer en cas d'urgence l'avis du conseil sauf en ce qui concerne l'établissement du budget général et des budgets locaux.

La commission permanente est présidée par le gouverneur général et convoquée par lui ; elle comprend :

Le gouverneur général, président;

Le commandant supérieur des troupes ;

Le secrétaire général du gouvernement général ;

Le lieutenant-gouverneur de la colonie où se réunit la Commission ;

Le procureur général ;

Les chefs des services généraux ;

Le membre notable de la colonie où se réunit la commission ;

Le chef du cabinet, secrétaire, avec voix délibérative.

Art. 8. — La commission permanente se réunit, soit à Dakar, soit dans toute autre ville de l'Afrique occidentale française, désignée par le gouverneur général.

Dans le cas où la commission permanente ne se réunit pas au chef-lieu du gouvernement général, le commandant supérieur des troupes, le secrétaire général du gouvernement général, le procureur général et les chefs des services généraux peuvent déléguer pour les remplacer un officier ou fonctionnaire de leur service.

Les officiers et fonctionnaires ainsi désignés prennent

alors rang après tous les membres titulaires et entre eux d'après leur grade ou leur assimilation.

Art. 9. — La commission permanente du conseil de gouvernement remplit en ce qui concerne les services dépendant du gouvernement général les attributions dévolues aux conseils d'administration des colonies de l'Afrique occidentale française. Elle est constituée en conseil de contentieux par l'adjonction de deux conseillers à la Cour d'appel nommés au commencement de chaque année et pour sa durée par le gouverneur général.

Le conseil du contentieux de l'Afrique occidentale française ainsi constitué fonctionne conformément aux décrets des 5 août et 7 septembre 1881.

Art. 10. — Toutes dispositions antérieures contraires au présent décret sont et demeurent abrogées.

Art. 11. — Le ministre des colonies est chargé de l'exécution du présent décret qui sera inséré au *Journal officiel* de la République française, au *Bulletin des lois* et au *Bulletin officiel* du ministère des colonies.

Fait à Paris, le 18 octobre 1904.

EMILE LOUBET.

Par le Président de la République :

Le Ministre des colonies,

GASTON DOUMERGUE.

Décret du 10 novembre 1903

Portant réorganisation du service de la justice dans les colonies relevant du gouvernement général de l'Afrique occidentale.

TITRE Ier

Dispositions préliminaires.

Art. 1er. — Dans les colonies formant le gouvernement général de l'Afrique occidentale française, la justice est rendue par une cour d'appel, des cours d'assises, des tribunaux de première instance, des justices de paix à compétence étendue et des tribunaux indigènes.

Art. 2. — Les audiences des tribunaux français et indigènes sont publiques, en matière civile et criminelle, à moins que cette publicité ne soit dangereuse pour l'ordre ou les mœurs, auquel cas la cour ou le tribunal le déclare par arrêt ou jugement préalable.

Dans tous les cas les arrêts et jugements sont prononcés publiquement et doivent être motivés, à peine de nullité.

TITRE II

Tribunaux français.

CHAPITRE Ier

Cour d'appel.

Art. 3. — Il est institué une cour d'appel de l'Afrique occidentale française, dont la juridiction s'étend sur tous les territoires des colonies du Sénégal, de la Sénégambie. Niger, de la Guinée française, de la Côte d'Ivoire et du Dahomey.

Le siège de cette cour est à Dakar.

Art. 4. — La cour d'appel est composée d'un président, d'un vice-président et de sept conseillers.

Elle comprend, en outre, un greffier et des commis greffiers dont le nombre est déterminé par arrêté pris par le gouverneur général après délibération de la cour et sur l'avis du procureur général.

Le greffier de la cour est en même temps greffier du tribunal de première instance du lieu où siège la cour.

Art. 5. — Les fonctions du ministère public sont remplies près la cour d'appel par un procureur général assisté d'un avocat général et d'un substitut.

Art. 6. — La cour connaît, tant en matière civile et commerciale qu'en matière correctionnelle et de simple police, de l'appel des jugements rendus en premier ressort par les tribunaux de première instance et les justices de paix à compétence étendue.

Art. 7. — Les décisions rendues en premier et en dernier ressort et en toute matière par les tribunaux de première instance et les justices de paix à compétence étendue, peuvent être attaquées par la voie de l'annulation devant la cour d'appel, mais seulement pour excès de pouvoir, incompétence ou violation de la loi.

Lorsque la cour d'appel prononcera l'annulation, elle ordonnera le renvoi de l'affaire devant le même tribunal qui devra se conformer, pour le point de droit, à la doctrine adoptée par la cour.

Art. 8. — En toute matière, les arrêts sont rendus par trois conseillers en audience solennelle, et dans les affaires d'annulation, les arrêts sont rendus par cinq membres au moins.

CHAPITRE II

Tribunaux de première instance.

Art. 9. — Les tribunaux de première instance siègent à Dakar, Saint-Louis, Konakry, Bingerville et Cotonou. L'étendue de leur ressort est déterminée par arrêté du gouverneur général, pris sur la proposition du lieutenant-gouverneur de chaque colonie, après avis du procureur général, et soumis à l'approbation du ministre des colonies.

Art. 10. — Ces tribunaux se composent d'un juge président, d'un lieutenant de juge, d'un juge suppléant, d'un procureur de la République, d'un greffier et de commis greffiers dont le nombre est déterminé par un arrêté pris par le gouverneur général, sur la proposition du procureur général.

Art. 11. — Ils connaissent de toutes les actions civiles et commerciales en premier et dernier ressort, jusqu'à la valeur de 1.500 fr. en principal ou de 100 fr. de revenus, soit en rentes, soit par prix de bail : en premier ressort seulement, et à charge d'appel devant la cour, de toutes les actions s'élevant au-dessus de ces sommes.

Art. 12. — En matière correctionnelle et de simple police, ils connaissent de tous les délits et de toutes les contraventions.

Les jugements de simple police ne peuvent être attaqués par la voie de l'appel que s'ils prononcent cinq jours d'emprisonnement ou si les amendes, restitutions et autres réparations civiles excèdent la somme de 100 fr. outre les dépens.

Art. 13. — Le juge président rend seul la justice dans les matières qui sont de la compétence du tribunal de première instance et de la justice de paix. Il remplit les fonctions attribuées aux présidents des tribunaux de première instance et aux juges de paix par le code civil et par les codes de procédure civile, de commerce et d'instruction criminelle.

Le lieutenant de juge remplit les fonctions attribuées au juge d'instruction par le code d'instruction criminelle et par le décret du 11 avril 1899 dont les dispositions sont applicables à tous les tribunaux de première instance du ressort. En cas d'empêchement du juge président, il le remplace dans ses fonctions.

Le juge suppléant est appelé à remplacer les membres du tribunal, absents ou empêchés. Il peut être également chargé des fonctions du ministère public.

Il fait, en outre, tous les actes rentrant dans la juridiction gracieuse des juges de paix tels qu'ils sont énumérés à l'article 28 du décret du 15 mai 1889.

En cas d'absence ou d'empêchement de ces deux magistrats le juge président est chargé de l'instruction.

CHAPITRE III

Justice de paix à compétence étendue à Kayes.

Art. 14. — La justice de paix à compétence étendue de Kayes est maintenue. L'étendue de son ressort est déterminée par arrêté du gouverneur général, dans les formes ci-dessus indiquées pour les tribunaux de première instance.

Cette justice de paix est composée d'un juge de paix, d'un suppléant et d'un greffier.

Les fonctions du ministère public sont remplies par un fonctionnaire ou un officier désigné par le gouverneur général, sur la proposition du procureur général.

Les fonctions d'huissier sont confiées à des agents nommés par le gouverneur général ; le juge de paix reçoit leur serment.

Art. 15. — En toute matière, la justice de paix à compétence étendue de Kayes a la même compétence que les tribunaux de première instance ci-dessus spécifiés.

Art. 16. — Le juge de paix remplit toutes les fonctions attribuées aux juges présidents des tribunaux de première instance. Il remplit en outre les fonctions de juge d'instruction dans les conditions prévues aux articles 39, 40 et 41 ci-après.

En cas d'empêchement du juge de paix, le suppléant le remplace dans tout ou partie de ses attributions.

CHAPITRE IV

Justice de paix à compétence étendue.

Art. 17. — Les tribunaux spéciaux de Bakel et de Sedhiou sont supprimés.

Dans les territoires non compris dans les ressorts des tribunaux de première instance et de la justice de paix de Kayes, des justices de paix à compétence étendue pourront être instituées dans les conditions ci-après.

Art. 18. — Un arrêté du gouverneur général, pris sur la proposition du chef de la colonie, après avis du procureur général, fixe le siège et le ressort de chacune de ces justices de paix.

Les fonctions de juge de paix sont remplies par l'administrateur du cercle et celles du ministère public par un fonctionnaire ou un agent civil ou militaire désigné, dans les mêmes formes que ci-dessus, par le gouverneur général.

Les fonctions de greffier et d'huissier sont remplies par des agents civils ou militaires désignés par le juge de paix qui reçoit leur serment.

Art. 19. — En toute matière, la compétence de ces justices de paix est celle des tribunaux de première instance.

Les juges remplissent, en outre, dans l'étendue de leur circonscription, les fonctions de juge d'instruction dans les conditions prévues par les articles 39, 40 et 41 ci-après :

CHAPITRE V

Cour d'assises.

Art. 20. — Les cours d'assises siègent à Dakar, Konakry, Bingerville et Kotonou. Les territoires de la Sénégambie et du Niger ressortissent à la cour d'assises du Sénégal.

Toutefois, lorsque les circonstances l'exigent, le gouverneur général peut, sur la proposition du procureur général, en transporter temporairement le siège dans d'autres lieux.

Art. 21. — La cour d'assises du Sénégal se compose de trois membres de la cour d'appel dont l'un remplit les fonctions de président, de quatre assesseurs, du procureur général ou d'un des membres de son parquet, du greffier de la cour d'appel.

Dans le cas où la cour d'assises siège à Saint-Louis, le procureur général et le greffier de la cour peuvent être suppléés par le procureur de la République et le greffier du tribunal de première instance.

Dans les mêmes cas, un ou plusieurs membres de la cour d'assises peuvent être remplacés par des magistrats de ce tribunal.

Art. 22. — Les cours d'assises de la Guinée française, de la Côte d'Ivoire et du Dahomey se composent :

1° D'un conseiller à la cour d'appel, président ;

2° Du juge président du tribunal de première instance, ou, à défaut, d'un des juges ;

3° D'un fonctionnaire de la colonie, désigné par le gouverneur général, au commencement de chaque année, après avis du procureur général ;

4° De deux assesseurs ;

5° Du greffier du tribunal.

Les fonctions du ministère public sont exercées par le procureur de la République près le siège de la cour d'assises, à moins que le procureur général juge utile de les exercer lui-même ou de désigner à cet effet un membre de son parquet.

Art. 23. — Dans le cas où la cour d'assises siège hors du chef-lieu, ainsi qu'il est dit à l'article 20, § 2, elle se compose :

1° D'un conseiller, président ;

2° Du juge de paix du lieu ;

3° D'un fonctionnaire désigné par le gouverneur général dans les formes ci-dessus ;

4° De deux assesseurs ;

5° Du greffier de la justice de paix.

Les fonctions du ministère public sont remplies par le ministère public du lieu ou par un des membres du parquet général, ainsi qu'il a été dit à l'article 22.

Art. 24. — Les assesseurs sont pris sur une liste de notables dressée dans chaque colonie, par les soins du chef de la colonie, au commencement de novembre, et qui ne doit pas contenir moins de vingt ni plus de soixante membres.

Dans la première quinzaine de décembre, le gouverneur général sur la proposition du procureur général, désigne sur cette liste les personnes qui doivent composer le collège des assesseurs pour l'année suivante.

Ce collège comprend vingt-quatre membres au Sénégal et douze membres dans les autres colonies du ressort. Il est toujours tenu au complet.

Art. 25. — Dans le cas où les cours d'assises siègent hors du chef-lieu, une liste de huit assesseurs au moins et de douze assesseurs résidant dans la localité est soumise à l'approbation du gouverneur général par le procureur général un mois au moins avant l'ouverture de la session.

Art. 26 — Au Sénégal dix jours au moins avant celui fixé pour l'ouverture des assises, le président de la cour d'appel tire au sort, sur la liste des assesseurs, les noms de quatre assesseurs titulaires et d'un assesseur supplémentaire, nécessaires pour le service de la session.

Dans les autres colonies, le nombre est réduit à deux assesseurs titulaires et un assesseur supplémentaire tirés au sort par les juges présidents des tribunaux de première instance ou les juges de paix, ainsi qu'il est dit au paragraphe précédent.

Art. 27. — Le tirage au sort des assesseurs et leur mode de convocation seront soumis aux dispositions du code d'instruction criminelle en vigueur au Sénégal.

Toutefois, les accusés et le ministère public auront concurremment le droit de récusation, et les récusations s'arrêteront lorsqu'il ne restera dans l'urne que le nombre d'assesseurs nécessaire au service de la session.

Art. 28. — L'ouverture des sessions, dans toutes les colonies du ressort sera fixée, pour chaque trimestre, suivant les besoins, par ordonnance du président de la cour, après avis du procureur général.

TITRE III

Compétence des tribunaux français.

Art. 29. — En matière civile et commerciale, les tribunaux de première instance et le juge de paix de Kayes connaissent de toutes les affaires dans lesquelles sont intéressées des personnes demeurant dans le ressort. La loi française sera seule appliquée.

Toutefois, dans les affaires concernant les individus qui ont conservé le statut indigène et relatives aux questions qui intéressent l'état civil, le mariage, les successions, les donations et les testaments, les tribunaux ou la cour s'adjoignent un assesseur musulman ou non musulman, suivant la qualité des parties. Ils procèdent et jugent dans ces cas, soit suivant la loi coranique, soit suivant les coutumes locales.

S'il s'agit de musulmans, cet assesseur est pour les tribunaux de première instance, le cadi du lieu et, pour la cour, le caditamsir; à défaut de l'un ou de l'autre, un notable musulman désigné, chaque année, par le gouverneur général, sur la proposition du procureur général.

S'il s'agit de non musulmans, l'assesseur est désigné par les mêmes autorités, pour la cour que pour les tribunaux.

Si les parties n'ont pas le même statut, il peut être adjoint au tribunal un assesseur du statut de chacune des parties.

Dans tous les cas, les assesseurs ont voix consultative.

Art. 30. — En matière civile et commerciale, les juges de paix à compétence étendue connaissent dans l'étendue de leur ressort de toutes les affaires dans lesquelles sont intéressés des Français, Européens ou assimilés aux Européens.

La loi française sera toujours appliquée, dans ce cas, alors même qu'il y aurait des indigènes en cause.

Art. 31. — En toute matière les indigènes peuvent réclamer le bénéfice de la juridiction française.

Lorsque les parties seront d'accord pour saisir de leurs différends les tribunaux français, il leur sera fait application des usages et coutumes du lieu, à moins qu'elles n'aient déclaré, dans un acte, qu'elles entendent contracter sous l'empire de la loi française.

Art. 32. — En matière correctionnelle et de simple police, les tribunaux de première instance et le juge de paix de Kayes connaissent de tous les délits et contraventions commis dans l'étendue de leur ressort.

Les autres juges de paix à compétence étendue connaissent des mêmes infractions, mais seulement lorsqu'elles sont commises par des Français, Européens ou assimilés Européens.

Art. 33. — En matière criminelle, les cours d'assises connaissent :

1° Dans l'étendue du ressort des tribunaux de première instance et de la justice de paix de Kayes, de tous les crimes et de toutes les autres infractions déférés en France aux cours d'assises, quels qu'en soient les auteurs ;

2° Dans l'étendue de chaque colonie, de ces mêmes crimes et infractions lorsque les accusés sont des Français, Européens ou assimilés aux Européens.

Art. 34. — Les tribunaux français sont seuls compétents lorsque l'infraction a été commise par des indigènes de complicité avec des Français, Européens ou assimilés, ou que la victime de cette infraction est l'une ou l'autre de ces personnes.

TITRE IV

De la procédure.

Art. 35. — En matière civile et commerciale, la procédure actuellement en vigueur au Sénégal est maintenue pour la cour d'appel et les tribunaux de première instance de cette colonie.

Devant tous les autres tribunaux, la procédure reste celle déterminée pour les justices de paix en France.

Toutes les instances sont dispensées du préliminaire de conciliation ; néanmoins, pour toutes les affaires qui, en France, sont soumises à ce préliminaire, le juge peut inviter les parties domiciliées dans le ressort à comparaître en personne sur simple avertissement et sans frais.

Art. 36. — Les formes d'appel, suivies actuellement au Sénégal, sont applicables à tous les tribunaux du ressort de la cour.

Toutefois, le délai pour interjeter appel d'un jugement contradictoire, fixé à deux mois à partir de la prononciation de ce jugement, est porté à trois mois pour la justice de paix à compétence étendue de Kayes et pour les tribunaux de première instance de Konakry, de Bingerville et de Cotonou, et à quatre mois pour les autres justices de paix à compétence étendue.

A l'égard des incapables, ce délai ne court qu'à partir de la signification à la personne ou au domicile de ceux qui sont chargés de l'exercice de leurs droits.

Il n'y aura lieu à appel des jugements préparatoires qu'après le jugement définitif et conjointement avec l'appel de ce dernier.

Art. 37. — Les arrêts rendus en toute matière par la cour d'appel, hors les cas où elle statue comme cour d'annulation ou comme chambre d'homologation, peuvent être déférés à la cour de cassation, conformément aux dispositions de la législation métropolitaine.

Art. 38. — En matière criminelle, correctionnelle et de simple police, les formes de la procédure sont celles déterminées par le code d'instruction criminelle modifié pour le Sénégal.

Art. 39. — Toutefois, pour la justice de paix à compétence étendue de Kayes et les autres justices de paix à compétence étendue il est procédé, en matière criminelle et correctionnelle, de la manière suivante :

En matière correctionnelle, le tribunal peut être saisi directement soit par le ministère public, soit par la partie civile.

S'il a eu l'instruction préalable, le juge remet les pièces à l'officier du ministère public qui statue sur la procédure. S'il estime qu'il y a des charges suffisantes, il renvoie le prévenu devant le juge de paix. Ce dernier peut juger les affaires qu'il a instruites.

En matière criminelle, le juge chargé de l'instruction remet également les pièces au ministère public, qui peut requérir toute information complémentaire. En cas de charges suffisantes, le ministère public rend une ordonnance renvoyant le prévenu devant la chambre des mises en accusation.

Il est procédé pour le surplus comme pour les autres tribunaux.

Art. 40. — Le délai d'appel en matière correctionnelle,

imparti au procureur général par l'article 205 du code d'instruction criminelle, est porté à trois mois pour tous les jugements rendus par les tribunaux autres que ceux de Saint-Louis et Dakar.

Art. 41. — Pour l'appel de ces mêmes jugements, les débats devant la cour peuvent avoir lieu et l'arrêt peut être rendu en dehors de la présence des parties si celles-ci y consentent.

A cet effet au moment de la déclaration d'appel, qu'elle émane du ministère public, de la partie civile ou du condamné, le greffier est tenu d'interpeller le prévenu et la partie civile sur le point de savoir s'ils réclament leur comparution devant la cour et de mentionner à l'acte d'appel ou dans un procès-verbal postérieur la réponse que ces derniers ont faite.

En cas d'appel du procureur général, cette interpellation est faite au moment de la notification ou de la citation dont l'original mentionne la réponse faite par la partie.

En tout état de cause, les parties sont citées à comparaître et peuvent se faire représenter et produire mémoire.

Art. 42. — La procédure devant la cour d'assises est celle déterminée par le code d'instruction criminelle modifié pour le Sénégal.

Les juges et les assesseurs délibèrent en commun sur les questions de fait résultant de l'acte d'accusation ou des débats. La déclaration de culpabilité est rendue à la simple majorité.

Les juges statuent seuls sur les questions de compétence, l'application de la peine, les incidents de droit et de procédure et les demandes en dommages-intérêts.

Art. 43. — La procédure de contumace continue à être suivie devant la cour d'assises du Sénégal.

En ce qui concerne les cours d'assises des autres colonies du ressort, les accusés en fuite, s'ils ne se présentent pas, dans les dix jours de la signification qui leur aura été faite, à leur domicile, de l'arrêt de renvoi et de l'acte d'accusation, seront cités à comparaître dans les formes édictées en matière correctionnelle. Ils seront jugés par la cour d'assises sans le concours des assesseurs.

S'ils se constituent ou s'ils viennent à être arrêtés avant l'expiration des délais de prescription, l'arrêt de condamnation est anéanti de plein droit, et il est procédé à nouveau dans les formes ordinaires.

TITRE V

Chambre d'accusation

Art. 44. — La chambre des mises en accusation se compose de trois membres de la cour d'appel, désignés semestriellement par le président de la cour, après avis du procureur général. Le plus ancien la préside.

En cas d'empêchement, ces magistrats sont remplacés par d'autres membres de la cour, ou à défaut, par les membres du tribunal de première instance du siège de la cour.

Art. 45. — La compétence de la chambre d'accusation est fixée par l'article 8 du décret du 11 août 1899, complété par le décret du 16 novembre 1902.

TITRE VI

Justice indigène.

Art. 46. — Dans les territoires non compris dans le ressort des tribunaux de première instance et de la justice de paix à compétence étendue de Kayes, la justice indigène est administrée, à l'égard des individus non justiciables des tribunaux français, par des tribunaux de village, des tribunaux de province et des tribunaux de cercle.

Le procureur général, chef du service judiciaire, a la

surveillance et le contrôle des décisions rendues par ces tribunaux dans les conditions fixées ci-après.

CHAPITRE PREMIER

Tribunaux de villages.

Art. 44. — En matière civile et commerciale le chef de chaque village est investi de pouvoirs de conciliation pour le règlement de tous les litiges dont il est saisi par les parties.

Les sentences rendues à cette occasion ne lient pas les parties qui peuvent toujours porter leurs différends devant les tribunaux de provinces.

Art. 48. — En matière de simple police, le chef de village statue en premier et dernier ressort sur toutes les contraventions prévues par l'autorité administrative ou les coutumes locales et susceptibles d'entraîner de 1 à 15 fr. d'amende et de un à cinq jours d'emprisonnement.

CHAPITRE II

Tribunaux de province.

Art. 49. — Au chef-lieu de chaque province, il est institué un tribunal composé du chef de province ou de canton, assisté de deux notables, désignés par le chef de la colonie sur la proposition du procureur général.

Dans les pays de statut musulman, l'un des deux notables est un cadi s'il en existe un.

Art. 50 — En matière civile et commerciale, le tribunal de province connaît en premier ressort, et à charge d'appel devant le tribunal de cercle, de tous les litiges dont il est saisi par les parties.

Art. 51. — En matière correctionnelle, il connaît également à charge d'appel, de tous les délits.

Il est saisi par les chefs de village ou de province et à leur défaut par le résident ou l'administrateur.

Art. 52. — En matière civile, le délai pour interjeter appel est de deux mois à compter du jour du prononcé du jugement.

L'appel est formé par simple déclaration faite au chef de province qui devra le consigner à la suite ou en marge du jugement et en donner avis à la partie intéressée.

Dans le cas où le jugement a été rendu par défaut, le délai d'appel court à compter de la notification qui en a été faite par le chef de la province. Toutefois, aucun appel n'est recevable après délai d'un an à dater du jour du jugement.

Les parties sont ultérieurement convoquées devant le tribunal de cercle, par les soins de l'administrateur à qui la copie du jugement est transmise par le chef de province. L'affaire doit être portée dans les deux mois devant le tribunal de cercle.

Art. 53. — L'appelant qui succombe peut être condamné à une amende n'excédant pas 100 fr.

Art. 54. — En matière correctionnelle, le chef de province, aussitôt après le prononcé du jugement, est tenu de demander au condamné présent s'il entend interjeter appel. Celui-ci peut faire séance tenante sa déclaration d'appel qui est consignée à la suite ou en marge du jugement.

Si l'appel n'est pas interjeté à l'audience, il peut encore être fait, par déclaration au chef de province, dans les dix jours qui suivront.

Art. 55. — Lorsque l'appelant est détenu, il doit être transféré au chef-lieu du cercle, avec les pièces du procès et une copie du jugement.

Les parties non détenues sont convoquées ainsi qu'il est dit à l'article 52, § 3.

CHAPITRE III

Tribunaux de cercle.

Art. 56. — Au chef-lieu de chaque cercle, il est institué un tribunal composé de l'administrateur du cercle, président et de deux notables nommés, au commencement de chaque année, par le chef de la colonie sur la proposition du procureur général.

Quand des musulmans sont en cause, l'un des notables est remplacé par le cadi du lieu ou, à son défaut, par un notable musulman.

Art. 57. — En matière civile, commerciale et correctionnelle, le tribunal de cercle connaît de l'appel de tous les jugements des tribunaux de province.

Art. 58. — Ce tribunal connaît, en outre, de tous les crimes.

Les décisions de ce tribunal prononçant une peine supérieure à cinq ans d'emprisonnement sont soumises à l'homologation de la chambre spéciale visée au chapitre 4 ci-après.

Art. 59. — En matière criminelle, le tribunal de cercle est saisi par l'administration, après instruction préalable. Tous les représentants de l'autorité dans le cercle sont tenus de lui donner avis des crimes dont ils ont connaissance.

Art. 60. — Les membres indigènes entrant dans la composition du tribunal de cercle auront voix consultative. Mention sera faite dans le jugement qu'ils ont été consultés.

CHAPITRE IV

De l'homologation.

Art. 61. — Il est institué au chef-lieu de la cour d'appel une chambre spéciale appelée à statuer sur l'homologation des jugements des tribunaux de cercle prononçant des peines supérieures à cinq ans d'emprisonnement.

Art. 62. — Cette chambre sera composée de la manière suivante :

1° Du vice-président de la cour d'appel, président, et de deux conseillers désignés au commencement de chaque année par le président de la cour, après avis du procureur général.

2° Deux fonctionnaires nommés à la même époque par le gouverneur général, après avis du procureur général.

3° Deux assesseurs indigènes, parlant français, choisis par le président de la chambre, sur une liste de douze notables dressée annuellement par le gouverneur général.

Les fonctions du ministère public sont exercées près cette chambre par le procureur général ou l'un des membres de son parquet ; celles de greffier sont remplies par le greffier de la cour ou l'un de ses commis greffiers.

Les assesseurs indigènes n'ont que voix consultative. Mention est faite à l'arrêt qu'ils ont été consultés.

Art. 63. — La chambre d'homologatiou est saisie, par le procureur général, dans la quinzaine de la réception du dossier qui aura été transmis à ce magistrat par l'administration.

Ce dossier devra comprendre une copie du jugement et les déclarations faites par l'inculpé et les témoins, tant à l'instruction qu'à l'audience. Le tout sera accompagné d'un rapport dans lequel l'administrateur relatera les faits du procès, les incidents qui ont pu surgir à l'audience et toutes les circonstances propres à éclairer la religion de la chambre.

Art. 64. — Lorsqu'il a été rendu par un tribunal indigène un jugement devenu définitif et contre lequel aucune partie n'aura réclamé dans les délais déterminés, le procureur général pourra d'office et nonobstant l'expiration des délais en demander, s'il y a lieu, l'annulation à la chambre d'homologation.

Le jugement sera annulé sans que les parties puissent s'en prévaloir pour s'opposer à son exécution.

Art. 65. — La chambre d'homologation statue dans le mois, sur le rapport d'un de ses membres, le ministère public entendu.

Les débats ont lieu et l'arrêt est rendu, le tout en audience publique et sans comparution des parties qui peuvent produire tous mémoires utiles.

Art. 66. — Lorsque la chambre homologuera, extrait de l'arrêt sera délivré dans la huitaine au procureur général qui le transmettra pour exécution au chef de la colonie.

Art. 67. — Lorsque la chambre annule elle renvoie l'affaire devant le tribunal qui en aura connu, en indiquant par arrêt motivé les points insuffisamment établis ou reconnus erronés, sur lesquels devra porter le nouvel examen des juges.

Art. 68. — Lorsque le tribunal de cercle, après nouveaux débats, a rendu son jugement, le dossier sera renvoyé à la chambre, qui peut soit homologuer, soit annuler à nouveau, et, dans ce dernier cas, évoquer l'affaire et statuer au fond.

Dans ce cas, le prévenu pourra se faire représenter.

Art. 69. — Dans le cas où le tribunal de cercle a manifestement excédé sa compétence, en connaissance d'une affaire relevant des tribunaux français, la chambre peut annuler dès le premier examen des pièces et renvoyer l'affaire au parquet qui saisit la juridiction compétente.

CHAPITRE V

Dispositions diverses.

Art. 70. — En toute matière, les jugements indigènes sont motivés et doivent contenir l'énoncé sommaire des faits, les conclusions et déclarations des parties, les dépositions des témoins et les noms des juges qui ont participé à la décision.

Art. 71. — Ces jugements seront transcrits à leur date, sur un registre spécial, coté et paraphé par l'administrateur du cercle.

Art. 72. — Il sera envoyé chaque mois à l'administrateur du cercle un relevé de tous les jugements rendus en matière correctionnelle par les tribunaux de province, lequel devra contenir le résumé des indications mentionnées à l'article 70.

Art. 73. — Un secrétaire sera attaché à chaque tribunal de province pour la tenue du registre mentionné à l'article 71 et la rédaction matérielle des jugements.

Art. 74. — Les jugements indigènes rendus tant en matière civile qu'en matière pénale sont exécutoires, après visa pour exécution de l'administrateur, dans toute l'étendue des territoires ressortissant à la juridiction indigène et soumis à l'autorité française.

Dans le cas où l'exécution de ces jugements serait poursuivie dans le ressort des tribunaux de première instance, de la justice de paix à compétence étendue de Kayes et des autres justices de paix, il n'y sera procédé en matière civile que sur ordonnance du juge du lieu rendue à la requête des parties intéressées et exécutée dans les formes de la loi française.

Les jugements dans lesquels la chambre aura statué après évocation seront exécutés à la requête du procureur général, suite et diligence de l'administration.

Art. 75. — La justice indigène appliquera en toute matière les coutumes locales en tout ce qu'elles n'ont pas de contraire aux principes de la civilisation française.

Dans les cas où des châtiments corporels seraient prévus, il leur sera substitué l'emprisonnement.

Art. 76. — L'exécution des jugements des tribunaux indigènes sera suspendue pendant toute la durée de la procédure d'homologation.

Toutefois, la peine courra du jour où a commencé la détention préventive.

Art. 77. — L'emprisonnement, en matière indigène, est subi soit dans un pénitencier indigène, soit dans des locaux disciplinaires, soit sur des chantiers de travaux d'utilité publique.

TITRE VII

Attributions spéciales

Art. 78. — Le procureur général est chef du service judiciaire de l'Afrique occidentale française. En cas d'absence ou d'empêchement, il est remplacé provisoirement par l'avocat général, ou, à défaut, par un magistrat au choix du gouverneur général.

Art. 79. — Les attributions du procureur général sont réglées par l'article 27 du décret du 15 mai 1899, modifié par le décret du 31 janvier 1891 et par les articles 76 et suivants de l'ordonnance organique du 7 septembre 1840.

Art. 80. — Les procureurs de la République de Konakry, de Bingerville et de Cotonou, exercent, dans les colonies où ils sont en service, les fonctions administratives qui leur sont déléguées par le procureur général.

Art. 81. — Le président de la cour préside les audiences solennelles, les assemblées générales et les audiences civiles. Il préside aussi, quand il le juge convenable, les audiences correctionnelles, la chambre d'accusation et la chambre d'homologation.

Art. 82. — Dans la dernière quinzaine de décembre, le président de la cour fixera, après avis du procureur général, le roulement des conseillers qui doivent siéger dans les différentes sections ; il désigne également le président et les conseillers membres de la cour d'assises.

Le service de la chambre d'accusation ne dispense pas du service des autres audiences de la cour. Tous les conseillers de la cour peuvent être appelés à faire le service des assises suivant les besoins du service.

Art. 83. — Dans les tribunaux de première instance de Konakry, de Bingerville et de Cotonou et dans la justice de paix à compétence étendue de Kayes, le greffier réunit à ses fonctions celles de notaire.

Art. 84. — Dans les lieux où il n'existe pas de commissaire-priseur, ces fonotions sont confiées au greffier de première instance. Les huissiers continueront toutefois à procéder aux ventes mobilières après saisie.

Lorsqu'il n'existe pas d'huissier, ces fonctions sont exercées par un agent de l'administration désigné par le chef de la colonie sur la proposition du procureur général.

Art. 85. — L'instruction des conseils commissionnés et des défenseurs est maintenue. Ils pourront représenter les parties devant la cour et devant tous les tribunaux français du ressort.

TITRE VIII

Dispositions générales

Art. 86. — Les incompatibilités déterminées par les lois pour la magistrature métropolitaine sont applicables aux membres des tribunaux de l'Afrique occidentale française.

Art. 87. — Devront être âgés, savoir :

Le suppléant de la justice de paix à compétence étendue de Kayes, les juges suppléants des tribunaux de première instance, les lieutenants de juge, les procureurs de la République, le substitut du procureur général, l'avocat général, de vingt-cinq ans ;

Le juge de paix à compétence étendue de Kayes, les juges présidents des tribunaux de première instance, les conseillers, de vingt-sept ans ;

Le président et le vice-président de la cour d'appel, le procureur général de trente ans.

Nul ne peut être appelé à un emploi de début dans la magistrature, s'il n'est licencié en droit et s'il n'a fait un stage de deux ans au barreau.

Le greffier de la cour d'appel, les greffiers des tribunaux de première instance et de la justice de paix à compétence étendue de Kayes devront être âgés de vingt-cinq ans, les commis greffiers de vingt et un ans.

Les greffiers de la cour, des tribunaux de première instance et de la justice de paix à compétence étendue de Kayes ne pourront être choisis que parmi les licenciés en droit, à moins qu'ils ne justifient d'un stage de deux années soit dans un greffe, soit dans une étude d'avoué.

Les magistrats et les greffiers sont nommés par décret.

Les commis greffiers sont nommés par le Gouverneur général sur la proposition du procureur général.

Art. 88. — En cas d'empêchement de l'un des magistrats désignés ci-dessus, il sera pourvu à son remplacement par le Gouverneur général, sur la proposition du procureur général

Le décret du 9 février 1883 reste applicable à ces nominations provisoires.

Art. 89. — La cour d'appel reçoit le serment de ses membres et des magistrats des tribunaux de première instance et des justices de paix à compétence étendue du ressort.

Ce serment peut être prêté par écrit, lorsque les magistrats résident hors du chef-lieu de la cour.

Les tribunaux de première instance et les juges de paix reçoivent le serment des greffiers attachés à ces juridictions.

Art. 90. — Les dispositions de l'ordonnance du 7 février 1842 sur l'organisation judiciaire de l'Inde sont applicables dans le ressort de la cour de l'Afrique occidentale française, en ce qui concerne :

Les peines de discipline encourues par les membres de la cour et des tribunaux et la manière de les infliger;

Le rang de service aux audiences ;

Les honneurs.

Art. 91. — La solde, la parité d'office et le costume des magistrats et greffiers sont fixés par un décret spécial.

TITRE IX

Dispositions transitoires.

Art. 92 — Le siège de la cour d'appel et de la cour d'assises du Sénégal reste provisoirement fixé à Saint-Louis jusqu'à l'installation, à Dakar, des locaux nécessaires à l'administration de la justice.

Le siège du tribunal de première instance de Cotonou reste provisoirement fixé à Porto-Novo.

Art. 93. — Des arrêtés du gouverneur général pris en conseil de gouvernement, sur la proposition des lieutenants-gouverneurs et soumis à l'approbation du ministre, réserveront les territoires auxquels la présente organisation ne pourra pas être immédiatement appliquée.

Art. 94. — Sont abrogés l'article 40 du décret du 6 août 1901 et toutes les autres dispositions antérieures qui seraient contraires au présent décret.

Art. 95. — Le ministre des colonies et le garde des Sceaux, ministre de la justice, sont chargés, chacun en ce qui le concerne, de l'exécution du présent décret, qui sera publié aux *Journaux officiels* de la métropole et des colonies relevant du gouvernement général de l'Afrique occidentale française, et inséré au *Bulletin des lois* et au *Bulletin officiel* du ministère des colonies.

Fait à Paris, le 10 novembre 1903.

EMILE LOUBET.

Par le président de la République,

Le ministre des colonies,

GASTON DOUMERGUE.

Le garde des sceaux, ministre de la justice,

VALLÉ.

Décret du 6 juillet 1899.

Portant réglementation sur la recherche et l'exploitation des mines dans les colonies, ou pays de protectorat de l'Afrique continentale autres que l'Algérie et la Tunisie.

Art. 1er. — L'exploration, la recherche et l'exploitation des gîtes naturels de substances minérales dans les colonies et les pays de protectorat de l'Afrique continentale, autres que l'Algérie et la Tunisie, sont soumises aux dispositions du présent décret.

TITRE Ier

Dispositions générales.

Art. 2. — Les gîtes naturels de substances minérales sont classés relativement à leur régime légal en mines et carrières.

Art. 3. — Sont considérés comme carrière les matériaux de construction et les amendements pour la culture des terres, à l'exception des nitrates et sels associés ainsi que les phosphates.

Les carrières sont réputées ne pas être séparées de la propriété et de l'exploitation de la surface : elles en suivent les conditions. Il en est de même des tourbières.

Art. 4. — Sont considérées comme mines les gîtes et toutes les substances minérales susceptibles d'une utilisation industrielle qui ne sont pas classées dans les carrières.

Art. 5. — En cas de contestation sur le classement légal d'une substance minérale, il est statué par le ministre des colonies après avis du comité des travaux publics.

Art. 6. — On peut acquérir sur les mines, dans un périmètre déterminé, sous les conditions stipulées au présent décret, un droit exclusif d'explorer, de rechercher ou d'exploiter.

Les droits d'exploration et de recherches s'appliquent dans un même périmètre à toutes les mines qui peuvent s'y trouver.

Le droit d'exploitation s'acquiert distinctement soit pour l'or et les gemmes, soit pour toutes les autres substances. Toutefois, des permis différents de l'une et l'autre catégorie ne peuvent se superposer dans un même périmètre qu'en faveur de la même personne ou société. Mais dans ce cas de superposition les droits et obligations restent distincts par permis.

Art. 7. — Dans les régions ouvertes à l'exploitation en vertu d'arrêtés du gouverneur pris en conseil d'administration ou en conseil privé, il ne peut être acquis que des droits de recherche ou d'exploitation en vertu des titres III et IV ci-après.

Dans les autres régions, il ne peut être procédé qu'à des explorations en conformité du titre II.

Art. 8 — Nulle personne, nulle société ne peut entreprendre ou poursuivre en son nom des explorations, des recherches ou une exploitation sans être munie d'une autorisation personnelle délivrée par le gouverneur.

L'autorisation prévue au présent article ne peut être accordée à aucun fonctionnaire en activité de service dans la colonie.

Toute personne ou toute société qui s'est fait délivrer l'autorisation prévue au présent article doit faire connaître le domicile par elle élu dans la colonie, auquel lui seront faites par l'administration, toutes les notifications nécessaires à l'application du présent règlement. Ce domicile sera rappelé sur l'autorisation.

Toute demande en permis d'exploration, de recherche ou d'exploitation doit rappeler le numéro et la date de l'autorisation dont le demandeur est titulaire en vertu du présent article.

Art 9. — Les indigènes conservent leur droit coutumier d'exploiter les gîtes superficiels d'or et de sel jusqu'à la profondeur à laquelle ils peuvent atteindre suivant les conditions de chaque gisement avec leurs procédés actuels.

Nul permis d'exploration, de recherche ou d'exploitation ne peut donner droit d'entraver ces travaux.

Toutefois, des puits peuvent être foncés, à travers ces gisements superficiels pour l'exploration, la recherche ou l'exploitation des gisements profonds après entente avec les exploitants indigènes, ou, à défaut d'entente, moyennant une autorisation de l'administration et le payement d'une indemnité en faveur des ayants droit, égal au double de la valeur du préjudice causé.

En cas de contestation sur la nature, l'étendue et l'exercice des droits appartenant aux indigènes en vertu du présent article, il est statué par le commandant ou l'administrateur du cercle ou de la circonscription, sauf appel dans le délai de six mois devant le tribunal de première instance ou la justice de paix à compétence étendue de la région.

Art. 10. — Nul permis d'exploration, de recherche ou d'exploitation ne donne le droit de faire des fouilles à moins de dix mètres de chaque côté des routes et chemins sans une autorisation spéciale de l'administration, ni dans une zone de cinquante mètres autour des villages et groupes d'habitations, des puits et des lieux de sépultures.

Art. 11. — Les permis d'exploration, de recherche ou d'exploitation donnent le droit d'occuper librement dans l'intérieur du périmètre correspondant les terrains domaniaux nécessaires aux travaux lorsque ces terrains ne se trouvent pas compris dans le périmètre d'une concession de jouissance temporaire.

Dans ce dernier cas, comme dans le cas des terrains de propriété privée ou de terrains mis en culture, l'occupation des terrains nécessaires aux travaux d'exploration, de recherche ou d'exploitation ne peut avoir lieu, à défaut de consentement du concessionnaire, du propriétaire ou du possesseur desdits terrains, que par une autorisation de l'administrateur du cercle ou de la circonscription, et à charge d'une préalable indemnité ; l'indemnité sera réglée comme il est dit à l'article suivant.

Le permissionnaire peut occuper, en dehors de son périmètre, dans les conditions du présent article, les terrains destinés à l'établissement des pistes, sentiers ou chemins nécessaires pour aborder son périmètre ou en sortir les produits.

Art. 12. — Tout dommage causé à une propriété immobilière privée ou des champs de culture par des travaux d'exploration, de recherche ou d'exploitation donne lieu, de la part de celui qui a exécuté les travaux et en faveur de celui qui a subi le préjudice, à une indemnité d'une valeur double dudit préjudice.

L'action en indemnité est portée devant l'administrateur du cercle ou de la circonscription qui en connaît en dernier ressort si la valeur du litige ne dépasse pas 150 fr., et au delà, à charge d'appel dans les six mois devant le tribunal de 1re instance ou de la justice de paix à compétence étendue de la région.

TITRE II

Des explorations dans les régions non ouvertes à l'exploitation.

Art. 13. — Des explorations ne peuvent avoir lieu en régions non ouvertes à l'exploitation que moyennant un permis spécial, délivré par le gouverneur, sur la demande qui doit en être présentée par l'intéressé.

Art. 14. — La demande fait connaître, avec croquis ou carte à l'appui, les limites ou l'étendue de la région sollicitée.

Elle n'est recevable que si elle est accompagnée du versement d'une somme de 5 centimes par hectare de ladite étendue.

Art. 15. — Il est statué par le gouverneur qui juge des motifs ou considérations devant faire donner la préférence à l'un quelconque des concurrents.

Si le permis doit être accordé sur plus de 50,000 hectares l'octroi doit en être soumis à l'approbation du ministre des colonies.

Si la demande n'est que partiellement accueillie, le montant des droits versés en trop est immédiatement remboursé au demandeur.

Art. 16. — Le permis d'exploration donne le droit d'effectuer tous travaux de fouilles, de sondages et de reconnaissance de toutes mines dans l'étendue de la région à laquelle il s'applique.

Le permissionnaire ne peut disposer du produit des recherches qu'avec une autorisation spéciale du gouverneur.

Le permis d'exploration est valable pour deux ans; il ne peut être prorogé.

Le permis ne peut être cédé.

Il confère au permissionnaire un droit de préférence à tous autres pour l'obtention, dans l'étendue de son permis d'exploration, des permis de recherche ou d'exploitation prévus aux titres III et IV, sous conditions stipulées par ces mêmes titres.

Le permissionnaire doit, avant l'expiration de son permis, sous peine de déchéance des droits de préférence à lui conférés, faire connaître, avec carte ou croquis à l'appui, les résultats détaillés de ses recherches et produire les demandes de permis de recherche ou d'exploitation dont il entend bénéficier.

Art. 17. — La délivrance de ces nouveaux permis par le gouverneur doit avoir lieu dans le délai de six mois ; les portions de territoire dans lesquelles sont compris les périmètres définis par ces permis sont, par le fait même de cette délivrance, considérées comme ouvertes à l'exploitation, sans préjudice de la décision à prendre ultérieurement, le cas échéant, pour le reste de la région.

TITRE III

Des permis de recherches.

Art. 18. — Les recherches ne peuvent avoir lieu qu'en vertu d'un permis délivré par le gouverneur à la priorité de la demande.

Toutefois, dans les douze heures de l'ouverture de la région à l'exploitation publique, l'administration peut donner la préférence au demandeur qui justifierait avoir le plus contribué par ses indications à la connaissance des mines dans la région, sans préjudice des droits reconnus à l'explorateur permissionné en vertu du titre précédent.

Art. 19. — Le permis donne le droit exclusif de faire, dans tous les terrains non grevés de droits antérieurs de recherche ou d'exploitation, tous travaux de fouilles, de sondages et de reconnaissances dans l'étendue d'un cercle de 5 kilomètres de rayon au plus, tracé d'un centre qui doit être rattaché à un point géographique défini d'une façon précise, tant dans la demande que dans le croquis qui doit lui être joint. Ce centre devra être et rester signalé matériellement à la surface dès que la demande aura été présentée et après que le permis aura été accordé.

Art. 20. — Avec sa demande en permis de recherches, l'intéressé doit déposer une somme calculée à raison de :

10 centimes par hectare jusqu'à 1.000 hectares;

20 centimes par hectare au-dessus jusqu'à 5.000 hectares;

40 centimes par hectare au-dessus.

Art. 21. — La demande de permis de recherches est inscrite sur un registre spécial, avec indication de la date et de l'heure auxquelles elle a été déposée; il en est délivré récépissé. Elle est immédiatement affichée par les soins de l'administration à la porte de ses bureaux. Les oppositions seront reçues aux bureaux de la colonie dans les trois mois à partir de l'affichage; elles sont notifiées au demandeur par les soins de l'administration.

A l'expiration de ce délai, si aucune opposition n'est survenue, le permis est délivré par le gouverneur; il est inscrit sur un registre spécial.

En cas d'opposition, il est statué par le Conseil du contentieux administratif; l'opposant dont la réclamation a été reconnue fondée doit dans les trois mois de la décision, à peine de déchéance, introduire une demande régulière. Les sommes versées par le demandeur dont la demande est rejetée lui sont restituées.

Art. 22. — S'il est établi qu'un cercle de recherches empiète sur un cercle dont les droits sont antérieurs ou sur un rectangle d'exploitation antérieurement établi, les droits du permissionnaire seront réduits à la partie de son cercle qui ne préjudicie à aucun droit antérieur et le surplus de la taxe qu'il a versé sera restitué à l'intéressé.

Art. 23. — Le permis de recherches est valable pour deux ans. Il peut être renouvelé une seule fois à la demande de l'intéressé, pour une nouvelle période de deux ans, à charge de payer au préalable une somme double de celle calculée comme il est dit aux articles 20 et 22.

Art. 24. — Tout détenteur d'un permis de recherches peut disposer du produit de ses fouilles, sous la condition d'en faire la déclaration à l'administration et de se conformer aux articles 37 et 38.

Art. 25. — Le permis de recherches peut être cédé à

toute personne ou société munie de l'autorisation prévue par l'article 8 ci-dessus.

La cession donnera lieu à un droit d'enregistrement qui ne pourra dépasser 5 p. 100 du prix de cession et qui sera perçu conformément aux règles en vigueur dans la colonie.

Art. 26. — Le détenteur d'un permis de recherches non périmé a le droit d'obtenir de préférence à tous autres un permis d'exploitation dont le périmètre doit être compris dans son cercle de recherches.

Ce permis sera demandé et obtenu comme il est dit au titre suivant. Dès qu'il est accordé, le permis de recherches correspondant cesse d'être valable.

Art. 27. — Une même personne ou une même société ne peut déterminer simultanément deux périmètres de recherches dont les centres seraient à moins de 20 kilomètres l'un de l'autre.

TITRE IV

Des permis d'exploitation.

Art. 28. — L'exploitation des mines ne peut avoir lieu qu'en vertu d'un permis délivré par le gouverneur à la période de la demande, suivant les formalités définies à l'article 21 et avec les droits de préférence mentionnés à l'article 18 pour l'octroi des permis de recherches, et sous la réserve du droit rappelé à l'art. 26 pour le détenteur d'un permis de recherche non périmé.

Aucun permis d'exploitation ne peut prévaloir contre un permis de recherches ou d'exploitation antérieurement octroyé; le permis d'exploitation postérieur serait au besoin réduit de la partie par laquelle il empiéterait sur des permis antérieurs.

Art. 29. — Le permis d'exploitation donne le droit de faire, au fond et au jour, tous travaux et tous établissements nécessaires à l'exploitation de la mine et au traitement de ses produits dans un périmètre de forme rectangulaire d'une étendue de 24 hectares au moins et de 800 hectares au plus pour l'or et les gemmes, et de 2.500 hectares pour toutes autres substances, le petit côté du rectangle n'étant pas inférieur au quart du grand.

Art. 30. — A la demande en permis d'exploitation doit être joint un croquis indiquant l'orientation et la position du périmètre demandé par rapport à un point géographique défini d'une façon précise.

Art. 31. — La demande, pour être recevable, doit être accompagnée du versement d'une somme calculée à raison de 2 francs par hectare de terrain compris dans le périmètre pour les permis d'or et de gemmes, et de 1 franc pour les permis de toutes autres substances.

Si la demande n'est pas accueillie ou n'est accueillie que partiellement, la somme versée ou la fraction versée en trop est remboursée au demandeur.

Art. 32. — Le gouverneur, statuant en conseil d'administration ou en conseil privé, peut refuser un nouveau permis d'exploitation qui lui serait demandé en vertu de l'article 28 à une personne ou à une société qui en détiendrait déjà à une distance de moins de 5 kilomètres.

Art. 33. — Le permis d'exploitation est accordé pour vingt-cinq ans, il peut être renouvelé dans les mêmes formes et pour la même durée à condition que la demande en soit faite avant l'expiration du délai de vingt-cinq ans.

Il peut être cédé à toute personne ou société munie d'une autorisation prévue par l'article 8 ci-dessus.

Il sera dû pour la cession un droit d'enregistrement qui ne pourra dépasser 5 p. 100 du prix de la cession et qui sera perçu conformément aux règles en vigueur dans la colonie.

Art. 34. — Dans les six mois de l'institution, le périmètre doit être aborné; un plan de bornage est déposé par les soins du permissionnaire aux bureaux de l'administration.

Art. 35. — Les terrains qui resteraient disponibles entre permis voisins avec des formes et des étendues telles qu'on n'y puisse établir des périmètres de la forme prévue à l'article 28 seront annexés aux périmètres voisins. A défaut par leurs détenteurs de s'entendre entre eux à cet effet, ils seront attribués par voie d'adjudication, suivant lotissement fait par l'administration, pour la durée qu'elle fixera, le prix revenant au Trésor.

Art. 36. — A partir de la troisième année qui suivra l'institution, le permissionnaire doit payer par année et par avance une taxe de 1 franc par hectare compris dans son périmètre pour exploitation de l'or et des gemmes et de 50 centimes pour l'exploitation de toutes autres substances.

Art. 37. — Tout permissionnaire tient sur place un registre d'extraction et un registre de vente ou d'expédition dressés dans les formes qu'indiquera un arrêté du gouverneur.

Aucune expédition d'or ou de gemmes ne pourra être faite par un permissionnaire d'exploitation de ces substances, sans être accompagnée d'un laissez-passer détaché d'un registre à souche tenu par le dit permissionnaire. Ce laissez-passer indique les noms de l'expéditeur, du destinaire et du transporteur, la date de l'expédition, l'itinéraire qui doit être suivi, la nature et le poids de la substance expédiée.

Les registres mentionnés au présent article seront communiqués à toute réquisition des représentants de l'administration et visés par eux.

Art. 38. — Il est dû sur la valeur au lieu d'extraction des minerais extraits un droit qui ne peut excéder 5 p. 100. Le taux en est déterminé chaque année suivant la nature des substances par le conseil général pour la colonie du Sénégal et par le gouverneur en conseil d'administration pour les autres colonies.

Aucun autre droit de circulation ou de sortie ne peut être prélevé sur les substances minérales.

Art. 39. — A défaut de payement dans les six mois de l'échéance, après mise en demeure, de l'une ou l'autre des redevances stipulées aux articles 36 et 38, le gouverneur en conseil d'administration ou en conseil privé prononce la déchéance du permissionnaire

Jusqu'à ce que la déchéance soit prononcée, le permissionnaire peut en arrêter les effets en versant, outre les taxes arriérées, une amende égale à 20 p. 100 du montant de ces taxes.

Le permissionnaire déchu ne peut, avant l'adjudication, enlever aucun des appareils ou machines servant à l'exploitation.

Art. 40. — A toute époque, le permissionnaire peut demander à renoncer à son permis.

L'autorisation de renonciation indique, s'il y échet, les mesures que doit remplir le permissionnaire pour assurer la sécurité de la surface.

Art. 41. — Les périmètres pour lesquels la permission est expirée, sans que le renouvellement en ait été demandé, ceux pour lesquels la déchéance a été prononcée sont mis en adjudication dans l'année par les soins de l'administration.

Sont admises à l'adjudication les personnes ou sociétés munies de l'autorisation prévue à l'article 8, à l'exception du permissionnaire déchu.

L'adjudication est annoncée six mois à l'avance par une affiche apposée aux bureaux de l'administration de la colonie.

Elle porte sur une somme à verser immédiatement, qui, en aucun cas, ne peut être inférieure au montant de celles dues au trésor, ni à une somme calculée à raison de 2 francs par hectare pour les permis d'or et de gemmes et de 1 franc par hectare pour toutes les autres substances.

En cas de déchéance, le produit de l'adjudication est versé au permissionnaire déchu, déduction faite des sommes dues au trésor.

L'adjudicataire est purement et simplement substitué aux droits et obligations du précédent exploitant tels qu'ils résultent du présent décret. En cas de permis adjugé après une durée de vingt-cinq ans, l'adjudicataire reçoit le permis pour une nouvelle période de vingt-cinq ans.

Si l'adjudication n'a pas donné de résultat, les terrains deviennent libres et disponibles, comme si aucun permis n'avait été institué. L'administration doit faire retirer les bornes qui signalaient le périmètre, et le dernier permissionnaire peut faire enlever les machines et appareils et tous autres objets dont l'enlèvement ne peut nuire à la sécurité, sauf le droit de l'administration de les retenir jusqu'à concurrence des sommes qui lui sont dues.

TITRE V

Des pénalités

Art. **42.** — Les contraventions aux prescriptions du présent décret et aux arrêtés du gouverneur pour son exécution seront constatées et dénoncées comme en matière de police.

Art. 43. — Les procès-verbaux seront dressés par les officiers de police judiciaire, les agents du service des mines ou par les agents d'autres services commissionnés à cet effet par le gouverneur.

Ces derniers ne pourront exercer ces nouvelles fonctions qu'après avoir prêté serment devant le tribunal de première instance ou le juge de paix à compétence étendue de la région.

Art. **44.** — Les procès-verbaux dressés par application de l'article précédent seront transmis au représentant du ministère public près le tribunal de première instance ou près la justice de paix à compétence étendue de la région.

Art. 45. — Sont punis d'une amende de 250 à 5.000 fr. et d'un emprisonnement de six jours à trois mois :

1o Ceux qui se livrent sans en avoir le droit à l'exploitation de l'or ou des gemmes ;

2o Ceux qui exportent ou tentent d'exporter des substances classées dans les mines sans qu'elles aient payé les droits.

Art. 46. — Sont punis d'une amende de 100 à 1.000 fr. et d'un emprisonnement d'un jour à cinq jours :

1o Ceux qui se livrent sans en avoir le droit à l'exploitation des substances classées dans les mines autres que l'or et les gemmes ;

2o Ceux qui y étant obligés, ne tiennent pas d'une façon régulière les registres d'extraction, de vente et d'expédition prévus à l'article 37 et refusent de les communiquer aux agents de l'administration ;

3o Ceux qui déplacent de mauvaise foi les signaux ou bornes marquant les permis d'exploitation.

Art. 47. — Toutes autres contraventions au présent décret ou aux arrêtés du gouverneur rendus pour son exécution seront punies d'une amende de 5 à 100 francs et d'un emprisonnement d'un jour à cinq jours.

Art. 48. — En cas de condamnation pour les faits prévus aux articles 45 et 46, premier paragraphe, la confiscation des substances saisies doit être prononcée.

Art. 49. — L'article 463 du code pénal est applicable aux contraventions au présent décret.

TITRE VI

Art. 50. — Le gouverneur rend tous les arrêtés nécessaires à la mise à exécution du présent décret.

Art. 51. — Sont abrogés les décrets :

Du 14 août 1896, portant réglementation sur la recherche et l'exploitation des mines au Sénégal et au Soudan français ;

Du 11 décembre 1897, portant réglementation sur la recherche et l'exploitation des mines à la Guinée française.

Les permis de recherche accordés en vertu de ces décrets et qui ne sont pas périmés resteront en vigueur, avec leurs formes et leurs étendues, pour la durée qu'ils pourraient avoir d'après lesdits décrets.

Les permis d'exploitation accordés en vertu des mêmes décrets sont confirmés, avec l'étendue, les formes et la durée qu'ils ont eues d'après ces décrets. Ils seront soumis à toutes les dispositions du présent décret.

Art. 52. — Le ministre des colonies est chargé de l'exécution du présent décret, qui sera publié au *Journal officiel* de la République française et inséré au *Bulletin des lois* et au *Bulletin officiel* du ministère des colonies.

Fait à Rambouillet, le 6 juillet 1899.

EMILE LOUBET.

Par le Président de la République :

Le Ministre des colonies,

ALBERT DECRAIS.

Décret du 4 août 1901.

Portant réglementation sur la recherche et l'exploitation de l'or et des métaux précieux dans les colonies et pays de protectorat de l'Afrique autres que l'Algérie et la Tunisie.

Article premier. — La recherche et l'exploitation de l'or et des gemmes par dragage dans le lit des fleuves et rivières des colonies et pays de protectorat de l'Afrique continentale autres que l'Algérie et la Tunisie sont soumises aux dispositions du décret du 6 juillet 1899, sous réserve des dérogations et modifications ci-après.

Art. 2. — Par dérogation à l'article 19 du décret du 6 juillet 1899, le périmètre de recherche, d'une étendue de 8,000 hectares au plus, est constitué, non par un cercle, mais par deux lignes droites ou polygonales, parallèles à l'axe moyen du cours d'eau, distantes de cet axe de 100 mètres au moins de chaque côté, et par deux normales à l'axe du cours d'eau.

Il devra être annexé à la demande de permis de recherche un croquis indiquant la situation et les limites de ce périmètre, avec rattachement des quatre sommets extrêmes à des points géographiques définis d'une façon précise. Ces sommets devront être et rester signalés matériellement à la surface, dès que la demande aura été présentée après que le permis aura été accordé.

L'intéressé devra indiquer avec détail dans sa demande la méthode de recherche qu'il se propose de faire suivre.

Le permis portera mention des conditions imposées par

le gouverneur, et auxquelles le permissionnaire sera tenu de se soumettre en ce qui concerne tant la méthode de recherche autorisée que les obligations jugées nécessaires pour assurer la libre navigation et la conservation du chenal.

Art. 3. — Par dérogation à l'article 27 du décret du 6 juillet 1899, une même personne ou une même société peut détenir simultanément des périmètres de recherches contigus.

Art. 4. — Par dérogation à l'article 29 du décret du 6 juillet 1899, le périmètre d'exploitation, d'une étendue de 24 hectares au moins et de 800 hectares au plus, est constitué par deux lignes, droites ou polygonales, parallèles à l'axe moyen du cours d'eau, distantes de cet axe de 100 mètres au moins de chaque côté, et par deux normales à cet axe, sans obligation d'un rapport minimum entre la largeur et la longueur du périmètre.

Art. 5. — Il devra être annexé à la demande en permis d'exploitation un croquis indiquant la situation et les limites de ce périmètre, avec rattachement des quatre sommets extrêmes à des points géographiques, définis d'une façon précise.

L'intéressé devra faire connaître avec détail dans sa demande la méthode d'exploitation qu'il se propose de suivre et le projet des travaux qu'il se propose d'exécuter.

Le permis portera mention des conditions imposées par le gouverneur, et auxquelles le permissionnaire sera tenu de se soumettre, en ce qui concerne tant la méthode d'exploitation à suivre et les travaux à exécuter que les obligations jugées nécessaires pour assurer la libre navigation et la conservation du chenal.

Art. 6. — Les dispositions de l'article 32 du décret du 6 juillet 1899 ne s'appliquent pas aux exploitations par dragage.

Art. 7. — Le ministre des colonies est chargé de l'exécution du présent décret, qui sera publié au *Journal offi-*

ciel de la République française et inséré au *Bulletin des lois* et au *Bulletin officiel* du ministère des colonies.

Fait à Rambouillet, le 4 août 1901.

EMILE LOUBET.

Par le Président de la République :

Le Ministre des colonies,

ALBERT DECRAIS.

Décret du 23 octobre 1904

Portant organisation du domaine en Afrique occidentale française.

TITRE PREMIER

Du domaine public.

Article premier. — Font partie du domaine public dans les colonies et territoires de l'Afrique occidentale française :

a) Le rivage de la mer jusqu'à la limite des plus hautes marées, ainsi qu'une zone de 200 mètres mesurée à partir de cette limite ;

b) Les cours d'eau navigables ou flottables dans les limites déterminées par la hauteur des eaux coulant à pleins bords avant de déborder, ainsi qu'une zone de passage de 25 mètres de large à partir de ces limites sur chaque rive et sur chacun des bords des îles ;

c) Les sources et cours d'eau non navigables ni flottables dans les limites déterminées par la hauteur des eaux coulant à pleins bords avant de déborder ;

d) Les lacs, étangs et lagunes dans les limites déterminées par le niveau des plus hautes eaux avant débordement, avec une zone de passage de 25 mètres de large à partir de ces limites sur chaque rive extérieure et sur chacun des bords des îles ;

e) Les canaux de navigation et leurs chemins de halage, les canaux d'irrigation et de dessèchement et les aqueducs exécutés dans un but d'utilité publique, ainsi que les dépendances de ces ouvrages ;

f) Les chemins de fer, les routes et voies de communication de toute nature, les ports et rades, les digues maritimes et fluviales, les sémaphores, les ouvrages d'éclairage et de balisage, ainsi que leurs dépendances ;

g) Les lignes télégraphiques et téléphoniques, ainsi que leurs dépendances ;

h) Les ouvrages déclarés d'utilité publique en vue de l'utilisation des forces hydrauliques et du transport de l'énergie électrique ;

i) Les ouvrages de fortification des places de guerre ou des postes militaires, ainsi qu'une zone large de 250 mètres autour de ces ouvrages ;

k) Et généralement les biens de toute nature que le code civil et les lois françaises déclarent non susceptibles de propriété privée.

Art. 2. — Les riverains des cours d'eau non navigables ni flottables sont soumis à une servitude de passage sur une zone large de 10 mètres sur chaque rive.

Art. 3. — Les terrains des bâtiments des propriétés privées sont soumis à toutes les servitudes de passage, d'implantation, d'appui et de circulation nécessaires pour l'établissement, l'entretien, l'exploitation des lignes télégraphiques et téléphoniques et des conducteurs d'énergie électrique, classés dans le domaine public.

Art. 4. — Aucune indemnité n'est due aux propriétaires en raison des servitudes établies en vertu des art. 2 et 3 ci-dessus.

Art. 5. — En cas de doute et de contestation sur les limites du domaine public ou l'étendue des servitudes établies en vertu des articles 2 et 3 il est statué par décision du lieutenant-gouverneur de chaque colonie, sauf recours au conseil du contentieux administratif.

Art. 6. — Le lieutenant-gouverneur accorde les autorisations d'occuper le domaine public et d'y édifier des établissements quelconques suivant les conditions déterminées par les règlements généraux prévus par l'article 9 ci-dessous.

Il peut de même autoriser les dérogations à la servitude de passage prévue à l'article 2.

Les autorisations données en vertu des deux alinéas précédents peuvent être révoquées à toute époque, sans indemnité, pour un motif d'intérêt public, par un arrêté du lieutenant-gouverneur rendu en conseil d'administration.

Art. 7. — Les portions du domaine public qui seraient reconnues sans utilité pour les services publics pourront être déclassées par un arrêté du gouverneur général et rentreront alors dans le domaine de l'Etat.

L'arrêté ne sera exécutoire qu'après approbation par le ministre des colonies.

Ces parcelles de terrains pourront être abandonnées à titre gratuit aux occupants et possesseurs de bonne foi, qui seront dès lors considérés comme propriétaires.

Art. 8. — Des règlements généraux arrêtés par le gouverneur général en conseil de gouvernement édictent les règles relatives à la police, à la conservation et à l'utilisation du domaine public, ainsi qu'à l'exercice des servitudes d'utilité publique et des servitudes militaires.

Les contraventions à ces règlements seront punies d'une amende de 1 franc à 300 francs sans préjudice de la réparation du dommage causé et de la démolition d'office des ouvrages indûment établis sur le domaine public et dans les zones de servitude.

Les contraventions sont constatées par des procès-verbaux dressés par des agents commissionnés par les lieutenants-gouverneurs.

Art. 9 — Les détenteurs de terrains compris dans le domaine public qui possèdent ces terrains en vertu de titres réguliers et définitifs antérieurs à la promulgation des décrets du 20 juillet 1900 pour le Sénégal et dépendances, du 20 juillet 1900 pour la Côte d'Ivoire, du 5 août 1900 pour le Dahomey, du 24 mars 1901 pour la Guinée française, ne pourront être dépossédés, si l'intérêt public venait à l'exiger, que moyennant le payement ou la consignation d'une juste et préalable indemnité.

Il en serait de même dans le cas où l'intérêt public exigerait, pour l'exercice des servitudes prévues aux articles 2, 3 et 4, la démolition des constructions ou l'enlèvement de clôtures ou plantations établies par lesdits détenteurs antérieurement à la promulgation des décrets ci-dessus visés.

L'indemnité sera fixée, sauf recours au conseil du contentieux administratif, par une commission arbitrale de trois membres, dont un sera désigné par le lieutenant-gouverneur, un autre par le propriétaire et le troisième par les deux premiers, d'un commun accord.

Dans le cas où le propriétaire n'aurait pas désigné son arbitre dans un délai de trois mois et dans le cas où l'accord ne se produirait pas pour le choix du troisième arbitre, ces désignations seront faites par le président du tribunal siégeant au chef-lieu de la colonie.

TITRE II

Des terres domaniales.

Art. 10. — Les terres vacantes et sans maître, dans les colonies et territoires de l'Afrique occidentale française, appartiennent à l'Etat.

Les terres formant la propriété collective des indigènes ou que les chefs indigènes détiennent comme représentants de collectivités indigènes ne peuvent être cédées à des particuliers par voie de vente ou de location qu'après approbation par arrêté du lieutenant-gouverneur, en conseil d'administration.

L'occupation de la partie de ces terres qui serait nécessaire pour la création de centres urbains, pour des constructions ou travaux d'utilité publique est prononcée par le lieutenant-gouverneur, en conseil d'administration, qui statue sur les compensations que peut comporter cette occupation.

Art. 11. — L'aliénation des terres domaniales est soumise aux règles suivantes :

1° Les lots de terrains urbains compris dans un plan de lotissement arrêté par le lieutenant-gouverneur en conseil d'administration et les concessions de moins de 200 hectares sont accordés par le lieutenant-gouverneur en conseil d'administration, aux conditions déterminées dans chaque cas par l'acte de concession lui-même, suivant le lieu, la nature du sol et de l'exploitation à entreprendre ;

2° Les concessions portant sur une étendue comprise entre 200 et 2,000 hectares sont accordées par le gouverneur général, sur la proposition du lieutenant-gouverneur après avis du conseil d'administration ;

2° Les concessions portant sur une étendue supérieure à 2,000 hectares sont accordées par décret rendu sur le rapport du ministre des colonies, sur la proposition du gouverneur général, et après avis de la commission des concessions coloniales.

Dans ces deux derniers cas, les conditions de la concession sont stipulées dans un cahier des charges annexé à l'acte de concession, qui fixe également le taux des redevances.

Art. 12. — L'octroi de toute concession devra être précédé d'une publicité suffisante pour que tous les intérêts en cause puissent se produire et être examinés utilement avant l'établissement de l'acte de concession.

L'acte de concession devra faire mention des conditions de cette publicité et être inséré au *Journal officiel* de la colonie.

Art. 13. — Sont abrogées toutes dispositions antérieures et contraires au présent décret.

Art. 14. — Le ministre des colonies est chargé de l'exécution du présent décret qui sera inséré au *Journal officiel* de la République française, au *Bulletin des lois* et au *Bulletin officiel* des colonies.

Fait à Paris, le 23 octobre 1904.

EMILE LOUBET.

Par le président de la République :

Le ministre des colonies,

GASTON DOUMERGUE

Arrêté du 26 octobre 1904

Réglementant les concessions provisoires de terrains du domaine de l'Etat et les occupations temporaires du domaine public.

Art. 1er. — Les concessions provisoires, tant urbaines que rurales, de terrains du domaine de l'état et les occupations temporaires de parcelles du domaine public seront, à compter de ce jour, soumises aux dispositions ci-après :

TITRE Ier.

Dispositions communes à toutes les concessions domaniales.

Forme des demandes.

Art. 2. – Quiconque veut obtenir une concession urbaine ou rurale de terrains dépendant du domaine de l'Etat ou être autorisé à occuper temporairement une parcelle du domaine public, doit adresser au lieutenant-gouverneur, par l'intermédiaire de l'administrateur du cercle où est situé le terrain, une demande énonçant :

1° Ses nom, prénoms, nationalité, profession et demeure ;

2° L'élection d'un domicile dans la colonie, pour l'exécution de l'acte de concession ;

3° La situation, la contenance, les limites générales du terrain demandé ;

4o L'affectation que le demandeur se propose de donner au terrain, ainsi que les constructions qu'en vue de cette affectation il s'offre à y établir ;

5o La déclaration qu'il a pris connaissance des décrets et arrêtés régissant les concessions domaniales à la Côte d'Ivoire et qu'il s'engage à en observer toutes les prescriptions ;

6o L'engagement de rembourser à l'administration, sur première réquisition, les avances qu'elle aura faites pour frais de levé de plans et délimitation, de transport, de correspondance ou tous autres occasionnés soit par l'instruction de la demande, soit par l'exécution de l'acte de concession.

Les terrains répartis entre des cercles différents doivent faire l'objet de demandes distinctes pour la partie comprise dans chacun des cercles.

Les demandes parvenues à des fonctionnaires autres que l'administrateur compétent lui sont renvoyées d'office.

Art. 3. — Toute demande doit être appuyée de plans réguliers, levés et établis ou vérifiés et visés par l'administration, ainsi que des procès-verbaux de délimitation y afférents.

A défaut de ces documents, le demandeur doit fournir, avec des croquis en triple expédition tracés d'après les cartes ou d'après ses renseignements personnels, une demande tendant à l'établissement, par les soins de l'administration, de plans réguliers et un récépissé constatant le versement de la moitié de la taxe exigée pour les opérations topographiques par l'arrêté susvisé du 10 février 1903, n° 82.

Art. 4. — Quiconque sollicite une concession pour autrui doit annexer à la demande, faite au nom de son commettant, une procuration en due forme fournie en original et en copie.

Si la concession est sollicitée pour une association, l'auteur de la demande doit énoncer sa raison sociale, sa nationalité, son siège social et produire, outre la procuration ci-dessus spécifiée, les statuts de l'association, fournis pareillement en original authentique et en copie.

Les copies spécifiées aux deux alinéas précédents sont seules retenues par l'administration ; les originaux, après avoir servi à leur collationnement suivi de certification, sont restitués au demandeur par les soins du receveur des domaines.

Art. 5. — Sont dispensées de la production des pièces exigées par l'article précédent les personnes ou associations qui, lors d'une précédente demande, les auraient déjà produites.

Instruction des demandes par l'administrateur.

Art. 6. — Toute demande de concession parvenue à l'administrateur compétent est inscrite, sous son numéro d'ordre et à sa date de réception, sur un registre ouvert à cet effet.

Récépissé en est adressé au demandeur, par envoi postal recommandé.

Art. 7. — Au reçu de la demande, l'administrateur en avise le public par le moyen d'affiches qu'il fait apposer à la porte principale de son bureau, à celle du poste le plus rapproché du terrain et dans tous autres endroits où cet affichage peut utilement servir à la publicité qu'il a pour but d'assurer.

Art. 8. — L'affichage doit durer un mois à partir de l'apposition des placards.

Pendant ce délai, l'administrateur informe de la demande de concession les chefs indigènes des villages intéressés et les invite à formuler, s'il y a lieu, leurs réclamations.

Art. 9. — Les oppositions qui, pendant le délai prévu à l'article précédent, seraient déclarées par les chefs indigènes ou signifiées à l'administrateur par d'autres ayants-droit, sont mentionnées par lui, à leur date, sur un registre spécial à ce destiné.

Art. 10. — A l'expiration du délai d'affichage, l'administrateur transmet au chef de la colonie le dossier complet de l'affaire, comprenant :

1° La demande avec toutes les pièces y annexées ;

2° Un certificat d'affichage ;

3° Un extrait du registre des oppositions, accompagné de tous documents fournis par les opposants ;

4° Un rapport de l'administrateur faisant l'exposé des renseignements en sa possession relativement au terrain demandé, ainsi que de son avis motivé tant sur la demande que sur les oppositions, s'il en a été déclaré ;

5° Un état des frais avancés par l'administration à charge de remboursement par le demandeur.

Procédure administrative au chef-lieu.

Art. 11. — A la réception du dossier au chef-lieu et après inscription de la demande sur un registre d'entrée tenu au secrétariat général, les pièces sont soumises, par les soins du secrétaire général, à l'examen du chef du service des travaux publics et du receveur des domaines.

Un avis est inséré en même temps au *Journal officiel* de la colonie et répété dans le numéro suivant.

Après expiration du délai d'un mois à partir de la première insertion, le lieutenant-gouverneur, sur rapport du secrétaire général, statue définitivement et souverainement, en conseil d'administration, sur toutes les oppositions reçues et sur la demande elle-même.

Art. 12. — Si l'administration est saisie de plusieurs demandes concurrentes ayant pour objet le même terrain, il est procédé à une adjudication publique sur cahier des charges préparé par le receveur des domaines, présenté par le secrétaire général et approuvé par le lieutenant-gouverneur en conseil d'administration.

Si une première tentative d'adjudication n'a pas donné de résultat, il peut être traité de gré à gré, par acte approuvé en conseil.

Art. 13. — Les titres de concession, après approbation en conseil d'administration, sont transmis par le secrétaire général au receveur des domaines, qui les transcrit, au fur et à mesure, sur un sommier de consistance et avise ensuite les intéressés, par lettre recommandée, de la signature du titre de concession et du dépôt des pièces à son bureau.

Réserves et obligations d'ordre général.

Art. 14. — Les concessions riveraines de la mer, des lagunes, des lacs et cours d'eau navigables ou flottables ne peuvent excéder, en longueur du côté riverain, la moitié de la profondeur.

Art. 15. — N'est pas comprise dans les concessions et demeure expressément réservée aux autorisations spéciales prévues par les règlements, l'exploitation : 1° des essences forestières existant sur les terrains concédés ; 2° des gîtes naturels de substances minérales, sans en excepter les carrières et tourbières.

Art. 16. — Les concessions sont données sous l'entière réserve des droits des tiers, l'administration n'étant tenue, en cas de recours, à aucune garantie ni à aucune restitution de deniers.

Art. 17. — Les concessionnaires doivent s'opposer à toutes usurpations et à tous empiètements et signaler d'urgence à l'administrateur du cercle ou à son délégué tout acte de cette nature, sous peine de devenir personnellement responsables, vis-à-vis de l'administration, pour le dommage causé.

Art. 18. — Les concessionnaires prennent les terrains dans l'état où ils se trouvent, sans pouvoir prétendre à aucune garantie, indemnité ni diminution de redevance soit pour erreurs dans la désignation ou la contenance, soit pour vices cachés ou dégradations.

Ils ne pourront pas davantage prétendre à une indemnité ou à une diminution de redevance dans les cas d'inondation, incendie, cyclone ou tous autres cas fortuits.

Art. 19. — Les terrains concédés sont soumis sans indemnité aux servitudes de passage constituées par l'administration et généralement à toutes les servitudes continues ou discontinues, militaires ou d'utilité publique qui sont ou seront édictées dans la colonie.

Art. 20. — L'administration se réserve le droit, en tout temps, sans que les concessionnaires puissent y mettre obstacle, d'établir sur les terrains concédés les voies publiques, chemins de fer, canaux, aqueducs, lignes télégraphiques et téléphoniques, conducteurs d'énergie électrique et tous autres ouvrages d'utilité publique, ainsi que de se servir, pour ce faire, des ressources naturelles des terrains comme des aménagements y effectués.

Art. 21. — L'administration se réserve également le droit de reprendre, dans un intérêt public, toute portion de terrain qui lui serait nécessaire.

Art. 22. — L'exercice, par l'administration, des droits spécifiés aux deux articles précédents ne peut donner lieu, au profit des concessionnaires, à aucun dédommagement, sauf dans les cas prévus par l'article 38 et le paragraphe 2 de l'article 39 ci-après.

Art. 23. — Les concessionnaires sont tenus de se conformer à tous les règlements de salubrité publique, de voirie et de police, ainsi qu'à tous autres qui sont ou seront rendus exécutoires dans la colonie.

Redevance, impôts et contributions.

Art. 24. — Toute concession provisoire urbaine ou rurale et toute occupation temporaire du domaine public donne lieu à la perception d'une redevance dont le recouvrement est effectué par le receveur des domaines dans les conditions déterminées par l'arrêté sus-visé du 11 janvier 1904.

Art. 25. — Indépendamment de la redevance et depuis le jour à partir duquel elle est due, les concessionnaires sont assujettis aux impôts et contributions existant dans la colonie ou qui y seront établis par la suite.

Les titres de concession, avec leurs annexes, doivent passer par la formalité de l'enregistrement, aux frais des concessionnaires.

Art. 26. — La redevance est due à compter du premier jour du mois qui suit l'envoi au concessionnaire, par lettre recommandée, de l'avis prévu à l'article 13 ci-dessus.

Elle est exigible immédiatement pour le temps restant à courir depuis cette date jusqu'au 31 décembre suivant, ainsi que pour la première année franche commençant le lendemain 1er janvier.

La redevance est ensuite exigible, en un seul terme et d'avance, le 1er janvier de chaque année.

Art. 27. — Les concessionnaires ne peuvent obtenir remise de leur titre de concession ni commencer à user des terrains concédés qu'après avoir versé entre les mains du receveur des domaines :

1o Le premier terme de la redevance tel qu'il est défini au paragraphe 2 de l'article 26 ci-dessus ;

2o Les droits d'enregistrement ;

3o Ce qu'ils resteraient devoir pour levé des plans et délimitation ou pour tous autres frais avancés par l'administration à charge de remboursement.

Art. 28. — Tout versement effectué au titre de la redevance demeure définitivement acquis au trésor et les concessionnaires ne peuvent prétendre en aucun cas au remboursement soit total, soit partiel, de sommes versées par anticipation.

Transmission. Cession. Renonciation.

Art. 29. — Les concessions provisoires de terrains du domaine de l'état et les autorisations d'occupation temporaire du domaine public sont personnelles et prennent fin par le décès de la personne ou la dissolution de l'association à laquelle elles ont été accordées.

Toutefois, dans le cas de décès, il est réservé aux héritiers dûment qualifiés la faculté de prendre la suite de la concession en s'engageant à assurer, sans changement ni solution de continuité, l'exécution des clauses et conditions précédemment imposées au concessionnaire.

Pour bénéficier de ce droit et obtenir, par arrêté pris en conseil d'administration, la transmission expresse du titre de concession, les héritiers doivent, dans le délai d'une année à partir de la date du décès, notifier à l'administration leur acceptation et, s'ils ne sont pas présents dans la colonie, s'y faire représenter par un mandataire spécial, faute de quoi il sera procédé comme il est expliqué à l'article 32 ci-après.

Art. 30. — Les concessions ne peuvent être cédées ni transférées, en totalité ou en partie, à moins d'autorisation spéciale donnée par arrêté pris en conseil d'administration.

Les demandes y relatives doivent être appuyées du contrat de cession, en original et en copie, préparé et signé sous réserve de ladite autorisation.

Si l'autorisation est accordée, le cédant et le cessionnaire restent solidairement responsables du payement de la redevance et de l'exécution des autres clauses et conditions de l'acte de concession.

Art. 31. — Tout concessionnaire a le droit de renoncer, quand il lui plaît, à la concession en prévenant l'administration de son intention par lettre recommandée.

Reprise par l'Administration

Art. 32. — Lorsqu'un terrain concédé est dans le cas d'être repris par l'Administration, en totalité ou en partie, soit à la suite de renonciation volontaire, de décès ou de dissolution d'association, soit pour toute autre cause, la reprise est prononcée par arrêté en conseil d'administration et n'est exécutoire que trois mois après notification de cet arrêté au concessionnaire ou à ses héritiers.

Durant ce délai, il est loisible au concessionnaire ou à ses héritiers d'enlever du terrain les constructions, installations et aménagements par lui établis.

Le délai révolu, reprise est faite par l'Administration, sans aucune indemnité, du terrain tel qu'il se trouve, avec tout ce qu'il contient et franc de toutes dettes et charges.

Art. 33. — Quand la reprise du terrain concédé est la conséquence de l'inexécution, par le concessionnaire, des obligations que lui impose l'acte de concession, elle n'est prononcée que si, après mise en demeure à lui notifiée par lettre recommandée, le concessionnaire ne s'est pas conformé, dans les trente jours, aux prescriptions de l'Administration et n'a pas exécuté son obligation.

Toutefois, s'il est en mesure d'exciper d'empêchements résultant de cas de force majeure, une prorogation de délai peut lui être accordée, sur l'avis du conseil d'administration.

Notifications. Juridiction.

Art. 34. — Toutes les notifications et significations auxquelles peut donner lieu l'exécution des actes de concession doivent être faites, savoir :

1° Celles à l'Administration, en l'hôtel du Gouvernement, sis à Bingerville ;

2° Celles aux concessionnaires, en leur demeure, si elle

se trouve dans la colonie, ou au domicile qu'ils y ont élu ; à défaut de demeure ou de domicile élu dans la colonie, elles sont valablement faites au bureau de l'administrateur du cercle où est situé le terrain concédé.

Art. 35. — Les litiges qui surgiraient entre l'Administration et les concessionnaires à raison de l'exécution des actes de concession ressortissent au conseil du contentieux administratif de la Côte d'Ivoire.

TITRE II

Dispositions communes aux concessions urbaines et rurales de terrains du Domaine de l'Etat.

Réserves et obligations.

Art. 36. — Les concessions urbaines et rurales de terrains du domaine de l'Etat ne s'étendent pas aux parcelles du domaine public qui s'y trouveraient enclavées. Les concessionnaires ne peuvent occuper temporairement ces parcelles que s'ils y sont autorisés par un permis spécial.

Art. 37. — Lorsqu'une concession urbaine ou rurale comprend des parcelles du domaine public faisant l'objet de permis d'occupation temporaire, la redevance due par le concessionnaire subit une réduction proportionnelle à la superficie de ces parcelles.

Art. 38. — Si l'Administration, en établissant sur une concession urbaine ou rurale les ouvrages d'utilité publique prévus à l'article 20 ci-dessus, a endommagé les constructions ou installations faites par le concessionnaire, celui-ci a droit à une indemnité.

Art. 39. — Si l'Administration, usant du droit qu'elle s'est réservée par l'article 21 ci-dessus, reprend, dans un intérêt public, une portion du terrain concédé, le concessionnaire a la faculté de choisir, dans les terrains vacants les plus voisins, une superficie équivalente.

S'il a fait des constructions ou installations sur la portion reprise, il lui est loisible soit de les faire déplacer aux frais de l'Administration, soit de les laisser en place moyennant indemnité.

Commissions d'experts

Art. 40. — Dans les cas prévus par l'article 38 et le paragraphe 2 de l'article 39 ci-dessus, l'indemnité à payer au concessionnaire est expertisée par une commission comprenant deux membres désignés respectivement par le chef de la colonie et par le concessionnaire, et un troisième désigné par les deux autres d'un commun accord.

Si le concessionnaire, dans le délai d'un mois après en avoir été requis par lettre recommandée, n'a pas désigné son expert, la désignation est faite par le président du tribunal de première instance de Bingerville, qui désigne aussi le troisième expert à défaut d'accord entre les deux autres.

Art. 41. — La commission prévue à l'article précédent est également compétente pour toutes les constatations relatives à l'accomplissement des obligations imposées au concessionnaire.

Le concessionnaire est prévenu de ses réunions, par lettre recommandée, une semaine au moins à l'avance ; s'il ne s'y fait pas représenter, la commission passe outre.

Déchéance.

Art. 42. — Tout concessionnaire de terrains du domaine de l'Etat est passible de déchéance, prononcée par arrêté pris en Conseil d'administration, dans les deux cas suivants :

1° S'il n'a pas rempli, dans les délais fixés par l'acte de concession, les obligations que cet acte lui impose sous peine de déchéance ;

2° S'il n'a pas acquitté le montant de la redevance dans le délai d'un mois à partir du jour de son exigibilité.

Immatriculation.

Art. 43. -- Dans tous les cas où des terrains du domaine de l'Etat sont attribués en toute propriété, les titres définitifs conférant ladite propriété sont soumis à l'immatriculation réglementée par le décret susvisé du 20 juillet 1900 relatif au régime de la propriété foncière.

TITRE III

Dispositions communes aux concessions urbaines de terrains du domaine de l'Etat et aux occupations temporaires du domaine public.

Redevance

Art. 44. — Pour les concessions urbaines de terrains du domaine de l'Etat comme pour les occupations temporaires de parcelles du domaine public, la redevance annuelle est tarifée ainsi qu'il suit, l'unité de taxation étant l'are.

Première catégorie. — 1 franc 20.

Les terrains compris dans les localités suivantes : Abidjan, Aboisso, Assinie, Bassam, Bingerville, Jacqueville, Lahou, Port-Bouet, Tiassalé.

Deuxième catégorie. — 80 centimes.

Les terrains compris dans les localités suivantes : Alépé, Béréby, Bliéron, Dabou, Drewin, Fresco, San-Pedro, Sassandra, Tabou.

Troisième catégorie. — 40 centimes.

Les terrains compris dans les localités suivantes : Addah, Adjacouti, Assikasso, Attakrou, Bettié, Bondoukou, Bouaké, Bouna, Boutoubré, Dabakala, Dibou, Erymakouguié, Frambo, Grabo, Groumania, Guidéko, Issia, Kong, Koroko, Kotrou, Kouadiokoffi, Krinjabo, Mankono, Nougoua, Odienné, Olodio, Ouossou, Séguéla, Taté, Tombougou, Touba, Toumodi, Victory, Wappou, Zaranou.

Quatrième catégorie. — 20 centimes.

Tous autres terrains.

TITRE IV

Dispositions spéciales aux concessions urbaines de terrains du domaine de l'Etat.

Durée. Renouvellement.

Art. 45. — Les concessions urbaines de terrains du domaine de l'Etat sont accordées pour une durée de cinq années franches à partir du 1er janvier de l'année qui suit la date de l'arrêté de concession, durée venant s'ajouter à celle comprise entre la date de l'arrêté et le 31 décembre de l'année alors en cours.

Cette période quinquennale révolue, l'administration fait reprise du terrain concédé, dans les conditions prévues par l'article 32 ci-dessus, à moins que le concessionnaire n'ait demandé et obtenu le renouvellement de la concession.

Art. 46. — Le renouvellement est à demander par le concessionnaire dans la dernière année de la période quinquennale. Il peut lui être accordé, par arrêté pris en conseil d'administration, pour une nouvelle période quinquennale, si le concessionnaire n'est pas passible de déchéance.

Obligations sous peine de déchéance

Art. 47. — Tout bénéficiaire d'une concession urbaine est dans l'obligation, sous peine de déchéance :

1° Avant le 1er juillet de la première année franche qui suit la date de l'arrêté de concession, de débrousser le terrain et de le clore par un mur en maçonnerie, ou par une barrière solide en métal ou en bois ;

2o Avant le 1er janvier de la seconde année, d'y construire une maison d'habitation en maçonnerie ou en bois, couverte en tuiles, ardoises ou tôles ;

3o En tout temps, de maintenir en bon état d'entretien lesdites clôture et construction et d'y effectuer toutes les réparations nécessaires.

Indépendamment de ces trois obligations, le concessionnaire peut être astreint, sous peine de déchéance, à l'exécution de travaux spéciaux déterminés par l'acte de concession.

Titre définitif.

Art. 48. — Les bénéficiaires de concessions urbaines qui justifient de l'accomplissement intégral de toutes les obligations imposées par l'acte de concession, ainsi que de l'exécution de tous les travaux qu'il détermine, sont déclarés, par arrêté pris en conseil d'administration, propriétaires incommutables des terrains concédés et obtiennent, en conséquence, un titre définitif de propriété.

TITRE V

Dispositions spéciales aux concessions rurales de terrains du domaine de l'Etat.

Réserves et obligations.

Art. 49. — Les bénéficiaires de concessions rurales de terrains du domaine de l'Etat doivent exploiter ces terrains en bons pères de famille et demeurent garants envers l'Administration des dégradations survenues autrement que par force majeure.

Défense leur est faite d'incendier les arbres et de débrousser par le feu, si ce n'est pour la menue broussaille préalablement abattue, séchée et mise en tas.

Art. 50. — Sur les parties non mises en culture, ils doivent souffrir gratuitement la coupe et l'enlèvement, par les agents de l'Administration, de tous les bois nécessaires aux services publics de la colonie.

Art. 51. — Sont réservés sur les concessions rurales, au profit des indigènes, les droits d'usage dont ils justifieraient par titres ou commune renommée.

Les concessionnaires ont toutefois la faculté d'en affranchir les terrains concédés, au moyen soit d'un cantonnement établi de concert avec les chefs indigènes des villages intéressés, soit du versement entre leurs mains d'une juste et préalable indemnité.

Les conventions y relatives devront être faites en la présence de l'Administrateur du cercle ou de son délégué, qui dressera acte de l'arrangement intervenu. Les frais de transport ou tous autres qu'elles pourront entraîner seront à la charge des concessionnaires.

Art. 52. — Toutes contestations entre les concessionnaires et les indigènes au sujet de leurs droits respectifs sur le terrain concédé sont tranchées par l'administrateur du cercle, sauf recours au chef de la colonie.

Redevance.

Art. 53. — Pour les concessions rurales de terrains du Domaine de l'Etat, la redevance annuelle est tarifée ainsi qu'il suit, l'unité de taxation étant l'hectare :

I. Concessions de la première zone comprenant toute la côte, toutes les lagunes et tous les fleuves, ces derniers jusqu'aux points terminus, pour chacun d'eux de la navigation à vapeur aux eaux moyennes.

Première catégorie. — Concessions de terrains propres aux grandes cultures industrielles (cacao, café, canne à sucre, caoutchouc, coton, épices, roucou, tabac, vanille, etc.) :

5 centimes pendant chacune des cinq premières années ;

20 centimes pendant la 6e et la 7e année ;

50 centimes pendant la 8e et la 10e année ;

1 franc pendant chaque année à partir de la 10e exclusivement.

Deuxième catégorie. — Concessions de terrains propres à l'élevage, aux petites cultures vivrières (bananes, ignames, maïs, manioc, riz, etc.), et à l'exploitation des produits naturels du sol (graines de palmiers, etc.):

5 centimes pendant chacune des trois premières années;

10 centimes pendant la 4e, la 5e et la 6e année ;

30 centimes pendant la 7e, la 8e, la 9e et la 10e année;

50 centimes pendant chaque année à partir de la 10e exclusivement.

II. Concessions de la deuxième zone comprenant tout le territoire non compris dans la première zone.

Première catégorie. — Concessions de terrains propres aux grandes cultures industrielles :

5 centimes pendant chacune des cinq premières années;

25 centimes pendant chacune des cinq années suivantes:

50 centimes pendant chaque année à partir de la 10e exclusivement.

Deuxième catégorie. — Concessions de terrains propres à l'élevage, aux petites cultures vivrières et à l'exploitation des produits naturels du sol :

5 centimes pendant chacune des trois premières années;

25 centimes à partir de la 3e année exclusivement.

Durée.

Art. 54. — Les concessions rurales de terrains du domaine de l'Etat sont accordées pour une durée indéterminée qui prend fin soit par suite de renonciation volontaire, de décès ou de dissolution d'association, soit par la déchéance prévue à l'article 42 ci-dessus, soit enfin par la résiliation de la concession ou par la conversion du titre provisoire en titre définitif, dans les conditions spécifiées aux articles 56 à 58 ci-après.

Obligations sous peine de déchéance.

Art. 55. — Tout bénéficiaire d'une concession rurale est dans l'obligation, sous peine de déchéance :

1° Avant le 1er juillet de la première année franche qui suit la date de l'arrêté de concession, de commencer la mise en valeur du terrain concédé ;

2° Avant le 1er janvier de la seconde année, de construire une maison d'habitation à l'usage des Européens et des communs pour le logement des travailleurs indigènes ;

3° Avant le 1er janvier de la sixième année, de mettre en valeur une superficie minima de 8 hectares par 100 hectares concédés.

La mise en valeur prévue ci-dessus comporte le défrichement, sous réserve des mesures destinées à empêcher la destruction des essences utiles, l'assainissement du terrain, l'ouverture de routes ou chemins et l'aménagement des cultures, ou, pour les concessions rurales à fin d'élevage, la formation de troupeaux à raison de 2 têtes de gros bétail et de 8 têtes de menu bétail par 100 hectares concédés.

Résiliation.

Art. 56. — La résiliation des concessions rurales, donnant droit, dans les conditions ci-après spécifiées, à l'attribution d'une partie des terrains concédés, peut être prononcée par arrêté pris en conseil d'administration :

1° A la demande des concessionnaires, au bout de dix années franches depuis et y compris celle qui suit l'arrêté de concession ;

2° D'office, après vingt années franches, si les concessionnaires ne se trouvent pas dans les conditions exigées par l'article 58 ci-après pour l'obtention du titre définitif de propriété.

L'arrêté de résiliation attribue aux concessionnaires, en toute propriété, indépendamment de la portion qu'ils ont mise en valeur et sur telle limite de cette portion qu'il désigne une superficie d'un seul tenant égale à une fois et demie celle mise en valeur.

Le surplus fait retour au domaine.

Titre définitif.

Art. 57. — Les bénéficiaires de concessions rurales qui justifient de l'exécution des constructions prévues sous le numéro 2° de l'article 55 ci-dessus sont déclarés, par arrêté pris en conseil d'administration, propriétaires incommutables d'une superficie de cinq hectares délimitée autour de ces constructions.

Art. 58. — Ils obtiennent en la même forme un titre définitif de propriété pour l'ensemble des terrains concédés lorsqu'ils justifient de l'accomplissement intégral de toutes les obligations imposées par l'acte de concession, ainsi que de la mise en valeur d'une superficie quintuple de celle dont la mise en valeur, au bout de cinq années franches, est exigée, à peine de déchéance, sous le numéro 3° de l'article 55 ci-dessus : soit 40 hectares par 100 hectares concédés ou formation d'un troupeau de 10 têtes de gros bétail ou de 40 têtes de menu bétail par 100 hectares concédés.

TITRE VI

Dispositions spéciales aux occupations temporaires du domaine public.

Durée. Imprescriptibilité.

Art. 59. — L'autorisation d'occuper des parcelles du domaine public n'est accordée qu'à titre purement temporaire et précaire, sans aucune détermination ni garantie de durée.

L'occupation temporaire, alors même qu'elle se continuerait, par tacite autorisation, au delà d'une durée de trente ans, ne peut conférer aux occupants aucun droit pour l'acquisition de la toute propriété, qui demeure imprescriptible et inaliénable.

Révocation.

Art. 60. — Les permis d'occupation temporaire de parcelles du domaine public demeurent en tout temps révocables, en totalité ou en partie, et sans indemnité, par arrêté pris en conseil d'administration et basé soit sur un motif d'intérêt public, soit sur la faute du permissionnaire.

Art. 61. — Il y a faute du permissionnaire :

1o S'il n'a pas rempli les obligations imposées par l'acte de concession, s'il n'a pas fait usage de la parcelle qu'il a été autorisé à occuper, ou s'il en a fait un usage autre que celui déterminé par ledit acte ;

2o S'il n'a pas acquitté le montant de la redevance dans le délai d'un mois à partir du jour de son exigibilité.

Contestations.

Art. 62. — Les contestations au sujet des limites du domaine public, de l'étendue des servitudes et de l'accomplissement des obligations imposées aux permissionnaires sont tranchées par l'Administrateur du cercle, sauf recours au chef de la colonie.

TITRE VII

Dispositions générales.

Art. 63. — En ce qui concerne les concessions antérieures, le présent arrêté ne leur sera applicable que dans la mesure où son application n'aggravera pas les charges qui leur avaient été imposées.

Art. 64. — Sont abrogés les arrêtés locaux sus-visés des 10 septembre 1893, 27 avril 1901 et 25 mai 1904.

Art. 65. — Le présent arrêté sera enregistré et communiqué partout où besoin sera et inséré aux publications officielles de la colonie.

Bingerville, le 26 octobre 1904.

EMILE MERWART.

Décret du 20 juillet 1900

Relatif au régime forestier de la Côte d'Ivoire.

Article premier. — Est soumise aux dispositions du présent décret l'exploitation dans la colonie de la Côte d'Ivoire des bois domaniaux et des bois appartenant à des particuliers.

TITRE PREMIER

Bois domaniaux.

Art. 2. — Nul ne peut entreprendre une exploitation forestière dans les bois du domaine s'il n'est muni d'une autorisation du gouverneur ou de son délégué. Ce permis, strictement personnel, n'est délivré qu'à titre temporaire. Le gouverneur pourra imposer à l'exploitant une redevance dont il fixera les conditions et la quotité.

Les personnes ou les sociétés qui auront obtenu une concession régulière ne seront pas assujetties aux dispositions du paragraphe précédent.

Art. 3. — Le gouverneur pourra décider la mise en réserve, jusqu'à nouvelle décision, de telles parties de forêts déjà exploitées qu'il jugera utile de préserver, il pourra imposer à l'exploitant tel mode d'exploitation qui sera jugé convenable et, notamment, l'exploitation de proche en proche par voie de jardinage en allant toujours dans le même sens, sans aucune solution de continuité.

Art. 4. — Pour les différentes essences, des arrêtés du gouverneur fixeront les dimensions au-dessous desquelles

les arbres devront être réservés. Tous les arbres à latex seront réservés.

Art. 5. — Les arbres seront abattus rez terre, afin de faciliter la régénération par les rejets de souche.

Les arbres de grandes dimensions qui, dans leur chute, pourraient endommager le sous-bois seront autant que possible ébranchés avant l'abatage.

Art. 6. — La récolte des écorces tannifères ou tinctoriales, des gommes, résines, caoutchouc et gutta-percha se fera de manière à ne pas détruire les végétaux producteurs.

Art. 7. — L'exploitant sera tenu de se conformer à toutes les instructions et prescriptions devant assurer l'exécution du présent décret. Il devra souffrir gratuitement la coupe et l'enlèvement par les agents de l'administration de tous les bois nécessaires aux services publics dans la colonie de la Côte d'Ivoire.

Art. 8. — Il est interdit de déboiser ou de défricher les terrains ci-après :

1° Les versants des montagnes et coteaux offrant un angle de 35 degrés et au-dessus.

2° Les terrains désignés par arrêté motivé du gouverneur.

Art. 9. — En dehors des terrains désignés à l'article 8, aucune étendue supérieure à 400 hectares ne pourra être déboisée sans autorisation de l'administrateur chef de région.

Art. 10. — Dans les forêts où il existerait des essences de grande valeur, il pourra être imposé à l'exploitant de faire planter chaque année à ses frais un nombre de plants de même essence ou d'une essence aussi riche au moins double de celui des arbres abattus dans le cours de l'année; ces essences précieuses étant spécifiées par arrêtés.

De même en ce qui concerne le caoutchouc ou la gutta-percha il pourra être imposé à l'exploitant l'obligation de planter annuellement un nombre d'arbres ou de lianes à latex qui ne sera pas inférieur à 150 pieds d'arbres ou 200 pieds de lianes par tonne récoltée dans l'année.

Art. 11. — Le gouverneur pourra exiger de l'exploitant la tenue par chacun de ses chefs de chantier d'un carnet d'attachement sur lequel seront consignés chaque jour : le nombre d'arbres abattus, leur essence avec la désignation de leur nom indigène, leur circonférence à 1 mètre du sol, leur longueur et, en outre, la tenue dans chaque factorerie, pour les résines, gommes, caoutchouc et autres produits, d'un registre constatant les opérations faites chaque jour et indiquant les régions de provenance, ainsi que le poids et le volume de chacun de ces produits. Le mode de contrôle et de visa de ces carnets et registres sera réglé par arrêtés.

Art. 12. — Dans un délai de six mois, à dater de la promulgation du présent décret, les produits forestiers ne pourront circuler à la Côte d'Ivoire que s'ils sont revêtus : 1° les bois, de l'empreinte d'un marteau de forme triangulaire portant la marque de l'exploitant ; les autres produits, de l'empreinte d'un timbre indiquant le nom de l'exploitant.

Ces différentes marques seront déposées par l'exploitant au greffe du tribunal de première instance ou de la justice de paix à compétence étendue de la région.

Art. 13. — Les bois et autres produits exploités ou transportés en dehors des conditions qui précèdent pourront être saisis, sans préjudice des amendes prévues à l'article 14 du présent décret.

Art. 14. — Les infractions au présent décret et aux arrêtés pris par le gouverneur pour son exécution seront punies d'une amende de 20 fr. à 10.000 fr. Dans cette limite, le ministre des colonies, sur la proposition du gouverneur, déterminera le tarif des amendes afférentes à chaque espèce de contravention.

Les exploitants ou leurs représentants à la Côte d'Ivoire sont responsables du payement des amendes et frais résultant des condamnations prononcées contre leurs ouvriers ou préposés par application du paragraphe précédent.

Art. 15. — A défaut d'agents du service forestier, la recherche des infractions au régime forestier, établi par le présent décret, sera exercée par les officiers de police judiciaire, ou par des agents d'autres services commissionnés à cet effet par le gouverneur.

Ces derniers ne pourront exercer ces nouvelles fonctions qu'après avoir prêté serment devant le tribunal de première instance ou le juge de paix à compétence étendue de la région.

Art. 16. — Les procès-verbaux, dressés par application de l'article précédent seront transmis au chef du service forestier de la région ou à défaut à l'administrateur chef de région.

Art. 17. — Les actions et poursuites exercées en vertu du présent décret seront portées devant le tribunal ou la justice de paix à compétence étendue de la région, jugeant correctionnellement.

Art. 18. — Les représentants de l'administration sont autorisés à transiger avant jugement définitif, sur la poursuite des délits et contraventions en matière forestière.

Toutefois, ces transactions devront être soumises à l'approbation du gouverneur ou de son délégué.

TITRE II

Bois particuliers.

Art. 19. — Les particuliers exercent sur les bois qui leur appartiennent tous les droits résultant de la propriété. Cependant les dispositions des articles 8, 9, 12 et 14 du présent décret leur sont applicables, ainsi que les pénalités établies par l'article 14 pour les infractions aux articles précités.

Art. 20. — Le gouverneur pourra, par des arrêtés pris

en conseil d'administration, mettre en demeure les particuliers de reboiser les terrains leur appartenant et se trouvant dans les conditions établies par le premier paragraphe de l'énumération de l'article 8. Ils ne seront tenus de reboiser chaque année qu'un cinquième de la superficie à reboiser leur appartenant sans qu'on puisse exiger un repeuplement de plus de 10 hectares par an.

Art. 21. — Si les particuliers consentent à effectuer eux-mêmes les travaux de reboisement, les graines et les plants nécessaires pourront leur être fournis gratuitement.

Art. 22. — Dans le cas contraire, il sera procédé au reboisement par les soins de l'administration, qui poursuivra par voie de contraintes le remboursement du prix des travaux.

TITRE III

Dispositions générales.

Art. 23. — Les indigènes continueront à exercer, dans les bois et forêts dépendant du domaine ou appartenant à des particuliers, les droits d'usage (marronnage, affouage, pâturage, chasse, etc.) dont ils jouissent actuellement.

Cependant, les bois et forêts pourront être affranchis de tout droit d'usage au bois, moyennant un cantonnement qui devra être approuvé par le gouverneur.

Art. 24. — Le ministre des colonies est chargé de l'exécution du présent décret, qui sera publié au *Journal officiel* de la République française et inséré au *Bulletin des lois* et au *Bulletin officiel* du ministère des colonies.

Fait à Paris, le 20 juillet 1900.

EMILE LOUBET.

Par le président de la République :

Le ministre des colonies,

ALBERT DECRAIS.

Décret du 20 juillet 1900

Relatif au régime de la propriété foncière à la Côte d'Ivoire.

TITRE PREMIER

De l'immatriculation des immeubles et du titre de propriété.

CHAPITRE PREMIER

Objet de l'immatriculation.

Article premier. — Les immeubles appartenant dans la colonie de la Côte d'Ivoire à des Européens et descendants d'Européens ou à des indigènes naturalisés français seront seuls soumis aux dispositions du présent décret.

Art. 2. — Les biens appartenant aux indigènes sont régis par les coutumes et usages locaux pour tout ce qui concerne leur acquisition, leur conservation et leur transmission.

Art. 3 — Les règles du code civil, sur la distinction des biens, meubles et immeubles, et sur la transmission des droits réels immobiliers, demeurent applicables dans toute l'étendue de la Côte d'Ivoire en tout ce qu'elles n'ont pas de contraire au présent décret.

Art. 4. — L'immatriculation d'un immeuble consiste dans la constitution et l'enregistrement du titre de propriété de cet immeuble.

Art. 5. — L'immatriculation est effectuée par le conservateur de la propriété foncière, qui est chargé en outre de la conservation des actes relatifs aux immeubles immatriculés, de l'inscription des mutations et constitutions de droits ou charges relatifs à ces immeubles.

Art. 6. — Les fonds de terre et les bâtiments sont seuls susceptibles d'immatriculation.

Art. 7. — L'immatriculation est facultative. Exceptionnellement, l'immatriculation est obligatoire :

1° Dans tous les cas de vente ou concession en pleine propriété de terrains domaniaux ;

2° Dans tous les cas où des Européens ou assimilés se rendent acquéreurs de biens appartenant à des indigènes;

3° Dans tous les cas où, après mise en valeur aux conditions spécifiées par son cahier des charges, un concessionnaire acquiert la propriété de terrains concédés.

CHAPITRE II

Procédure de l'immatriculation.

Section 1re. — Des formalités préalables à l'immatriculation.

§ 1er. — De la demande d'immatriculation.

Art. 8. — Peuvent seuls requérir l'immatriculation :

1° Le propriétaire et le copropriétaire ;

2° Les bénéficiaires de droits d'usufruit et d'emphytéose ;

3° Le créancier hypothécaire non payé à l'échéance, huit jours après une sommation infructueuse ;

4° Avec le consentement du propriétaire ou des co-propriétaires, les bénéficiaires de droits de servitude foncière, d'usage, d'habitation ou d'hypothèque.

Les frais de l'immatriculation sont, sauf convention contraire, supportés par le requérant.

Art. 9. — Tout requérant l'immatriculation remet au conservateur de la propriété foncière, qui lui en donne récépissé, une déclaration signée de lui ou d'un fondé de pouvoirs, muni d'une procuration spéciale et contenant :

1o Ses nom, prénoms, surnoms, domicile et état civil ;

2o Élection de domicile dans une localité du territoire de la colonie ;

3o Description de l'immeuble, portant déclaration de sa valeur vénale et de sa valeur locative ; indication de la situation, c'est-à-dire de la région, de la ville ou du village, de la contenance, de la rue et du numéro, s'il s'agit d'un immeuble situé dans une ville, du nom sous lequel il sera immatriculé, de ses tenants et aboutissants, ainsi que des constructions et plantations qui peuvent s'y trouver ;

4o Le détail des droits réels et des baux de plus de trois années afférents à l'immeuble, avec la désignation des ayants droit.

Cette pièce est toujours établie en français.

Dans le cas où le requérant ne peut ou ne sait signer, le conservateur de la propriété foncière est autorisé à signer en son nom la réquisition d'immatriculation.

Le requérant dépose, en même temps que la déclaration, tous les titres de propriété, contrats, actes publics ou privés, et documents quelconques, avec leur traduction en français, s'il y a lieu.

Les tiers détenteurs des documents dont il est question ci-dessus sont tenus, sous peine de tous dommages-intérêts, de les déposer dans les huit jours qui suivent la sommation à eux faite par le requérant l'immatriculation, entre les mains du conservateur qui leur en délivre un récépissé sans frais.

Le conservateur adresse les documents au traducteur assermenté, désigné par le requérant l'immatriculation.

Il est interdit à l'interprète de communiquer à qui que ce soit les documents ou la traduction.

Les pièces, accompagnées de la traduction, sont remises directement par l'interprète, au conservateur à l'effet de procéder comme il est dit à l'article 16 du présent décret.

Après décision du tribunal, le conservateur remet au déposant, en échange du récépissé dont il est parlé plus haut, soit les titres communiqués, s'ils ne doivent pas être conservés au dossier de l'immeuble, soit au cas contraire, copie de l'inscription ou des documents classés au dossier.

Les frais des copies sont, le cas échéant, avancés par la personne qui les demande, sauf son recours contre le requérant l'immatriculation.

Art. 10. — Le requérant dépose, en même temps, une somme égale au montant présumé des frais d'immatriculation, ainsi qu'ils sont déterminés par un règlement particulier.

§ 2. — Des publications, du bornage et du plan.

Art. 11. — Dans le plus bref délai possible, après la réquisition, le conservateur fait insérer au *Journal officiel* de la colonie un extrait du texte de cette réquisition.

Il envoie au représentant de l'autorité française de la localité dans laquelle se trouve l'immeuble un placard extrait du *Journal officiel* reproduisant cette insertion.

Réception de cette pièce est accusée au conservateur.

L'affichage en est opéré dans les quarante-huit heures, suivant le mode établi pour les actes officiels et les affiches restent apposées jusqu'à la date de la clôture du procès-verbal de bornage. L'extrait de la réquisition est publié dans les marchés du territoire. S'il n'existe pas, dans la localité où se trouve l'immeuble, de représentant de l'autorité française, le conservateur transmet le placard extrait du *Journal officiel* à l'administrateur de la circonscription; ce dernier fait procéder à l'affichage et à la publication indiqués ci-dessus, par l'intermédiaire des agents européens placés sous ses ordres, des chefs indigènes, ou de toutes autres personnes qu'il croira devoir employer.

Art. 12. — Dans le plus bref délai possible, après la réception du placard extrait du *Journal officiel*, le représentant de l'autorité française ou l'administrateur délègue un agent dûment qualifié par ses connaissances techniques pour procéder au bornage provisoire de l'immeuble, en présence du requérant l'immatriculation ou lui dûment appelé, sans s'arrêter aux protestations qui peuvent se produire et qui sont toujours consignées au procès-verbal. Les revendications qui se manifestent au cours des opérations donnent lieu à un bornage immédiat et provisoire sur le terrain. La date fixée pour le bornage est portée à la connaissance du public au moins vingt jours à l'avance et le procès-verbal de bornage constate les diligences faites à cet effet.

La date de clôture du procès-verbal est publiée sommairement au *Journal officiel* de la colonie.

Le procès-verbal de bornage provisoire est adressé par le représentant de l'autorité française au conservateur de la propriété foncière.

Art. 13. — Le procès-verbal de l'opération du bornage mentionne les oppositions formulées par les tiers intervenant au cours de cette opération.

Au vu du procès-verbal, ces oppositions sont inscrites, par les soins du conservateur, sur le registre désigné à l'article qui suit.

A partir du jour de l'insertion au *Journal officiel* de l'avis prescrit par l'article 11 jusqu'à l'expiration d'un délai de deux mois, à dater de l'insertion au *Journal officiel* de l'avis de clôture du procès-verbal de bornage, les oppositions à l'immatriculation et les réclamations contre le bornage sont reçues par le conservateur de la propriété foncière.

Passé ce délai, les oppositions ne sont plus reçues.

Art. 14. — Les oppositions qui peuvent être formulées par lettres missives, sont mentionnées, à leur date, sur un registre coté et parafé par le président du tribunal de première instance ou le juge de paix à compétence étendue. L'agent délégué au bornage constate dans le procès-verbal que l'affichage et les publications prévus par l'article 11 ont eu lieu.

Art. 15. — Le représentant de l'autorité française est tenu de remettre au conservateur de la propriété foncière un plan de l'immeuble, dressé conformément au bornage par un géomètre assermenté. Le mode d'établissement et les frais du plan feront l'objet d'un règlement spécial.

§ 3. — Des incapables et non-présents.

Art. 16. — En même temps qu'il envoie au représentant de l'autorité française les placards reproduisant l'insertion au *Journal officiel*, le conservateur dresse au greffe du tribunal de première instance ou de la justice de paix à compétence étendue l'original de cette réquisition, ainsi que les pièces et titres déposés à l'appui de cette déclaration.

Le président du tribunal de première instance ou le juge de paix à compétence étendue a pour mission de veiller, pendant le cours de la procédure en immatriculation, à ce qu'aucun droit immobilier des incapables ou des personnes non présentes à la Côte d'Ivoire ne soit lésé, et, à cet effet, il procède à toutes vérifications et enquêtes nécessaires. Les pouvoirs qui lui sont conférés dans ce cas sont discrétionnaires.

Art. 17. — Le président du tribunal de première instance ou le juge de paix à compétence étendue peut accorder une augmentation de délai à l'effet de former opposition au nom d'incapables ou de non-présents à une immatriculation. Avis est donné de cette prorogation au conservateur de la propriété foncière chargé de recevoir les oppositions.

Art. 18. — Peuvent toujours dans les délais des articles 11 à 16 former directement opposition, au nom des incapables ou non-présents, les tuteurs, représentants légaux, parents ou amis, le chef du service judiciaire.

§ 4. — Des oppositions à l'immatriculation.

Art. 19. — Le dossier relatif à la demande en immatriculation ainsi que le plan établi sont transmis par le conservateur, avec les oppositions formées entre ses mains, au greffe du tribunal de première instance ou de la justice de paix à compétence étendue du lieu de la situation de l'immeuble.

Art. 20. — S'il n'existe pas d'opposition, le président du tribunal de première instance ou le juge de paix à compétence étendue examine si la demande est régulière. Si les formalités de bornage et autres exigées par le présent décret ont été observées; il précise la nature et l'étendue des divers droits réels dont l'immeuble est grevé et rend une ordonnance d'immatriculation.

Art. 21. — S'il existe des oppositions ou contestations, la demande en immatriculation est portée devant le tribunal de première instance ou de la justice de paix à compétence étendue du lieu de la situation de l'immeuble.

Art. 22. — Les tribunaux ou justices de paix à compétence étendue statuent au fond, en la forme ordinaire, et prononcent l'admission en tout ou en partie de l'immatriculation; ils ordonnent l'inscription des droits réels dont ils ont reconnu l'existence et font rectifier le bornage et le plan, s'il y a lieu.

Art. 23. — Les tribunaux de première instance ou justice de paix à compétence étendue connaissent en dernier ressort des demandes en immatriculation jusqu'à 1,000 fr. de revenu déterminé soit en rente, soit par prix de bail. Au-dessus de ce chiffre, l'appel est toujours possible devant la juridiction d'appel, telle qu'elle existe, en matière civile, dans la colonie.

Art. 24. — Le délai pour interjeter appel est de deux mois à compter de la notification à personne ou au domicile réel ou d'élection.

Art. 25. — Les décisions en matière d'immatriculation ne sont pas susceptibles de recours en cassation.

Art. 26. — Le greffier remet au juge compétent les pièces que lui a transmises le conservateur en vertu des articles 16 et 19. Ce magistrat met les opposants en demeure de lui faire parvenir leur requête introductive d'instance dans un délai de quinze jours augmenté des délais de distance.

Si, dans ce délai, la requête introductive d'instance n'est pas produite, le tribunal déclare la réclamation non avenue. La requête introductive d'instance doit contenir, indépendamment d'une élection de domicile au lieu où siège le tribunal ou la justice de paix à compétence étendue, tous les moyens invoqués par le réclamant et être accompagnée des pièces à l'appui.

Le juge invite le requérant de l'immatriculation à en prendre connaissance au greffe, sans déplacement, et à répondre dans un délai de huit jours. Les parties peuvent présenter, soit en personne, soit par mandataire, leurs observations verbales.

Les parties sont averties par lettre du greffier du jour où l'affaire sera appelée en audience publique.

Les notifications à faire aux parties intéressées par les magistrats, fonctionnaires et officiers ministériels en matière d'immatriculation et d'inscription sont faites administrativement par l'intermédiaire des représentants de l'autorité administrative qui en retirent un récépissé et l'adressent à l'auteur de la notification, une minute de cette notification et l'accusé de réception sont joints au dossier de chaque immeuble.

Les notifications à faire en pareille matière par les parties aux magistrats, fonctionnaires et officiers ministériels, peuvent être faites par lettres recommandées à la poste.

Celles que les parties se font entre elles sont remises aux greffiers, qui procèdent administrativement par les intermédiaires indiqués ci-dessus.

Les parties reçoivent du greffe l'avis de la décision du tribunal ou de la justice de paix à compétence étendue.

Art 27. — Le conservateur procède à l'immatriculation sur l'expédition conforme de la décision qui lui est délivrée par le greffier, après avoir été contresignée par le juge de paix à compétence étendue.

L'immatriculation n'est effectuée qu'après rectification du bornage et du plan, s'il y a lieu.

Le conservateur annule et annexe à ses archives, comme il est dit à l'article 33, les anciens titres de propriété produits à l'appui de la réquisition d'immatriculation.

Toutefois, si ces titres concernent, outre la propriété immatriculée, un immeuble distinct de cette propriété, le conservateur remet aux parties le titre commun après y avoir apposé une mention d'annulation relative à l'immeuble immatriculé.

En même temps qu'il procède à l'immatriculation d'un immeuble, le conservateur inscrit les droits réels immobiliers existant sur cet immeuble, tels qu'ils résultent de la décision du tribunal ou de la justice de paix à compétence étendue.

Art. 28. — Les parties du domaine public comprises dans un immeuble immatriculé ne sont pas assujetties à l'immatriculation, et les droits qui s'y appliquent subsistent indépendamment de cette inscription.

Section 2. — Du titre de propriété.

Art. 29. — Le titre de propriété est établi par le conservateur de la propriété foncière et comporte la description de l'immeuble, l'indication de sa contenance, des plantations et constructions qui s'y trouvent, l'inscription des droits réels existant sur l'immeuble et des charges qui le grèvent. Le plan y reste annexé.

Chaque titre de propriété porte un numéro d'ordre.

Art. 30. — Les titres de propriété sont établis sur un registre dont la forme est déterminée par l'administration.

Art. 31. — Lorsqu'un immeuble est divisé, soit par suite de démembrement, soit par suite de partage, il est procédé au bornage de chacun des lots par un géomètre assermenté, qui rapporte cette opération sur une expédition du plan. Il est établi un titre et un plan distincts pour chacune des divisions de l'immeuble.

Toutefois, en cas de mutations partielles, il n'est pas nécessaire d'établir un nouveau titre pour la partie de l'immeuble qui, ne faisant pas l'objet d'une transmission, reste en possession du propriétaire. Le titre déjà délivré et le plan qui y est joint peuvent être conservés après avoir été revêtus des mentions utiles.

Art. 32. — Lorsque l'état de minorité ou d'incapacité a pris fin, le mineur devenu majeur, ou l'incapable devenu capable, peut obtenir la rectification de son titre.

Art. 33. — Lorsque le conservateur établit un nouveau titre de propriété, il annule le précédent, en apposant une griffe d'annulation et le timbre de la conservation sur les pages ; il annule de la même façon la copie, et la conserve dans les archives.

Art. 34. — Le propriétaire, à l'exclusion de tous autres, a droit à une copie exacte et complète du titre de propriété.

Cette copie est nominative et le conservateur en certifie l'authenticité en y apposant sa signature et le timbre de la conservation.

Les autres intéressés n'ont droit qu'à la délivrance de certificats d'inscription.

Art. 35. — Lorsque deux ou plus de deux personnes sont propriétaires indivis d'un immeuble, des duplicata authentiques du titre de propriété sont délivrés au nom de tous les propriétaires indivisément et à chacun d'eux.

CHAPITRE III

Effets de l'immatriculation.

Art. 36. — Le titre de propriété est définitif et inattaquable ; il forme devant les juridictions françaises le point de départ unique de tous les droits réels existant sur l'immeuble au moment de l'immatriculation.

Art. 37. — A dater de l'immatriculation, aucun droit réel, aucune cause de résolution ou de rescision du chef des propriétaires antérieurs ne peuvent être opposés au propriétaire actuel ou à ses ayants cause.

Art. 38. — Les personnes dont les droits auraient été lésés par suite d'une immatriculation ne peuvent se pourvoir par voie d'action réelle mais seulement en cas de dol par voie d'action personnelle en indemnité contre l'auteur responsable du dommage.

Art. 39. — La prescription ne peut faire acquérir aucun droit réel sur un immeuble immatriculé à l'encontre du propriétaire inscrit.

Les servitudes, continues ou discontinues, apparentes ou non apparentes, ne peuvent être établies que par titre sur un immeuble immatriculé, sans qu'il puisse être fait application des articles 692 et suivants du code civil.

Art. 40. — Les immeubles immatriculés conformément aux dispositions du présent décret ne peuvent plus être replacés sous l'empire du droit commun.

TITRE II

Des transmissions de propriétés et des constitutions de droits réels.

CHAPITRE PREMIER

Obligations et effets de l'inscription.

Art. 41. — Tous faits ou conventions ayant pour effet de transmettre, déclarer, modifier ou éteindre un droit réel immobilier, d'en changer le titulaire ou de modifier toute autre condition de son inscription, tous baux d'immeubles excédant trois années, toute quittance de cession d'une somme équivalente à plus de trois années de loyer ou fermages non échue, doivent pour être opposables aux tiers, être inscrits sur le titre de propriété de l'immeuble par le conservateur de la propriété foncière. La transcription requise en matière de saisie par les articles 678 et suivants du code de procédure civile est remplacée par une inscription.

Toutefois, les privilèges généraux sur les meubles et les immeubles énoncés en l'article 2101 du code civil ne sont, conformément à l'article 2107 du même code et pour la conservation du droit de préférence, assujettis à aucune inscription. Il en est de même des privilèges du trésor à raison des droits qui lui appartiennent.

Art. 42. — Toute personne dont les droits auraient été lésés par une inscription peut demander la modification ou l'annulation de cette inscription. Toutefois, cette modification et cette annulation ne peuvent, en aucun cas, préjudicier aux tiers de bonne foi.

Art. 43. — Toute demande tendant à faire prononcer l'annulation ou la modification de l'inscription d'un droit immobilier peut être mentionnée sommairement sur le titre avant d'être portée devant le tribunal. Cette prénotation devra être autorisée par ordonnance du président ou du juge de paix à compétence étendue sur requête, à charge de lui en référer.

La validité des inscriptions ultérieures reste subordonnée à la décision judiciaire.

Si la demande n'a pas été inscrite, le jugement n'aura d'effet à l'égard des tiers qu'à dater du jour où il aura reçu publicité par l'inscription.

Art. 41. — Tous les actes présentés à l'appui d'une demande d'inscription indiquent l'état civil des parties et mentionnent leur contrat de mariage, s'il en a été fait un, ainsi que la date de ce contrat, les nom et résidence de l'officier public qui l'a reçu. Ils sont, ainsi que toute décision judiciaire ayant le même effet, déposés soit original, soit en expédition, à la conservation de la propriété foncière. Ils sont conservés dans les archives et des copies faisant foi de leur contenu et de la date du dépôt peuvent être délivrées à toutes les époques aux intéressés.

Les signatures des parties apposées au bas des écrits autres que les actes authentiques ou judiciaires sont, avant le dépôt, légalisées suivant la forme ordinaire.

Si les parties ne savent ou ne peuvent signer, la reconnaissance de l'écrit a lieu devant les autorités chargées de la légalisation des signatures, en présence de deux témoins sachant signer et ayant la capacité nécessaire pour contracter.

A défaut de légalisation, le conservateur refuse l'inscription. Si plusieurs originaux ou expéditions des pièces énumérées ci-dessus lui sont remises pour être inscrites, le conservateur n'en conserve qu'une et doit remettre les autres aux intéressés, après y avoir mentionné que l'inscription a été effectuée.

Art. 45. — L'hypothèque sur les immeubles immatriculés n'existe à l'égard de tiers et n'a rang entre les créanciers que du jour de l'inscription dans la forme et de la manière prescrites par le présent décret. Les inscriptions ont la même durée que l'hypothèque.

Art. 46. — Tous les créanciers inscrits le même jour exercent en concurrence une hypothèque de la même date, sans distinction entre l'inscription du matin et celle du soir, quand même cette différence serait marquée par le conservateur.

Art. 47. — Les hypothèques légales et judiciaires, telles qu'elles résultent des articles 1017, 2121 et 2123 du code civil et 490 du code de commerce, ainsi que les privilèges spéciaux sur les immeubles tels qu'ils résultent de l'article 2103 du code civil ne sont pas applicables dans l'étendue de la Côte d'Ivoire aux immeubles immatriculés.

Art. 48. — L'hypothèque sur les immeubles immatriculés est soit conventionnelle, soit forcée.

L'hypothèque conventionnelle peut être consentie par acte sous seing privé.

L'hypothèque forcée est celle qui est acquise en vertu d'une décision de justice, sans le consentement du débiteur, et dans les cas ci-après déterminés :

1o Aux mineurs et aux interdits, sur les immeubles des tuteurs et de leurs cautions ;

2o A la femme, sur les immeubles de son mari, pour sa dot, ses droits matrimoniaux, l'indemnité des obligations du mari dont elle est tenue et le remploi du prix de ses biens aliénés ;

3o Au vendeur, à l'échangiste ou aux copartageants, sur l'immeuble vendu, échangé ou partagé, quand il n'a pas été réservé d'hypothèques conventionnelles pour le paiement du prix ou de la soulte d'échange ou de partage.

En cas d'adjudication sur saisie immobilière, le jugement d'adjudication établit d'office l'hypothèque forcée au profit du débiteur saisi ou de ses ayants droit.

Art. 49. — A l'ouverture de toute tutelle, soit pour cause de minorité, soit pour cause d'interdiction, le conseil de famille désigne, contradictoirement avec le tuteur, ceux des immeubles de ce dernier qui seront grevés d'hypothèques et fixe la somme pour laquelle l'inscription sera prise.

Art. 50. — Si, dans le cours de la tutelle, les garanties données par le tuteur se trouvent modifiées ou deviennent insuffisantes, le conseil de famille peut en exiger de nouvelles ; si elles sont devenues excessives il peut les diminuer.

Art. 51. — Dans tous les cas, à défaut de consentement du tuteur, la délibération du conseil est soumise à l'homologation du tribunal et le droit à l'hypothèque résulte du jugement de ce tribunal.

Art. 52. — Le contrat de mariage peut contenir stipulation d'hypothèque pour sûreté des droits et créances de la femme. Il détermine dans ce cas les immeubles du mari qui sont grevés d'hypothèques, l'objet auquel s'applique la garantie et la somme jusqu'à concurrence de laquelle l'inscription peut être prise.

Art. 53. — S'il n'a pas été stipulé d'hypothèque ou, en cas d'insuffisance des garanties déterminées par le contrat, la femme peut, dans le cours du mariage et en vertu d'un jugement du tribunal, à défaut du consentement du mari, pour toutes les causes de recours qu'elle peut avoir contre lui, soit à raison des obligations par elles souscrites, ou d'aliénation de ses biens propres, ou des donations ou de successions auxquelles elle est appelée, requérir inscription d'une hypothèque sur les immeubles de son mari. Le jugement, dans ces cas, détermine la somme pour laquelle l'inscription se fera.

Lorsque les garanties sont devenues excessives, le mari peut en demander la diminution au tribunal.

Art. 54. — Le mari ou le tuteur peut toujours être dispensé de l'hypothèque en constituant un gage mobilier ou une caution, lorsque cette substitution sera reconnue suffisante par une décision de justice.

Art. 55. — Le vendeur d'un immeuble peut, dans le contrat de vente, stipuler de son acheteur une hypothèque sur l'immeuble vendu pour garantie du paiement total ou partiel du prix.

Le droit de résolution pour défaut de paiement total ou partiel du prix n'appartient au vendeur que s'il l'a réservé expressément lors du contrat. Ce droit ne peut être exercé au préjudice des tiers que s'il a été rendu public par une inscription.

Art. 56. — A défaut de stipulation d'hypothèque le vendeur peut, en vertu d'un jugement du tribunal, requérir l'inscription sur ledit immeuble.

Art. 57. — Dans ces divers cas, le président du tribunal

ou le juge de paix à compétence étendue peut, s'il y a urgence, ordonner toutes inscriptions conservatoires, lesquelles n'auront d'effet que jusqu'au jugement définitif ; si le jugement définitif maintient tout ou partie de l'inscription, ce qui a été conservé prend rang à la date de l'inscription prise conservatoirement.

CHAPITRE II

Du mode d'opérer les inscriptions et les radiations ou réductions d'inscription.

. . . .

§ 2. — De la conformité du titre de propriété et des copies

Art. 68. — Toutes les fois qu'une inscription est portée sur le titre de propriété, elle doit l'être en même temps sur les copies du titre de propriété que le conservateur aurait délivrées.

Art. 69. — A défaut de la production de ces copies, si la formalité est destinée à constater un fait ou une stipulation qui suppose le consentement des porteurs, le conservateur refuse l'inscription.

Dans tous les autres cas, il fait l'inscription, la porte sur le titre de propriété, la notifie aux détenteurs des copies désignés dans les articles 34 et 35 et, jusqu'à ce que la concordance entre le titre et les copies ait été rétablie, il refuse toute nouvelle inscription prise de leur consentement.

TITRE III

Obligations et responsabilité du conservateur.

. . . .

TITRE IV

Immatriculation des immeubles vendus à la barre des tribunaux.

CHAPITRE PREMIER

Art. 86. — Il peut être procédé, conformément aux prescriptions ci-après, à l'immatriculation de tout immeuble qui fera l'objet d'une vente poursuivie devant les tribunaux.

CHAPITRE II

De l'immatriculation préalable.

Art. 87. — L'immatriculation préalable à l'adjudication peut être requise, savoir :

En matière de saisie, par le créancier poursuivant ;

En matière de licitation, par l'un des colicitants.

Pour les biens des mineurs, par les tuteurs ou subrogés tuteurs, avec l'autorisation du conseil de famille.

Les frais de l'immatriculation sont, en tout cas, avancés par le requérant : leur montant sera compris parmi les dépenses à supporter par l'adjudicataire, en sus du prix principal.

Art. 88. — Le tribunal peut, d'office, subordonner la vente à l'immatriculation préalable, si le titre ne lui a pas été produit avant l'adjudication ou s'il apprécie que le titre produit n'est pas suffisant.

Art. 89. — En matière de saisie, la réquisition d'immatriculation est établie au nom du saisi par le poursuivant ou son défendeur, qui y joint la copie certifiée conforme par le défenseur du commandement à fin de saisie immobilière.

Il y joint également tous titres de propriétés, contrats, actes publics ou privés, ou documents quelconques, de nature à faire connaître les droits réels existant sur l'immeuble et qui pourraient se trouver entre ses mains.

Le dépôt de ces pièces aura pour effet d'immobiliser les fruits dans les termes des articles 682 et 685 du code de procédure civile.

Art. 90. — En matière de licitation et pour les ventes de biens des mineurs, il est procédé pour le dépôt de la réquisition d'une immatriculation, conformément aux articles 8, 9 et 10 ci-dessus.

Art. 91. — La procédure d'immatriculation se poursuivra conformément aux dispositions du présent décret.

Après l'expiration du délai imparti pour la production des oppositions à peine de forclusion et après la rédaction du plan définitif, le poursuivant dépose au greffe son cahier des charges et la procédure de saisie immobilière suit son cours jusqu'à l'adjudication exclusivement.

Art. 92. — L'adjudication ne peut avoir lieu qu'après jugement définitif sur l'immatriculation.

Au cas où le jugement modifierait la consistance ou la situation juridique de l'immeuble, telles qu'elles sont définies par le cahier des charges, le poursuivant serait tenu de faire publier un dire rectificatif pour arriver à l'adjudication.

Art. 93. — Le titre de propriété, établi en vertu de la décision du tribunal ordonnant l'immatriculation, reste entre les mains du conservateur de la propriété foncière jusqu'au moment où la mutation de propriété, au nom de l'adjudicataire, pourra être effectuée régulièrement.

Toutefois, lorsque l'immatriculation a été prononcée sur la réquisition d'un saisissant, le titre établi au nom du saisi peut être délivré à celui-ci s'il est fourni mainlevée conventionnelle ou judiciaire de la saisie immobilière pratiquée contre lui.

CHAPITRE III

De l'immatriculation postérieure à l'adjudication.

Art. 94. — L'adjudicataire peut subordonner l'exécution des conditions du cahier des charges à l'immatriculation de l'immeuble.

Art. 95. — S'il veut user de cette formalité, il doit, dans les quinze jours de l'adjudication, déposer son prix à la caisse des dépôts et consignations et payer les frais ordinaires et de poursuites, dans la quinzaine suivante, il doit remettre au conservateur de la propriété foncière la déclaration prescrite par l'article 9 du présent décret, accompagnée du jugement d'adjudication : il consigne en même temps à la conservation de la propriété foncière les frais d'immatriculation.

Si la consistance matérielle et l'état juridique de l'immeuble déterminés par l'immatriculation sont conformes aux conditions du cahier des charges, le prix est distribué après la décision du tribunal ordonnant l'immatriculation.

S'il est établi que la consistance de l'immeuble ou la situation juridique ne sont pas telles qu'elles ont été définies par le cahier des charges, l'adjudicataire peut demander une diminution de prix, nonobstant toute clause contraire du cahier des charges.

Il peut, s'il le préfère, demander la nullité de l'adjudication si la différence de valeur est égale à un vingtième de la valeur vénale.

Art. 96. — Faute de remplir les formalités indiquées ci-dessus, l'adjudicataire perd tout recours contre le propriétaire de l'immeuble, le poursuivant et les créanciers.

TITRE V

Dispositions générales

Art. 97. — Toutes les contestations se rapportant aux immeubles immatriculés sont soumises aux tribunaux de première instance ou aux justices de paix à compétence étendue de la colonie, sauf tel recours que de droit devant la juridiction d'appel.

Ces juridictions connaissent également des contestations sur les limites ou les servitudes d'immeubles contigus dont l'un est immatriculé et dont l'autre ne l'est pas, au cas même où ce dernier appartiendrait à des indigènes.

Art. 98. — Il est institué à Grand-Bassam une conservation de la propriété foncière pour la Côte d'Ivoire.

Lorsque le développement de la colonie l'exigera, de nouvelles conservations pourront être créées dans les différents centres, par arrêté du gouvernement, approuvé par le ministre des colonies.

Art. 99. — Les frais d'immatriculation et la réglementation particulière à intervenir pour l'exécution du présent décret seront fixés par arrêté du gouvernement approuvé par le ministre des colonies.

Art. 100. — Le ministre des colonies est chargé de l'exécution du présent décret, qui sera publié au *Journal officiel de la République française* et inséré au *Bulletin des lois* et au *Bulletin officiel du ministère des colonies.*

Fait à Paris, le 20 juillet 1900.

ÉMILE LOUBET.

Par le président de la République :

Le ministre des colonies,

ALBERT DECRAIS.

TABLE DES MATIÈRES

TEXTES OFFICIELS

DIJON, IMPRIMERIE DARANTIERE.

CARTE DE LA CÔTE D'IVOIRE

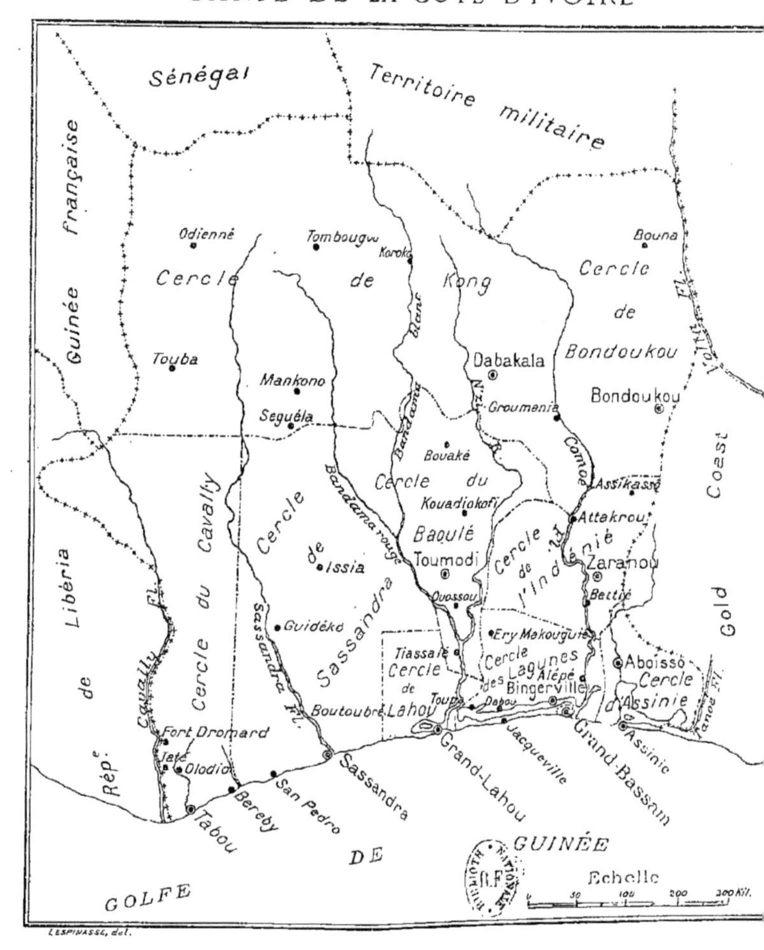

DIJON. — IMP. DARANTIERE

www.ingramcontent.com/pod-product-compliance
Ingram Content Group UK Ltd.
Pitfield, Milton Keynes, MK11 3LW, UK
UKHW012152240726
13966UKWH00002B/280